智能传媒系列丛书

新媒体的嬗变与产业发展

姚林青 王颖聪 ◎ 著

中国传媒大学出版社
·北京·

序 言

　　数字经济时代,万物皆媒,人类进入信息爆炸的时期。传播工具决定了信息传播的能力,信息传播激发人类创新性思维,促进科技进步,进而推动传播工具的发明与创新,提升社会传播能力。信息传播和科学技术两者相辅相成,互为因果。科技发展史铺就了传播进化史,沿着互联网、信息通信、数字化、人工智能、虚拟现实、区块链等的技术发展路径,新媒体进阶到更高水平的发展阶段。

　　古时人们利用烽火狼烟发出军事信号、驿站接力传递官府文书、飞鸽传书带来远方消息,这些笨拙昂贵且传播效率极低的传播方式,建立在当时有限的传播技术手段上,所以才有"家书抵万金"。印刷技术的出现使人类社会的信息传播能力极大提高,直到20世纪30年代大众报刊兴起,才形成了现代意义上的大众传播,让人们能够通过媒体了解大千世界。无线电波技术的发明让广播电视问世,声音和图像变成传播符号,人们的生活更加丰富多彩。20世纪末互联网应用的普及,掀起了传播领域的革命浪潮。门户网站首先崛起,新媒体被人热议,网络新闻蚕食传统报刊,初时尚有学者激烈讨论报纸是否会消亡,现在已经尘埃落定;网络音乐、网络广播、网络视频攻城略地,传统广播电视被迫迎战不断转型,在很多国家数字电视全面取代传统电视,融媒体是传统媒体与新媒体整合发展的结果;网络视频创新出多种形态,短视频横空出世爆炸式增长,颠覆和重构着传媒格局;移动技术使社交媒体成为重要的信息沟通渠道,以自身强大的功能渗入人们生活的方方面面;人工智能、元宇宙正在带来更多传播领域的创新，让未来的传媒有了更广阔的想象空间。

本书对新媒体的发展与升级从理论与实践层面进行了分析和解读。首先对新媒体的概念、起源和发展进行了梳理和阐述，从理论层面分析了新媒体的新特征与运行规律。然后对传媒的细分产业的发展情况进行了研究，包括对全球的数字音乐、数字电视市场的发展现状的阐述与分析，对中国网络视频、社交媒体的发展和特征的总结与分析，以及对最前沿的创新媒体形式，例如元宇宙等的研究分析。新媒体的进阶催生了媒体新的功能，形成了新的传播现象、传播特征和传播规律。新媒体的发展令人眼花缭乱，实践先于理论，创新速度太快，有大量的实践现象需要研究者去挖掘、梳理、归纳、总结，找出规律并升华为理论。笔者试图努力为此作出一定的贡献，但因能力和条件有限，研究中还存在着很多遗憾和不足。

本书由中国传媒大学经济管理学院教授姚林青和副教授王颖聪共同创作。第一章至第六章由姚林青完成，第七章由王颖聪完成。在本书的创作中，中国传媒大学传媒经济学博士研究生顾恩澍、产业经济学硕士研究生张晏华、国际商务硕士研究生王娜和董亦雷等学生也有参与，做了大量资料搜集和整理工作，为本书的完成作出了贡献，在此表示感谢！

新永远是相对的，此时新媒体彼时旧媒体，不断给时代留下一道道新课题。

姚林青
2024 年 1 月 20 日

目 录

第一章 新时代媒体的起源与变革 / 1
  第一节 对新媒体的认知 / 1
  第二节 新媒体的演进 / 5

第二章 新媒体的特征与规律 / 21
  第一节 新媒体类型 / 21
  第二节 传播新特征 / 25
  第三节 传媒市场新规律 / 30

第三章 全球数字音乐市场的发展 / 37
  第一节 全球数字音乐市场概述 / 37
  第二节 北美数字音乐市场 / 43
  第三节 欧洲数字音乐市场 / 54
  第四节 亚洲数字音乐市场 / 62

第四章 全球数字电视市场的发展 / 76
  第一节 数字电视概述 / 76
  第二节 全球数字电视市场 / 84
  第三节 北美数字电视市场 / 94
  第四节 欧洲数字电视市场 / 109
  第五节 亚洲数字电视市场 / 121

第五章　中国网络视频产业的发展　／133
　　第一节　网络视频综述　／133
　　第二节　网络视频多样性特征　／148
　　第三节　网络视频产业规制　／162

第六章　社交媒体的发展　／166
　　第一节　社交媒体的产生与发展　／166
　　第二节　社交媒体的传播特性与功能　／177
　　第三节　社交媒体的生态系统　／186

第七章　新信息技术条件下的新型新媒体　／200
　　第一节　新信息技术推动媒体转型升级　／200
　　第二节　新信息技术催生新型新媒体　／203
　　第三节　新型新媒体发展中的有关问题　／216
　　第四节　新型新媒体健康发展的相关保障　／220

参考文献　／223

第一章　新时代媒体的起源与变革

第一节　对新媒体的认知

一、新媒体的概念

1967年，美国哥伦比亚广播电视网(CBS)技术研究所所长P.戈尔德马克(P. Goldmark)发表了一份关于开发电子录像(EVR)商品的计划书，将"电子录像"称为"New Media"(新媒体)，这个概念由此诞生。[①] 1969年，美国传播政策总统特别委员会主席罗斯托在向尼克松总统提交的报告书中多次使用"新媒体"一词。之后，"新媒体"概念席卷美国，并随着传播技术的日益革新而逐渐被大家接受和应用，成为世界性词汇。

之后，美国《连线》杂志立足新媒体传播对象和交互性特征，定义新媒体是所有人对所有人的传播。联合国教科文组织对新媒体下的定义："以数字技术为基础，以网络为载体进行信息传播的媒介。"对于"新媒体是什么？新媒体与传统媒体相比较有什么特征？"诸如此类更加细化、精准的问题，人们在概念诞生初期难以形成统一的认知，之后基于实践经验的积累，各国学者才逐步提出更为完善、明确的概念界定。

20世纪初，新媒体进入我国业界和学界。特别是在传媒界，越来越多的

---

① 尹章池.新媒体概论[M].北京：北京大学出版社，2017：12

专家学者开始关注并探讨新媒体。

1998年5月,联合国秘书长安南提出第四媒体就是互联网,也就是所谓的新媒体。该定义主要强调新媒体的技术特征。

2007年,资深媒体人杨继红向四十多位政府主管部门的管理者、长期从事媒体研究的专家学者以及媒体从业者征询他们对于"新媒体"的定义。此外,她结合国外新媒体概念的界定历程,在《谁是新媒体》一书中阐述了各种新媒体定义,并将定义进行了分类梳理。此后,黄传武、尹章池等学者在撰写著作时也都对这些分类进行了引述,进一步促进学界就新媒体概念形成较为统一的基础认知。

现任中国传媒大学文化产业管理学院院长熊澄宇关注新媒体的技术性和传播渠道变化,提出所谓新媒体或数字媒体、网络媒体,是建立在计算机信息处理技术和互联网基础之上,发挥传播功能的媒介总和。

知名新媒体评论家陈永东副教授强调新媒体的形式,提出新媒体是相对于传统媒体而言的媒体及各种应用形式,目前主要有互联网媒体、掌上媒体、数字互动媒体、车载移动媒体、户外媒体及新媒体艺术等。

学者李丹丹从多个维度全面描述新媒体,她提出:"从哲学的角度来说,新媒体是相对于旧媒体而言的全新信息传播形式,可能现在的新媒体,数年之后就成为旧媒体,因此要用发展的眼光看待新媒体;从技术的角度来讲,新媒体是数字化的,新媒体的传播载体发生了改变,信息的传播形态也发生了本质的改变,依托于数字技术作为新媒体的共同特征,成为现代传播方式与传统传播方式更合适的区分词;从传播学的角度来看,新媒体是互动的,信息是在传播者和受众之间双向传播的;从信息管理的角度来说,由于新媒体管理机制薄弱,'把关人'角色在不断地变化,'把关人'地位弱化,导致其公信力与权威性的弱化。"[1]简述李丹丹学者的定义后,我们得出,新媒体就是相对于旧媒体而言,应用数字化技术改变传播媒介,创新互动交互式传播路径,促进信息娱乐化倾向的一种新传播形态和媒体形态。[2]

时至今日,我国学者对于新媒体的认知也逐步完善,但因为不同学者立

---

[1] 程栋.智能时代新媒体概论[M].北京:清华大学出版社,2019:53.
[2] 程栋.智能时代新媒体概论[M].北京:清华大学出版社,2019:47.

足的新媒体特征不同,所以定义也略有区别。

二、全面认识新媒体

"新媒体"是媒体演进发展的延续概念,当前的媒体形态即相对过往媒体形态的新媒体。当前,智能应用、人工智能、5G等基于基础数字技术发展而来的新技术使传播技术得到了升级,数据、知识成为新兴且重要的生产要素,具有独有的低复制成本、高流动性等特征,从而革新了传播工具和传播方式的存在形式。

新媒体是什么?新媒体永远没有一个一成不变的客体。新是相对于旧而言的,在时间的维度上,社会被不断推向前方,发展是永恒的,总会有旧的过去、新的到来,新旧更替是不变的常态。新媒体的内涵与范畴也是在不断变化的,某种"新媒体"只是时间片段上的产物,然后它会被更新的媒体形式和技术取代,变为下一个历史时期的"传统媒体"。所以,新媒体的概念与范畴是变化的,我们需要用动态的思维全面地认知。历次传播工具和传播方式的创新都是若干新传播技术群落更迭的作用结果,革新了传播主体、传播关系、传播内容以及传播形式(图1-1)。

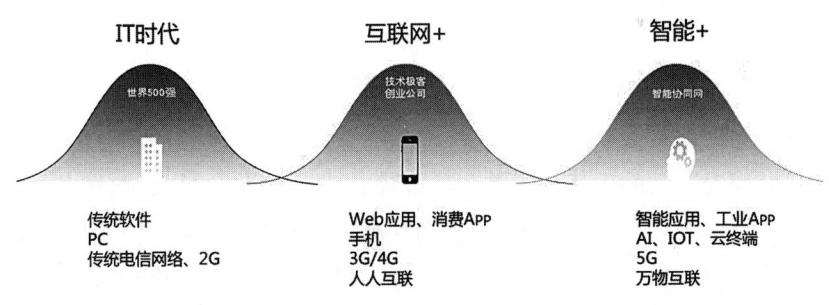

图1-1 不同时期的核心技术

资料来源:阿里研究院,《从连接到赋能,"智能+"助力中国经济高质量发展》

本文以拉斯韦尔传播理论中的"5W"模型为基础,从多层面、多维度理解新媒体的内涵,阐述新媒体传播的传播者、传播内容、传播渠道、受众、传播效果五大要素(图1-2)。

图 1-2　拉斯韦尔的"5W"模型

新媒体是以传播者多元化、传播内容更具交互性、传播渠道移动化、受众自主化、传播效果广泛化为特征的一种新型媒体形态。

(一)新的传播者

传播技术的革新便利了信息的传输全流程,使得传播者多元化。从传统的权威媒体到颗粒化的个人用户,再到新意见领袖的诞生,传播权利经过"去中心化—再中心化"的历程,最终实现了全民化。如今,根据内容生产角色的不同产生了所谓的 OGC(职业生产内容)、PGC(专业生产内容)、UGC(用户生产内容)、PUGC(专业用户生产内容)、MGC(机器生产内容)、AIGC(人工智能技术生产内容)等分类。在新媒体时代,传播主体地位逐步弱化、泛化,传播者与受众的角色转变不再受限,传播技术助力每一个人成为创作者、传播者,"人人皆是传播者"。

(二)新的传播内容

传播技术的发展会突破传统传播内容的边界,使得传播内容更具交互性、非线性,更加个性化、碎片化。传播内容也由此从传统官方媒体的新闻、通知等转变为个人的生活分享等。新媒体技术有效融合了文字、图片、音频等多种信息载体形式,形成了新的移动端融合传播形式,人工智能延伸了人类的感知,使传播内容更具交互性。此外,新媒体突破了传统媒体的实时线性传播局限,受众的信息接收更具灵活性,在算法支持下,受众接收的信息也更加个性化。与此同时,由于传播内容的多元化、信息传输的便捷化,传播内容也会出现碎片化、娱乐化的倾向,内容的深度、广度越来越不被重视。

(三)新的传播渠道

传播技术的发展会革新传播渠道。从纸质媒体到电视、电脑,再到手机,传播工具的移动和便捷程度不断提高,受众获取新闻信息不再需要像以往一样订购报纸或者用电脑登录官方网页进行浏览,只需要利用手机 App 就可以实现"人在家中坐,新闻随处收"。传播渠道从最初的报纸等实体媒介发展到在线平台,再到如今的移动平台,在极大降低传播成本的同时提高了传播的交互性。

(四)新的受众关系

新媒体时代的传受关系发生改变,受众更具自主性。传播关系不再是主流媒体对个人用户的强制传播关系,用户具有了选择是否接收信息的权利,传播关系成为一个传播者和被传播者双向认可才可以实现的关系,因此受众更具自主性、参与性,受众对于信息的个性化需求也得到了重视。

(五)新的传播效果

由于传播者、传播内容、传播渠道和受众的改变,传播效果也发生改变。相较于传统媒体时代,新媒体时代的传播时效性和广泛性得到了极大提升,传播氛围更加平等、民主。

第二节 新媒体的演进

一、新媒体的起源与发展

人类的传播随着核心技术群落的更迭而不断革新着。从天然形成的肢体语言、面部语言交流时代到口口相传时代,再到文字传播时代和印刷技术发展催生的更为繁荣的文字爆炸式传播时代,最后到电子时代,这是人类传播媒介的嬗变史,也是人类信息系统复杂化、高效化的进步历程。

传播媒介的发展与时代主导技术群落的特征密不可分。动物的骨骼是最初的较为正式的文字记录媒介;印刷术的发明开启了纸质媒介时代;15 世纪 40 年代德国金属活字排版印刷的发明推动了文字信息产业的机械化;1844 年美国第一条电报路线的开通,19 世纪 70 年代研制的电话系统以及此后催生的有线广播、有线电视等,使信息传播速度极大提高;无线电视、无线电报的诞生,1957年卫星发射成功后的卫星传播,使信息传播速度空前迅速;直至今日,互联网作为最伟大的发明,推动了信息传播和媒介形态的又一次变革,而新媒体就是这个时代的产物。

(一)互联网:从Web1.0到Web3.0

1989年,英国科学家蒂姆·伯纳斯·李(Tim Berners-Lee)发明了万维网(World Wide Web),Web1.0时代正式拉开了序幕。万维网于1991年在互联网上向公众开放,推动了互联网应用的迅速发展。万维网是文件、图片、多媒体和其他资源的集合,资源通过超链接互相连接形成网络,并使用统一资源标志符(URL)标识。值得注意的是,万维网并不等同于互联网,除了万维网,互联网还提供诸如FTP、电子邮件服务等,信息在该时代拥有了更为丰富的传播符号形态、更为高效快速的传播速度以及更加广阔的传播影响范围。

20世纪90年代,计算机的商业用户数呈爆发式增长趋势,互联网走进千家万户。以World's First Dynamic Web sites为例的各种基于动态网页技术的动态网站出现,我们正式步入Web1.0时代。

之后,随着数字技术和互联网的发展,互联网逐步去中心化且应用场景更加多元,诸如车载、家用电视、移动设备等物品都成为媒介载体,各大企业在移动端网页刊登商业广告。在传统的传媒产业数字化进程中,新型数字媒体形态诞生,不断与传统媒体形态融合。

1. Web 1.0阶段(1991—2002年):信息网络

Web 1.0指的是万维网发展的第一阶段,我们也经常称之为信息网络时代。这时候,媒体信息的数字化刚刚实现,超文本和超文本传输协议(HTTP)是主导技术群落,网络用户多是内容的消费者,而内容创作者相对较少。

1994年,网景(Netscape)和雅虎(Yahoo!)浏览器的最初版本建立。这两家公司分别在互联网史上留下浓墨重彩的一笔。大众通常以1995年8月9日网景公司的公开募股(IPO)作为互联网商业化热潮的起点。网景公司IPO当日股价从28美元涨到58.25美元,公司市值达到21亿美元。《华尔街日报》评论说:"通用公司花了43年,市值才达到27亿美元,而网景只花了1分钟。"而斯坦福大学研究生杨致远(Jerry Yang)和戴维·费罗(David Filo)创办的雅虎公司对于互联网的贡献不仅仅在于它是世界上最大的互联网门户网站,更在于它所制定的平等、免费和盈利的商业规则,也就是今天常说的"羊毛出在猪身上"的商业模式,即用户和客户并非同一人。

1999年7月,中华网在美国纳斯达克上市。2000年,新浪、网易、搜狐等门户网站均在美国上市,中国互联网的启蒙阶段由此起步。网景研发出第一个大规模商用的浏览器,雅虎创造了互联网黄页,而于1998年诞生的Google后来居上,推出了搜索引擎服务。如果没有Google,今天雅虎可能仍然是互联网霸主。也许这正是互联网商业的魅力:总有企业在衰落,也总有企业正辉煌。

在Web1.0时代,门户网站是鲜明的时代标记,网页是主流呈现形式,互联网浏览器是网页的载体,客户端和服务器是主要构成方式。这时候是"可读"时代,信息传播严格来说依旧是单向的,改变的主要是信息传播速度和信息承载量,用户只能搜寻信息而无法互动。

2. Web 2.0阶段(2003—2020年):社交网络

Web 2.0是O'Reilly媒体公司CEO提姆·奥莱理(Tim O'Reilly)提出的,指的是一种新的互联网方式,即通过网络应用促进用户的信息交换和协同。与Web 1.0的以技术为中心相比,Web 2.0更加以用户为中心。典型的Web 2.0服务有:社交网站、博客、播客等。

博客可谓是这一阶段的代表性网络服务,互联网用户可以拥有自己的专栏,为网络提供文字、图片、音视频内容,成为网络内容的生产者。在"9·11"事件中,博客成为灾难亲历者发声的重要渠道。微博(microblog)是博客的精简版,由于发布流程更简单、有严格的字数限制,因而大大降低了内容发布的门槛,提高了互联网用户内容生产的积极性。Facebook、YouTube和Twitter的相继推出,标志着Web 2.0的全面到来。

之后,随着大数据、云计算、语义网络、语音识别、视觉搜索、人工智能网络应用技术的普及,以个性化为特征、具有可移动特性的互联网平台广泛应用,互联网实现了人与网络、人与人之间的实时信息交互,动态页面技术、数据库技术使得互联网的功能和表现形态有了质的飞跃。

得益于移动通信终端的应用和普及,Web 2.0 时代最大的特点是形成了可携式、可读写交互的个人网络世界,用户可以在移动状态下随时随地访问互联网以获取信息和服务。许多优秀的互联网企业和新的商业模式诞生,互联网的入口从 PC 端向手机端分流,覆盖我们生活的方方面面,一部手机便可解决衣食住行等问题。这一阶段的主要网络应用有:微信、Facebook 等。

在 Web2.0 时代,信息最明显的特征就是交互性和去中心化,用户不再仅仅是内容的接收者,同时也是内容的创作者,信息传播变成了双向联通的,而社交媒体则成为主要的媒介平台形态。也就是说,Web2.0 时代是"可读+可写"时代。互联网的高速发展也带来了一些社会问题,由于平台垄断,用户自身作品的权益很难得到保障。以抖音为例,由于信息数据存储在抖音,抖音可以根据自身需求随意处理用户的作品。

3. Web 3.0 阶段(2021—):智能网络

2020 年,万维网之父蒂姆·伯纳斯·李说:"互联网的精神应该是去中心化的,但一些公司已经把互联网当成了垄断联盟。"2021 年 10 月,Facebook 改名 Meta,"元宇宙"和"Web3.0"这两个概念热度暴涨,Web3.0 概念正式走入大众视野。Web3.0 最为重要的词汇是"去中心化":内容创造去中心化、平台去中心化。在 Web3.0 时代,互联网变成了"万物皆媒""人人皆媒"的网络空间,虚拟现实和增强现实技术进一步成熟,强调沉浸感和通感化的媒体成为全新媒介形态。在这一时代,用户成为核心,具有去中心化这一互联网特征的区块链技术、数字身份认证等可以更好地帮助个人用户明晰自身作品的所有权,从而保障用户权益。也就是说,Web3.0 时代是"可读+可写+可拥有"时代。

不可否认的是,从计算机到互联网,从互联网到物联网,再从物联网到脑联网,主导技术群落的发展也会创新媒体的形态。

(二)人工智能助力新媒体发展

1.人工智能技术赋能新媒体

党的十九届四中全会指出,要建立以内容建设为根本、先进技术为支撑、创新管理为保障的全媒体传播体系。这为打造中国特色的全媒体传播体系提供了根本遵循。近年来,人工智能发展十分迅速,它因技术层面的出色能力而逐渐深入新媒体行业,并能够结合具体的应用场景去设计适用于该领域的产品和解决方案,为传媒产业发展提供重要支撑。

(1)虚拟现实(VR)与增强现实(AR)

与人工智能在应用技术层面有所重叠的 VR 和 AR 技术蓬勃发展,为新媒体产业提供了新的可能性。VR 能通过模拟环境,使用户沉浸于一个完全由计算机生成的三维环境,从而提供一种全新的信息呈现方式。在新闻报道、教育、娱乐等领域,VR 技术为新媒体带来了创新,使观众可以身临其境地体验新闻现场。AR 技术则通过将虚拟元素与现实环境相结合,对真实世界进行扩展和补充,使新媒体可以为用户提供更为丰富和个性化的信息内容。例如,通过 AR 技术,观众可以在自己的家中体验现场演唱会的气氛,或在浏览网页时获得商品的三维展示。

(2)人工智能(AI)

AI 技术在传媒领域的应用,使新媒体产业进入一个全新的阶段。第一,AI 技术可大大提高内容生产的效率——利用 AI 算法自动抓取、分析和发布新闻信息,帮助媒体进行精准的用户画像,以实现更为精准的广告投放。① 第二,AI 技术也在推动新媒体形态的变革,如智能语音助手和虚拟主播的出现,使音频和视频内容的生产更为便捷、目标人群更为精准。此外,AI 算法还可以根据用户行为数据,自动推荐符合用户兴趣的内容,实现个性化的内容推送。第三,AI 技术可以显著改善新媒体的传播效果。例如,利用 AI 算法,媒体可以模拟用户的社交网络行为,从而更好地理解目标用户的具体需求和行为模式,进而提高相关内容的传播效果;还可以预测和识别社会及商

---

① 陈烨琳,许俊慧,陈玉淳.社会治理视角下报业的视频化转型策略研究——以 N 视频为例[J].新媒体研究,2022,8(03):71-75+80.

业趋势,为媒体的战略决策提供有力支持。

综合来看,人工智能技术得以从信息采集、内容生产、内容分发、媒资管理、内容风控、效果追踪、媒体经营、舆情监测、版权保护九大方面为新媒体赋能。① 智能生产、智能分发是当前人工智能技术在新媒体应用最多的场景,也是创新应用最为集中的方面,如新华社推出"快笔小新"、AI合成主播、"媒体大脑"、媒体机器人等系列智能生产创新应用②,通过机器写作及虚拟主播的形式,提高了新媒体内容的创作效率,丰富了传播形式,生成与收集的可视化数据还能进一步提供信息反馈,辅助全流程优化;内容分发方面,算法是核心竞争力,人民日报推出了"党媒算法",今日头条等商业智能媒体平台更是加大投入算法推送,让平台可以根据用户画像实现个性化内容推荐。如新冠肺炎疫情期间,人民网与AI创业公司妙笔智能合作,上线了妙笔抗疫新闻机器人,凭借新闻数据分析和文本生成相关技术,通过"微信个性化订阅+机器推送"方式为全国网民带来权威、准确的专属个性化疫情新闻,免除了人们反复查找信息以及海量与自己不相关信息的困扰,实现了信息的精准传播,宏观上亦推动了新媒体产业的变革。

2. AIGC带来内容生产模式的转变

AIGC是一种新的人工智能技术,它的全称是Artificial Intelligence Generative Content,即人工智能生产内容。这是一种基于机器学习和自然语言处理的技术,能够通过分析大量的数据和文本,模仿人类的创造力,从而自动产生文本、图像、音频等多种类型的高质量内容,这些内容可以是新闻文章、小说、图片、音乐,甚至可以是软件代码。2023年,以AIGC为代表的人工智能技术加速迭代演进,媒体融合进入媒体智能化快速发展新时代。ChatGPT的出现,标志着AI技术的巨大飞跃,它正迅速成为各行业颠覆变革的动力。

---

① 张梦,陈昌凤.智媒研究综述:人工智能在新闻业中的应用及其伦理反思[J].全球传媒学刊,2021,8(01):63-92.
② 王晨阳.短视频平台信息流广告研究:生产模式、业态优势及潜在风险[J].视听界,2021(01):60-63.

(1) AIGC 的应用领域

文本与图像生成。使用人工智能算法和模型,可以生成模仿人类书写的文本,它涉及在现有文本的大型数据集上训练机器学习模型,以生成在风格、语气和内容上与输入数据相似的新文本;也可以生成非人类艺术家作品的图像,这些图像可以是现实的或抽象的,也可以传达特定的主题或信息。

语音生成。AIGC 的音频生成技术可以分为两类,分别是文本到语音合成和语音克隆。前者需要输入文本并输出特定说话者的语音,主要用于机器人和语音播报任务,目前已经相对成熟,语音质量已达到自然标准,未来将向更具情感的语音合成和小样本语音学习方向发展;后者则以给定的目标语音作为输入,然后将输入语音或文本转换为目标说话人的语音,多用于智能配音等场景。

视频生成。目前,AIGC 已被用于视频剪辑处理以生成预告片和宣传视频,其工作流程类似于图像生成,通过结合不同的 AI 算法,将视频的每一帧都进行处理,对长视频内容进行解析和碎片化,利用多媒体解锁引擎带来海量视频内容,提供快速检索能力,实现对长视频的二次创作,提升短视频创作产能。凭借先进的功能和普及范围的扩大,AIGC 可能会继续革新视频内容的创建和营销方式。

(2) AIGC 促进内容生产模式转变

其一,AICG 可以自动生成内容,提升内容生产效率,降低内容生产门槛和内容制作成本。当前,大量的文本、图像、音频、视频等内容都可以通过 AIGC 技术自动生成,语音识别、图像识别等技术可对素材进行自动分类、裁剪和优化,减少人工的介入和时间的浪费。作为高效的智能创作工具,AIGC 可以辅助艺术、影视、广告、游戏、编程等创意行业从业者提升日常内容生产效率[1],如 AI 助手文心一言 App,只需简单要求说明,就能在 10 秒内输出一篇千字的新闻稿,辅助文字创作。同时,自动内容生成可以降低内容生产门槛和内容制作成本,如借助 AI 编曲软件可以自动生成编曲,而人工创作大概需要 7-10 年的经验积累。

---

[1] 康玉林,贾思萌.智媒背景下新闻内容生产的重构[J].声屏世界,2020(11):20-22.

其二，AICG可以提升内容质量，增加内容多样性。AIGC通过大量数据学习积累，可以产生更准确和信息更丰富的内容，有时候可能比普通的人类创建的内容质量更高，如谷歌的Imagen生成的AI绘画作品效果已经接近中等画师水平。而且，AIGC可以帮助企业和专业人士创建更多样化、更有趣的内容，如抽象绘画作品、贴纸、音频，乃至经典"梗"素材等，流媒体平台如芒果TV已经在运用AIGC技术生成基于原创文本的有声剧，帮助策划撰写剧本，增加内容本身的玩法与乐趣。

其三，AIGC还能助力内容创新，实现个性化生产与精准内容推荐，辅助新媒体平台进行推广。通过将内容创作中的创意和实现分离、替代创作者的可重复劳动，AIGC可以帮助有经验的创作者捕捉灵感，创新互动形式，助力内容创新。例如AI艺术和创意辅助平台文心一格能够为文字内容创作者提供配图，输入几个关键词，多张风格统一的海报就能迅速生成，帮助美术创作者产生更多创作灵感；根据个人用户的喜好生成个性化内容，也有利于多种创意落地。此外，它还可以帮助新媒体平台加强用户数据分析，深入了解用户的兴趣爱好和需求，为其提供更加精准的内容推荐；基于自然语言处理技术和语音识别技术来进行跨平台的推广，让更多的用户了解和使用新媒体平台，吸引更多用户加入，并为自媒体账号的粉丝增长与内容创作提供有力帮助。

二、新媒体带来的影响

（一）对经济发展的影响

1. 构筑新经济

随着新媒体技术的发展，社会生产要素、生产方式也不断变革，最终新经济形态诞生。如以红人为核心进行创新内容产出，通过粉丝流量池和内容价值助力收益获取，最终实现价值变现和资产积淀的红人经济；以创作人群为核心，借助新媒体平台、新型数字技术实现个性化、创新化的产品及服务，在一定累计受众基础上实现商业变现的热情经济；以用户权益与需求为核心，以保障创作者权益为重要任务，关注作品所有权，最终实现更大的商业变现可能性范围的创作者经济(图 1-3)等。

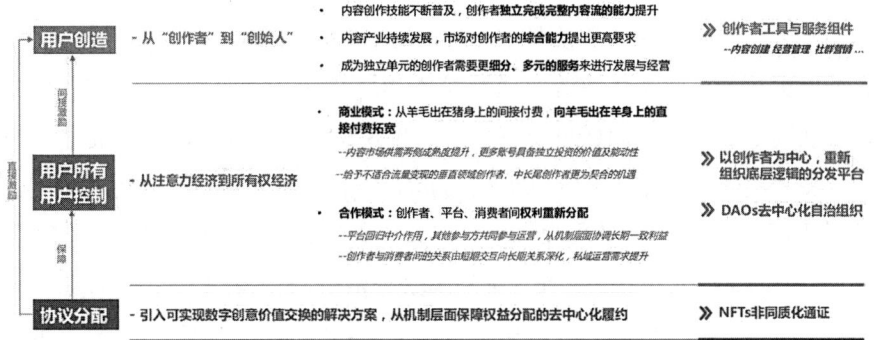

图 1-3　创作者经济中角色权利分配情况

资料来源:艾瑞咨询,《2022 年互联网创作者经济白皮书》

2. 创新产业链和商业模式

新媒体是数字经济背景下基于数字技术发展演变而来的新兴媒体形态,自然拥有数字经济视域下的新经济理论特征。在新的经济规律下,产业格局的变革迫在眉睫,只有顺应经济发展趋势,把握新兴经济运行规律,积极调整产业链组织结构,才能让产业保持活力,并且得到较好发展。

在上游内容创作端口,随着数字技术发展,人工智能进入传媒业,促成智能和人工的结合。人工智能在媒体行业的应用大大提升了新闻采编活动的效率,在一些重要且复杂的新闻采写中,对于大量数据的抓取和整理,人工智能发挥了相当大的作用。机器人写作就是典型代表,它可以从庞大的数据网络中快速精准地抓取内容数据。美联社已经开始使用自动生成文章技术,用 AI 写程式化的新闻稿件十分高效,人工智能帮助记者节省了 20%的编写时间,让记者编辑们得以充分策划更优质的报道。目前,这一方式已经在财经和体育新闻中得到广泛的运用,这也预示着很多人对于人工智能会抢夺记者饭碗的担忧变成了可能,从而使人类编辑逐渐边缘化。

在中游内容呈现环节,新媒体相较于以单一的文字、图片、音视频等作为呈现方式、用户权益难以得到保障的传统媒体而言,更具交互性和可追踪性。在新媒体时代,内容创作的形式更加多样化,VR、AR 等现代技术可以增加虚拟现实感,从而加强用户内容消费的沉浸感。此外,内容的创作过程将实现可追踪化,创作内容的所有权将进一步明晰,从而保障创作者的权益。

在下游内容营销环节,新媒体的发展促进了营销行业的兴盛,最终使得人们不再只关注商品的实用性,而更多关注商品的象征意义和价值。消费者的购买行为已经不单单为了满足基本生存需求,更多还为了广告塑造的自我认同等。新媒体同样也变革了营销的方式,目前利用KOL(关键意见领袖)、KOC(关键意见消费者)进行宣传成为新的营销方法。

此外,新经济模式的兴起也促进了新产业的诞生,从上游的智能创作平台,到中游的MCN机构,再到下游的网络营销机构,这些新兴产业在自身壮大的同时,也极大激发了新经济的活力。以MCN机构为例,随着商业变现模式的不断完善,它们已经成为直播带货产业链中联结平台各方的重要环节。面对企业端,MCN机构可以通过广告营销、商业合作、IP授权等方式实现盈利;面对个人用户端,MCN机构可以通过衍生品销售、内容电商、知识付费等方式实现盈利。立足全产业链视角,上游供应商为MCN机构或者KOL提供货源、发放设计形式的需求,MCN机构则再度分配给主播,通过主播在各大内容平台、社交平台或电商平台提供直播服务,最终实现流量变现。可见,MCN机构作为产业链的中间环节,对于上下游而言都具有一定的议价能力,从而进一步促进了IP高效孵化和商业化变现的进程(图1-4)。

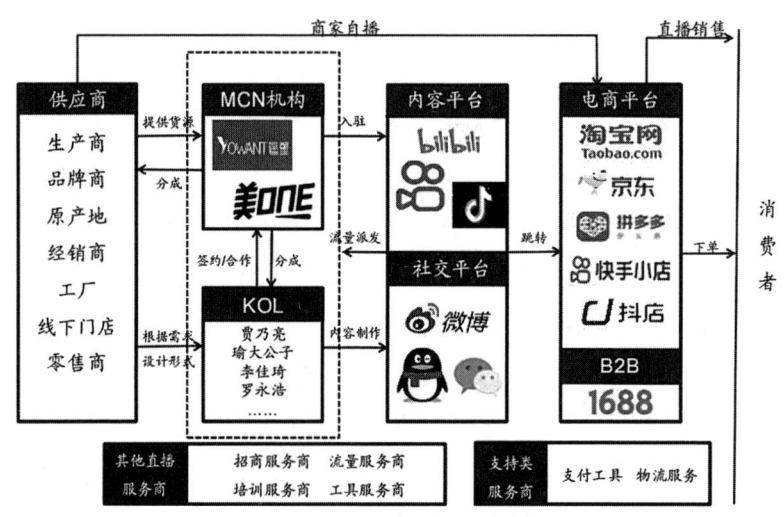

图1-4 直播带货产业链

资料来源:海通国际,《直播电商再思考:借古窥今,直播电商将往何方?》

3. 新营销模式的诞生

在新媒体时代背景下，品牌只有选择新营销模式才能更加高效地匹配用户需求，实现盈利目标。因此，基于社交媒体平台的大数据营销成为主流。相较于传统的盲目营销，在大数据技术的支持下，社交媒体平台可以更精准地分析得出用户需求，洞察消费者的潜在消费力，精准化推送营销，高效化完成客户关系的维系工作。如今，社交媒体已经成为营销的重要阵地，品牌、不同级别 KOL、KOC 和普通消费者在品类及价值取向上的高度匹配，成为品牌在流量之外更看重的本质。根据《2022 年收入营销 B2B 基准报告》，营销漏斗顶层产生高质量线索最成功的营销策略调研表明，在过去的一年里，社交媒体占据第一名（图 1-5）。

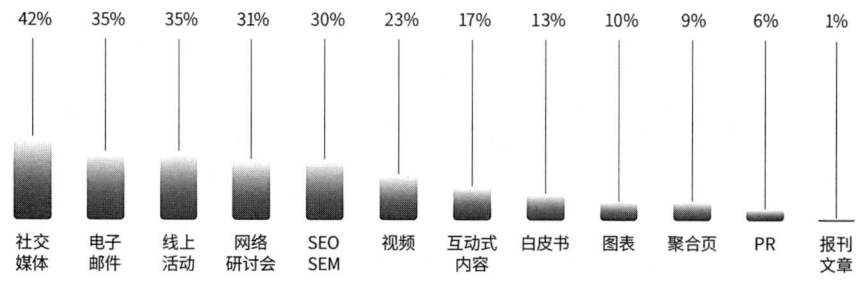

图 1-5 产生高质量线索最成功的营销策略排名

新媒体还带来新的商业氛围。随着社交媒体影响力的扩大和电子商务平台的发展，新媒体平台为企业商业化提供了更为良性的竞争氛围。在信息更加公开化的情况下，品牌需要通过新媒体平台来实现用户流量的吸引与沉积。如今，消费者经常通过 B 站 up 主测评视频、小红书种草拔草文案等方式了解不同的产品及服务，最终决定消费结果。新媒体平台使品牌的资本加入市场的速度加快，促进了其商业化内容的发展。另外，2022 年前后，各平台逐渐降低达人商业合作门槛，小红书允许素人接单；从新榜自有的头部品牌内容营销投放数据来看，各平台创作者的粉丝价值较之前有所增长；结合价格和粉丝来看，小红书、B 站平台的内容营销千粉价值最高。通过新媒体平台，各方可以更精准地定位商业合作意向对象，从而降低商业化合作门槛。

(二) 对社会发展的影响

1. 改变生活方式

人类是社会性动物,这就要求我们必须重视传播,而媒体作为传播的方式和路径也与我们密切相关。媒体是我们接收信息的渠道,从新闻获取到微博发帖分享日常生活,再到社交媒体的线上交友等,这些都是媒体帮助我们实现的。新媒体作为优化传播时效性、趣味性和交互性的一种媒体形式,促使我们更加关注生活中的细微之处,它在传播信息的同时也影响着我们的生活方式。当前,智能家居、智能出行的信息实时和新健康医疗的推动都离不开新媒体的支持。

2. 提供政务服务

2022年6月,国务院印发《关于加强数字政府建设的指导意见》,就主动顺应经济社会数字化转型趋势,充分释放数字化发展红利,全面开创数字政府建设局面作出部署。其中,数字政务的重要环节之一就是提供便民的移动政府服务。如今,借助手机App或者微信、支付宝等平台的小程序,我们就可以享受个人信息查询服务、电子证照服务等,通过全程线上办理,可以足不出户享福利(图1-6)。

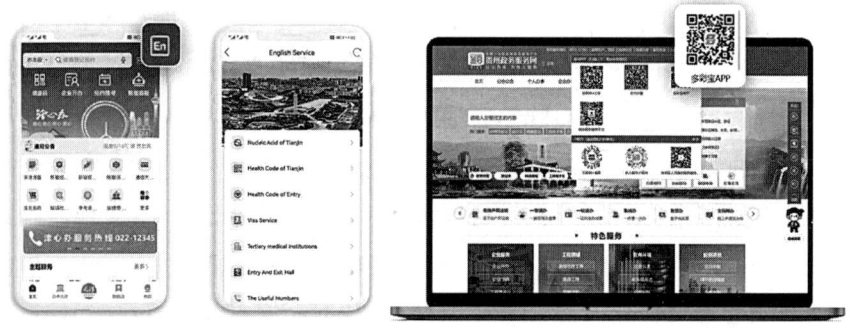

图1-6 移动政府服务实例

资料来源:国信数云 & 复旦大学,《2022中国省级移动政务服务报告》

3.提供社会服务

新媒体的发展在改变我们生活方式的同时,也增强了社会服务的高效性和精准性。通过数字技术支持和各种可移动App、小程序的信息聚集展示,我们所享受到的社会服务的智能化水平达到了前所未有的程度。例如,新媒体将交通状况实时反馈给我们,从而在一定程度上缓解了交通拥堵情况,也帮助我们匹配最佳路线和停车方案。此外,新媒体还会助力医疗体系的完善,通过压缩信息的搜寻、匹配等环节,降低健康医疗成本,提高医疗成效(图1-7)。

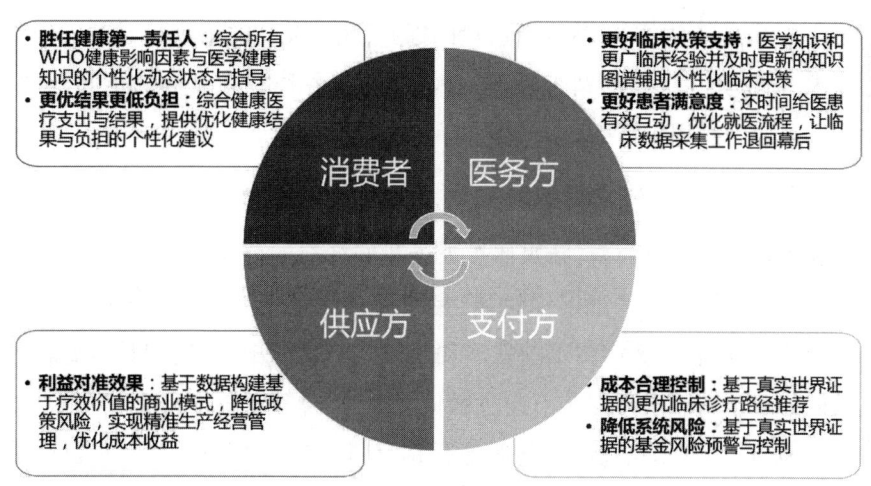

图1-7 新健康医疗四方关系

资料来源:阿里研究院,《从连接到赋能,"智能+"助力中国经济高质量发展》

4.促进社会公平

随着数字技术的飞速发展,新媒体也不断发展,传播者身份、传播方式等发生了深刻变化,我们可以通过论坛、博客、微博、播客、微信等信息平台表达观点和输出内容,而其他用户也同样可以通过平台与我们实时交流,对某一事件进行快捷传播、跟踪报道、讨论和自由发表评论意见。可见,社会公众个体和集体已经拥有了话语主导权。在这种媒体氛围下,政府和相关机构可以更直接地触达民众,也可以更高效地收集来自民众的意见,从而促进社会公平。

(三) 对文化习俗的影响

1. 手机成为生活中的必需品

作为人类社会发展进程中的重要议题,文化传播的主要形式载体——媒体也受到重点关注。相较于传统媒体,新媒体的传播方式更具移动性、交互性、渗透力与影响力。在日常生活中,基于电子交付的饮食、出行、住宿等活动需要微信或支付宝等平台支撑完成;与老师、朋友和家人的实时交流需要腾讯会议、微信的支持;各种实时讯息的获取需要通过今日头条、虎扑等手机App实现。此外,随着生活质量的提升,人们关注的不再只是基础的生存需求,而是更高层次的精神需求。因此,随着各种视频软件的不断涌现,手机已经成为我们生活中的一个必需品。

2. 钩织人际网络,重塑人际关系

就人际关系网络而言,新媒体扩大了我们社交的范围,变革了我们对于人际关系的认知。在传统媒体时代,我们的社交对象大多为现实生活中较为亲近的人,但随着数字技术的发展和新媒体平台的出现,我们与世界各地的人的跨时空交流成为现实。通过微信、QQ、微博等新媒体平台,我们可以随时随地与任何年龄层次、任何职业类别、任何国家的人进行交流,也就是说,我们每个人所能延伸的人际关系广度和所能结成的人际关系数量达到了空前的程度。这使得我们对于人际关系的认知也产生了变化,情感不再是我们人际关系建立的首要前提,情绪、新奇感等因素成为我们人际关系建立的首要前提。

3. 消费观念的变革

新媒体在变革经济模式的同时,也深刻影响着我们的生活观念,其中极其显著的是消费观念。另外,在新冠肺炎疫情的催化作用下,新媒体时代人们的消费观念更具特性。

新媒体时代,由于支撑各种电商平台的后台技术迅猛发展,购买二手商品、拼团购物、平替产品购物等消费形式出现,这些都是新节俭主义的行为表现。相较于过往对品牌、刺激、新潮等消费产品特性的关注,如今,消费者更加关注产品的实用性(图1-8)。也就是说,消费者更加理性。更多的消费者趋向于通过线上平台,花费更多的时间检索信息,找到具有更大优惠折扣的或者更具性价比的商品。

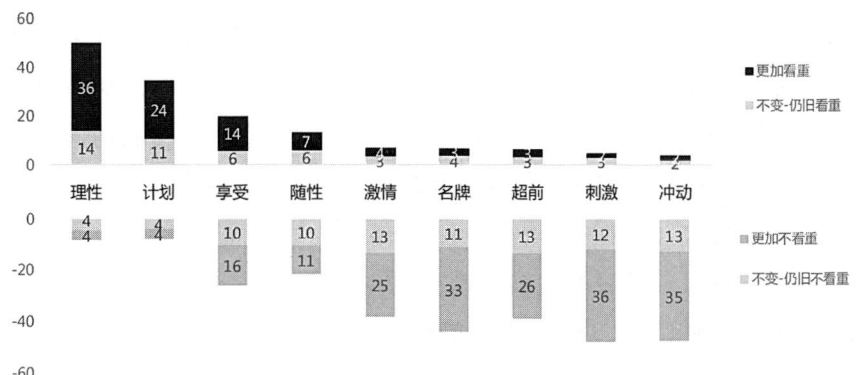

图1-8 受访者对于各种消费观念的看重程度

资料来源:洞见研报,《复苏与机遇:2023消费趋势洞察报告》

此外,由于新媒体时代社交媒体的去中心化特点,小众文化的相关内涵也在平台的加持下借助丰富、多元的新媒体快速普及,大家对于追星文化、二次元文化等各种小众文化的包容程度不断增加。以二次元文化为例,二次元群体作为互联网时代的"土著",本身就具有在互联网平台活跃度较高这一天然特征优势,于是二次元文化相关内容在原始群体的社交和分享中不断被非二次元用户接收,如今,极具个性化、重视精神体验的二次元用户、泛二次元用户已经成为互联网平台的主要用户群体之一。

(四)对技术进步的影响

1.促进知识扩散

新媒体促使媒介资源整合成为常态,它与教育的融合是较为成功的。在传统媒体中,很多教育资源具有排他性、竞争性,但随着信息技术发展,新媒体改变了这一现状。各种专业知识、教学课程等借助新媒体传播形式扩大了传播范围,教学的数字化、网络化使地区发展不平衡导致的教育差距缩小。新媒体得天独厚的技术优势增加了各种信息的传播速度,我们可以更大限度地获取知识。此外,新媒体也变革了我们的学习模式,相较于传统教育模式下的被动学习,新媒体时代要求我们拥有主动学习、创新学习的意识,利用计算机辅助教学等混合式教育成为更受欢迎的教育模式。

2.加速创新技术商业化

随着社交媒体的发展,用户成为重要的企业资产,技术商业化效率不断提高,企业只有紧跟前沿技术不断发展,才可以稳固用户流量池,保障企业的良性运转。2022年,"叫卖式"电商向"内容型"电商过渡,全新的内容直播方式不断完善着直播生态,直播电商2.0的巨大潜力被众多企业家所看到,其中东方甄选凭借知识带货特色迅速"出圈",其背后反映出的正是内容电商的强势崛起。而电商平台的迅猛发展同样是技术商业化进程加快的表现,算法可以精准定位用户对于电商展现的偏好。

第二章　新媒体的特征与规律

第一节　新媒体类型

关于新媒体的具体分类，学界暂时还没有一个明确的标准，有的学者基于形态及应用情况将新媒体分为门户网站、新闻客户端、虚拟社区、搜索引擎、网络视频等。立足宏观视角，我们可以根据媒体的演变历程将新媒体分为传统媒体数字化转型形成的新媒体、互联网催生的新型网络媒体以及万物互联的融合媒体三大类。

一、数字化转型新媒体

这类媒体是指传统媒体在互联网时代，利用现代通信技术和互联网基础设施升级转型所形成的新媒体。传统媒体主要有纸质平面媒体、广播和电视。立足历史维度看我国传媒行业，传统媒体受到网络影响展开数字化进程。随着数字技术的发展，传统媒体的数字化进程加快，纸质平面媒体、广播、电视三大传统媒体经数字化改造后也拥有了新的传播形态，其中，平面媒体可以通过自己的 PC 端网页展示和移动端 App 来触达用户。

以传统平面媒体为例，1993 年，传统报业走上数字化转型道路，电子版是当时最新的传播方式，这也是我国传统平面媒体和网络最早的融合产物。1993 年，杭州市联机服务网络向读者推送了电子版的《杭州日报·下午版》，我国传统平面媒体正式开始数字化、网络化进程。从 2000 年起,传统平面媒体开始尝试与各种媒体融合,力图实现多媒体融合协作;2007 年,"报网互动"这一新概念在我国第一届报网高峰论坛正式提出;2014 年,《人民日报》推出了自己的 App,内容生产加工模式不再是传统的单一内容生产,转而成为以原创内容为特点的原创类客户端和以大数据聚合为特点的聚合类客户端的集合体。在互联网媒体刚刚新兴的时代,学者们为报纸是否会消亡争议不休,现在答案已基本给出:纸质报纸正在悄然离开大部分人的生活,只留在了少数坚持固有阅读习惯的老年群体中。取代纸质报纸的是网络新闻媒体,传统报纸数字化转型成为自身发展的必由之路。

广播电视同样迎接着互联网的冲击和洗礼。一方面,数字技术武装了广播电视,带来了节目制作、传输及播出方式的革命。节目的画面和声音高清晰、高保真,节目形式与制作手段更加丰富,传播渠道和模式多元化发展。另一方面,传统广播电视遭遇越来越强大的互联网视听媒体的冲击,长视频网络平台腾讯、爱奇艺、优酷等不断侵蚀电视台的地盘,抖音、快手又以崭新的短视频形式杀进影像领域,重构影像视频的市场格局。互联网对传统广播电台的冲击更为巨大,喜马拉雅、蜻蜓 FM 以及各类各具特色的广播软件等催生了一个新经济——耳朵经济。

二、互联网催生的新型网络媒体

这类媒体是指基于互联网而发展起来的新型网络媒体。互联网的发展让手机成为每个人的必需品,于是众多新兴数字媒体诞生,其中主要是移动社交媒体,具体可以根据内容载体、内容符号和内容传输方式的不同进行分类。

根据内容载体可以分为在线媒体和移动媒体。在线媒体主要以网页形式存在,分为两类:第一类是社交网站类在线媒体,如 Facebook、开心网、人人网等,是基于人与人的关系建立的网站,为用户提供相应服务;第二类是内容分享类在线媒体,如以 Bilibili 为代表的中视频内容分享网站、以优酷为代表的长视频内容分享网站等。移动媒体则大多以 App 形式存在,具有社交属性,可以细分为六大类:第一类是维基类移动媒体,如维基百科、百度百科等,其特征是支持多人协作的写作形式,即可以多人(甚至任何访问者)维护,每个人可以发表自己的意见,或者对共同的主题进行扩展、探讨;第二类是博客类移动媒体,如 Twitter、微博等,分为本博客(传统博客)和微博客,类似一个"自媒体",其内容会更新,最新内容会优先呈现,传播给订阅或关注它们的人,而内容传播力量取决于浏览量和关注人数;第三类是播客类移动媒体,如 Podcast 等,实际上相当于一个以互联网为载体的个人电台或电视台;第四类是论坛类移动媒体,如天涯论坛、虎扑、百度贴吧等,是一种交互性强、内容丰富且更新及时的互联网服务,用户可以通过论坛获得各种信息;第五类是内容社区类移动媒体,如 YouTube、土豆网、优酷网等,指的是一种组织和共享某个特定主题内容的社区,在该平台上用户上传想要分享的内容,同时可以看到他人分享的内容;第六类是即时通信类移动媒体,如 QQ、YY 语音、企业飞信等,其本质是一种通信软件,是依托互联网或手机短信,以沟通为目的,通过跨平台多终端的通信技术来实现集成图声的低成本高效率的蛛合型通信平台。

根据内容符号可以分为文字类、图片类、音频类和视频类媒体。微博、论坛、知乎等平台为文字类数字媒体平台,内容主要以文字形式展示和分享,不同的平台对于文字字数有不同的要求,微博和论坛的文字内容篇幅较短,知乎的文字内容篇幅较长;小红书以及各类设计图稿分享社区为图片类数字媒体平台,内容主要以图片形式展示和分享;网易云音乐、QQ 音乐、喜马拉雅等平台为音频类数字媒体平台,内容主要以音频形式展示和分享,具体可以细分为听书类、音乐类等;Bilibili、优酷、快手等平台为视频类数字媒体平台,内容主要以视频形式展示和分享,不同平台对于视频的时间长短有不同的限制,可以细分为以抖音、快手为代表的短视频类数字媒体平台,以 Bilibili 为代表的中视频类数字媒体平台和以爱奇艺、优酷为代表的长视频类数字媒体平台。

根据内容传输方式可以分为内容传输类和在线直播传输类媒体。大部分平台的内容只需要用户制作好后上传即可,没有时间限制,但多多直播等直播类平台则强调内容创作者和用户的实时互动,需要在线直播。随着技术的发展,现有平台的业务大多同时包含这两个部分,以小红书为例,它既可以通过内容传输实现传播,也可以通过在线直播实现传播。

三、万物互联的融合媒体

互联网构筑了一个新的传播生态,它已经成为国家的基础设施,平台经济应运而生。媒体由于天生具有平台属性,在新经济中发挥出越来越大的作用。传统媒体在被迫适应与网络新媒体的竞争的同时,积极拥抱新机遇,开启了融媒体战略。在我国,2009年"融媒体"概念被首次提出,自2012年起各级主流媒体开始积极进行融合实践。媒体融合是将广播、电视、报纸等不同类型的媒体在人力、内容、宣传等方面进行全面整合,实现"资源通融、内容兼融、宣传互融、利益共融"的新型媒体宣传理念。融媒体实践是在国家对传统媒体与新兴媒体融合发展的顶层设计下进行的。2013年,党的十八届三中全会公报提出了"整合新闻媒体资源,推动传统媒体和新兴媒体融合发展",媒体融合成为传媒领域改革的顶层设计。2014年8月18日,中央全面深化改革领导小组在第四次会议上审议通过了《关于推动传统媒体和新兴媒体融合发展的指导意见》,这是中央关于媒体融合的第一份指导性文件。该意见明确提出"推动传统媒体和新兴媒体融合发展,要遵循新闻传播规律和新兴媒体发展规律,强化互联网思维,坚持传统媒体和新兴媒体优势互补、一体发展,坚持先进技术为支撑、内容建设为根本,推动传统媒体和新兴媒体在内容、渠道、平台、经营、管理等方面的深度融合,着力打造一批形态多样、手段先进、具有竞争力的新型主流媒体,建成几家拥有强大实力和传播力、公信力、影响力的新型媒体集团,形成立体多样、融合发展的现代传播体系"。2020年6月30日,《关于加快推进媒体深度融合发展的指导意见》成为引领媒体融合加速迈向纵深的最新纲领性文件。该意见提出,推动传统媒体和新兴媒体在体制机制、政策措施、流程管理、人才技术等方面加快融合步伐,建立以内容建设为根本、先进技术为支撑、创新管理为保障的全媒体传播体系。

媒体实现深度融合是时代和国家的要求,即运用新兴技术手段,以报、网、端、微为平台,形成传播矩阵并互为生态支撑,聚合渠道合力分发内容,加速推进优质内容"出圈"、媒体品牌"出圈"。以广东时代传媒集团股份有限公司为例,其旗下有1报12刊,研发了时代在线等新媒体产品,培育了时代数据、时代商学院等融媒体项目。此外,时代传媒之前依托以《时代周报》、时代财经 App 为龙头的"财经系"和以《新周刊》为代表的"生活系",打造了"财经+生活"全媒体矩阵的一体两翼,下属全媒体矩阵全网年流量超 5 亿,累计用户数达 1 亿。在数字时代,这种媒体融合的例子数不胜数,媒体如果想要生存并长久发展,势必要走上数字化和融合化道路。

第二节　传播新特征

人类传播从身体语言到文字再到广播、影像,基础传播符号逐渐变为数字化的符号。历次人际传播的演进是若干基于新技术群落更替迭代的新兴媒体形态推动的。也就是说,引发人际传播范式和特征发生重大变化的往往是居于主导地位的最前沿的新兴媒体。

人类的人际传播总共经历了四个时代,即从口语传播时代到文字传播时代,再到电子传播时代,最后到网络传播时代。媒体也从人为媒介到物为媒介,再到数字化的载体为媒介。新媒体背景下,传播符号、传播路径、传播主体、传播内容都进行了迭代,有了新的发展趋势,产生了新的传播效果、新的现象。

一、传播符号:从单一符号到多元交互符号

在传播符号的演变历程中,从无符号的肢体语言表达到文字和图像这两个最古老和基本的传播元素诞生,我们拥有了基础传播符号,迎来了文字传播时代,也就是人类正式从本能传播时代走向技术传播时代。我们用文字替代结绳计数、口口相传,书信、印刷品成为新的文化、信息载体,大众传播得到初步的发展。文字虽然突破了时间和空间的限制,实现了视觉系统的延伸,但是难以保证所有人对于同一内容产生相同理解,并且无法保证快速互动,信息传播者与接收者的界限明显,交流出现了不同步的情况。

随着互联网技术的发展,传播符号逐步衍生出音频、视频及动画等

形态,极大地延伸了我们的视觉、听觉等感官。传播符号不再局限于静止的状态,而是拥有了动态的呈现效果,极大丰富了我们所接收信息的形式。

随着数字技术的演变,传统的传播符号已经难以满足我们的需求,虚拟现实技术的发展促使传播符号实现了交融,极大拓展了我们的感知外延。时至今日,我们只要通过可穿戴设备,就能延伸感知外延,获得近似于现实生活的体验,这都是传播符号多元化、交互化的结果。

二、传播路径:从单向传播到多向互动传播

传播路径的发展与时代背景下主导技术群落的特征密不可分。从Web1.0到Web3.0再到如今,主导技术群落的发展使得传播路径也不断发生变革。Web1.0是信息网络时代,门户网站的诞生帮助网络实现了为用户提供海量信息的目标,信息数量是当时时代的关注点;Web2.0是社交网络时代,搜索引擎的出现实现了让用户精准搜寻信息的目标,信息质量成为时代的关注点;Web3.0是智能网络时代,"万物皆媒""人人皆媒"是最明显的时代特征,虚拟现实和增强现实技术实现了信息的智能化和近似现实化。

Web1.0时代:单向传播模式。门户网站的诞生实现了海量信息的聚集,但因为技术处于发展初期,信息只能实现单向、静态传播,网站是有所属的,用户无法参与也并不归属。赫伯特·马尔库塞在《单向度的人》一书中指出,发达工业社会成功地压制了人们内心中的否定性、批判性、超越性的向度,使这个社会成为单向度的社会,而生活于其中的人成了单向度的人。

Web2.0时代:双向互动传播模式。我们从只能被动接收网站信息的单向受众变为可以主动创造信息的互联网参与者。Web2.0关注到了用户群体的信息传播权利,给予了用户创造信息、创造价值的机会。借助博客平台,用户可以发布文章、图片,信息的生产主体中出现了用户个体,从而使得传播模式更加真实化、去中心化、交互化,更具相关性、互动性。Web2.0实现的传播模式是输入—反馈—输出,即它能满足用户的沟通与交流需求,也就提高了用户的参与度和网络归属感。北京大学的陈刚教授在《后广告时

代——网络时代的广告空间》一文中提到,网络引发并实现了一次媒体的革命,而这次革命的核心动因正是"互动"。Web2.0时代以多点对多点的"去中心化"传播方式解构了原有的单向文化的社会结构,使之逐渐转向多元的双向文化的社会结构。"去中心化"并非中心消失,而是原有的中心意义被大大弱化,由高度集中控制向分布集中控制转变,更加个体化、多元化。

Web3.0时代:个性化、智能化的多元交互传播模式。Web3.0是Web2.0的延续,是通过统一的通讯协议,以更加简洁的方式为用户提供更为个性化的互联网信息资讯定制的一种技术整合,而这将会是互联网发展中由技术创新走向用户理念创新的关键一步。Web3.0时代在Web2.0时代基础上发展了智能技术,突破了原有传播模式的界限。

三、传播主体:从权威媒体到微粒化个人

从Web1.0时代到Web3.0时代,传播媒介的变革使得用户身份的微粒化转型越发突出。微粒这一概念源于克里斯托夫·库克里克的《微粒社会》一书,书中描述数字化技术量化了社会中个体的行为、偏好与诉求,移动互联网技术使社会中个体间产生了联系与互动,两种技术使个体在社会中的差异与个性被清晰地呈现。喻国明在《个人被激活的时代》中指出,数字化与移动互联技术使个人弱化的信息生产与传播的能力(内容生产)以及个人湮没的信息需求与偏好(内容消费)被激活。彭兰在《智能时代的新内容革命》中指出,用户数据计算信息传播的落点,使生产的内容分门别类地分配给有不同信息需求的内容消费者,在传播结束后消费者再通过数据分析反馈给生产者关于内容的评价。基于以人为本的传播思想,数字技术与移动互联网技术的发展使受众转变为集内容生产者与消费者于一体的用户,并使二者产生数据化信息互动。

传播路径的变化使传播关系发生了变化。新媒体时代,传播主体不再是传统媒体时代以官方媒体为代表的权威媒体,传播主体不断微粒化,后来转变成为具有一定影响力的关键意见领袖,时至今日,任何用户都可以成为某个传播内容的传播主体。

四、传播内容:从时空受限的信息到不限时空的特质化信息

新媒体凭借强大的技术手段使海量的信息以简短精练的形式存储于平台上,信息传播碎片化,用户也从被动接收信息变为可以主动搜寻和发布信息,且信息不再受到时间和空间的限制。随着大数据技术、信息分析技术的发展,用户信息的匹配也更加精准,智能化信息推荐已经成为当代主流。

五、传播效果:出现信息茧房、文化快餐等新现象

(一)从信息稀缺到海量信息,再到信息茧房

最初,我们需要通过书籍、报纸等实体媒介寻找有用的信息,信息搜寻的机会成本极高。但随着数字技术的发展和门户网站的出现,信息聚合平台越来越多,信息不再稀缺。随着数字技术的不断推进,我们的大数据技术、云储存技术越发发达,但高效的信息储存流程并没有匹配精准的信息分类和筛选机制,使得信息泛滥。"海量信息"不再是进步的标志,转而成为一种资源浪费。

此外,在海量信息聚合的基础上,今日头条、抖音、快手这些信息平台会根据用户的喜好定向推送信息,信息推送的精准性和有效性得到了大幅提升。但与此同时,精准推送信息的背后也存在一定的隐患,用户久而久之只能接收片面的信息,这就是信息茧房现象。

信息茧房这个概念由来已久,它是由哈佛大学教授凯斯·桑斯坦提出的。他之所以会提出这个概念,是因为他发现当人们沉浸于海量网络信息的时候,只会去看自己感兴趣的信息。长此以往,在认知层面或者内容获取上来说,个体与其他领域的信息之间便产生了一道无形的墙,类似于一个蚕宝宝被束缚在茧房之中。《信息乌托邦》一书指出,信息茧房现象的产生是由于人们对信息的需求往往是个性化的而非全方位的,用户往往会基于个人偏好去选择接触媒介信息。

数字技术的发展使信息传输速度不断加快、体量不断增大,对于海量数据的智能信息分析技术也不断发展,这些都帮助生产商更加精准地

把握用户需求。出于利益考虑,生产商更偏向于迎合已知的消费者偏好,最终导致用户只涉足自己感兴趣的领域,从而封锁了自己的信息来源。

(二)从艺术经典到文化快餐

21世纪的今天,随着生活节奏的加快和新兴媒介的发展,文化快餐正以极快的速度全方位地占领人们的生活空间,并严重冲击了传统艺术经典的生存和发展。经典文学、绘画、音乐等在穿越奇幻小说、明星自传、时尚杂志、卡通漫画、QQ表情、流行歌曲当道的文化快餐时代遭遇前所未有的生存危机。大众更喜欢直接、具有冲击力且短时间内就能捕捉的信息,而花费时间和精力来深入探索艺术经典则相对而言被认为是一种无趣,甚至是浪费时间的行为。

首先,随着市场经济体制的完善、科技的发展、传播媒介的助推和西方消费主义文化的传播,人们的审美日渐具有功利性的特征,并呈现出多元化和感性化等发展趋向,导致以前基于经典美学的理念发生了动摇。而消费是需要消费者产生意愿的,在消费者意见越发重要的时代背景下,艺术家为了顺应消费者的碎片化信息需求,也不可避免地更关注于生产效率更高的快餐式文化。卢浮宫的游客报告曾提出,游客现在只能在蒙娜丽莎面前待一分钟,他们中的一些人将大部分时间花在拍照上。在这个艺术作品快餐化的社会趋势里,我们已经将游览博物馆和画廊庸俗化了,艺术作品的普及使我们逐渐失去了认真欣赏和探究的耐心,我们逐渐不再去欣赏自己所看到的东西。

其次,大众文化审美的美学变革加速了美学世俗化、艺术通俗化的进程,人们的审美趣味不再被教育、被启蒙,而是出现多元化的发展倾向,人们日常生活的美学核心逐渐转变为视觉的满足和满足欲望相关的"视像"的生产与消费,从饮食、服饰,到音乐、绘画、文学等的鉴赏趣味。[①] 尤其在短视频这种主张碎片化信息传播行业和移动设备普及现实情况的刺激下,我们不再有耐心花费时间去探索"视像"背后的内涵和寓意,而倾向于轻松、消遣和

---

① 黄荣欣.经典文化与速食文化视域中的审美趣味[J].安徽文学,2016(02):84-85.

通俗的快餐式文化。

此外,时代和社会的需求也是大众审美趣味转变的一个重要原因。随着生活节奏的加快,"繁忙的工作""巨大的现实压力""内卷的竞争现实"等成为时代热词,相较于博大高雅和深远古典的经典艺术作品,我们追求短时间含有巨量信息的、碎片化的、更具刺激的文化,而快餐式文化恰好满足了我们和社会的需求。

第三节 传媒市场新规律

一、梅特卡夫法则

随着互联网的发展和网络规模的增加,更多的用户可以得到在更大的价值信息平台上的交互,也就是说,一个用户的价值取决于其他用户使用产品的数量,这是网络效应从经济角度的细化阐述[①]。实际上,网络效应在经济学中与网络外部性是不一样的,运用梅特卡夫效应的方法来定义更为准确,即其本质是由网络用户之间的交互所带来的平台价值指数水平的提升。以苹果手机为例,截至2022年,苹果的全球用户超过10亿,假设每个用户价值100元,通过简单的数学运算就可以得出其价值为1000亿元。但显然,苹果用户的价值肯定不只如此,因为上述计算忽略了用户交互带来的价值。实际上,一个网络的价值等于网络节点数的平方,网络的价值与联网用户数的平方成正比。用公式表示为:

$$V=n^2-n$$

式子中 V 是网络的价值,n 为网络节点数或用户数。上述定律可以用任意通信网络进行说明,比如电话、微信、QQ 等。假定一个用户与另一个用户取得联系,整个通信网络即可增加一单位效用,当只有一个用户使用通信网

---

① 王节祥,王雅敏,贺锦江.平台战略内核:网络效应概念演进、测度方式与研究前沿[J].科技进步与对策,2020(07):152-160.

络时,无人可以联络,那么整个网络的效用就是0;当新增加一个用户时,现有用户可以和新增加的用户联系,获得一单位效用,同时新增加的用户可以和现有用户联系,也获得一单位效用,那么总效用就是2;用户继续增加,以此类推,增加的效用会比用户增加数量更多,当 n 趋于无穷大时,效用就趋于 n^2。

该定律也有进化的过程,刚开始定律发表时网络还局限于通信网络,随着后来的发展,此项定律也扩展到市场网络、社交网络各个领域,式子也可变为:

$$V = K \cdot n^2$$

式子中 V 是网络价值,K 是价值系数,n 是网络节点数或用户数,价值系数具体的值根据网络的不同而不同。以微信为例,微信用户之间的互动产生了各种高价值的产品,如朋友圈、微信官方账号、小程序等。这些由用户交互产生的网络效应提升了平台的价值。

另外,企业会将梅特卡夫定律应用于供应链数字化的研究中。在供应链数字化转型的过程中,一个核心企业会逐步被若干一级节点企业围绕,在数字技术支持下联结并协同合作;同时,每个一级节点企业又会作为一个新的中心,向外延伸出若干二级节点企业,以此类推,最终形成一张庞大而联结紧密的数字化供应网。

二、网络外部性

(一)外部性的含义

不同经济学家对外部性给出了不同的定义。Stiglitz 认为:"只要一个人或一家厂商实施某种直接影响其他人的行为,而且对此既不用赔偿,也不用得到赔偿的时候,就出现了外部性,未被市场交易包括在内的额外成本及收益被称作外部性。"Samuelson 和 Nordhaus 认为:"外部性是指那些生产或消费对其他团体强征了不可补偿的成本或给予了需补偿的收益的情形。"Varian 认为:"当一个行为个体的行动不是通过影响价格而影响到另一个行为个体的环境时,我们称存在着外部性。"从本质上看,外部性就是经济主体的福利受到了他人活动的影响,而这种外部影响又不能通过市场价格进行买卖。无偿给他人带来收益的外部性称为正外部性,给他人带来损失的外部性则称为负外部性。

在传统经济下,外部性作为经济运行过程中的例外,在分析时常常被忽略;而在互联网中,外部性却是分析时不可或缺的部分,它可以说是网络经济最为重要的特征之一。

(二)网络外部性的定义

新媒体作为以互联网为载体的网络媒体,具有强烈的网络外部性。

网络外部性(Network Externalities),是指用户所获得的效用会随其所消费的产品(服务)数量的变化而变化,即网络效应的产生需要建立在稳定的用户基数之上。关于"网络外部性"的研究,最早可以追溯到 Leibenstein (1950)提出的"势利效应"以及"彩车效应"。随着通信产业的不断发展,经济学家开始对通信产业中存在的网络效应展开研究。Artle 和 Aversus (1973)最早对通信行业进行研究,分析了电话服务领域的消费者特征,认为这些消费者之间存在着相互依赖的关系,同时提出"通信服务对个人的效用增量是关于用户总人数的函数"。由于信息通信技术和互联网技术最先在国外发展,所以网络效应概念的解读最早是由 Rohlfs 在 1974 年研究电信网络时提出的。他发现电话业务中个人的效用与其他用户数量存在正相关关系,并将这个现象称为"消费的外部性",他的发现对后面网络效应的研究起到了奠定基础的作用。

实际上,真正最早对网络效应下定义的是 Katz 和 Shapiro(1985),他们认为,用户在使用产品(服务)的过程中所获得的效用会随着同样使用该产品(服务)的其他用户规模的变化而不断变化,这种说法已经成为网络效应最为典型的定义沿用至今。在此基础上,Kauffman 等(2000)还认为,除了产品本身,兼容产品用户基数的扩大也会增加用户所获得的产品价值,即同样会产生网络外部性。信息产品存在着互联的内在需要,因为人们生产和使用它们的目的就是更好地收集和交流信息。这种需求的满足程度和网络规模的大小有着紧密联系。只有一名用户的网络是毫无价值的,如果只有极少数用户,则他们需要承担高额的运行成本而最后得到有限的信息交流;随着用户规模的增加,这种情况不断被改善,运行成本下降,用户获得更大价值。这种某种产品对一名用户的价值或效用取决于其他用户的数量的现象,被称为网络外部性,即网络效应。

从经济研究的角度看[①],网络效应可定义为这样一种现象:特定的经济行为主体之间发生或存在特定经济行为,并通过特定的渠道(经济链)传递或影响"系统"的价值以及这些特定经济行为主体的效用。

在有关网络效应的早期文献中,网络效应和网络外部性这两个概念是交替等同使用的,然而并不是所有的网络效应都有外部性。根据传统的经济学,如果市场参与者不能以某种方式内在化一个新的网络参与者对其他参与者的影响,就存在网络外部性[②]。即网络效应不能通过价格机制进入收益或成本函数的时候,网络效应才可以被称为网络外部性。

(三)网络外部性的分类

网络外部性有着不同的类型,在早期的研究中,Michael Katz 和 Carl Shapiro 提出,根据使用者增多导致的结果可以将网络效应分为直接网络外部性和间接网络外部性。

1. 直接网络外部性

直接网络外部性是指消费相同产品的市场主体数量所导致的直接物理效果。简单来说,这是上述含义中的由互联网需求带来的网络效应,使用某一产品的人数增加导致网络价值增加。与此相关的比较著名的例子就是梅特卡夫定律(Metcalfe's Law):一个网络的价值等于网络节点数的平方,网络的价值与联网用户数的平方成正比。以苹果手机的用户为例,一个苹果手机用户的增长带来的是多个与该用户关系较为密切的潜在用户的挖掘以及整个用户群体影响力的提升。随着用户数量的增加,用户在苹果手机网络中获得的效用将增加,因此,用户在选择手机时会更倾向于拥有巨量用户池的苹果这一品牌。

---

① 胡志兵.网络效应判定准则及相关概念辨析[C]//中国通信学会.通信发展战略与管理创新学术研讨会论文集.北京:中国通信学会,2006:496-501.
② 朱彤.网络效应经济理论:文献回顾与评论[J].教学与研究,2003(12):66-70.

2. 间接网络外部性

间接网络外部性是指随着某一产品使用者的增多,该产品的互补产品数量增多、价格降低所产生的价值。间接网络外部性的影响主要在于互补产品,这一点主要适用于和网络相关的硬件、软件。比如,购买某款电子游戏对于电子游戏本身的价值没有影响,但是随着购买人数的增多,有关娱乐业的介质产品也会增多,竞争增强,促使产品的质量更高,价格更低,用户选择变多,更多用户从中获益,无形之中用户得到了新的价值。随着数字经济的不断发展,间接网络外部性还可以延伸至电商物流服务等领域。购买线上产品的人数增多,虽然不会直接对物流造成影响,但是会促使物流更快、更高效,提高竞争力,这些也会反过来促进消费者的电商消费。间接网络外部性正在随着数字经济的蓬勃发展渗透到我们生活的各个方面。

后来,随着互联网迅猛发展,以电子商务平台为代表的新经济产业形态不断更新迭代,学者更加深入研究与探讨网络效应的划分依据,使得划分标准也更加多元和细化。2013年,连接商家与用户的电子商务平台依靠数字技术不断发展和革新,学者傅瑜提出,按照来源与特征的不同,网络效应可分为直接网络效应、间接网络效应和基于双边市场理论的交叉网络效应[①]。

其中,新提出的交叉网络外部性是传统单边市场演变为双边市场的重要特征之一,即平台一边用户数量的增加会提高平台另一边用户的效用。同年,学者陈威如提出,平台企业想要做到"赢者通吃",就必须建立在三个先决条件之上,即较高的转换成本以及较强的周边和跨边网络效应。

2014年,杨蕙馨等学者在移动操作系统的基础上将网络效应归类为直接网络效应、双边网络效应、负向网络效应以及基于用户自身口碑和平台学习的网络效应。

2020年,王节祥、王雅敏、贺锦江三位学者对网络效应进行了梳理,发现网络效应研究经历了三次理论演进,即同边网络效应向跨边网络效应演进(内容)、网络效应是什么向网络效应有何影响演进(作用)、网络正效应向网

---

① 傅瑜.网络规模、多元化与双边市场战略——网络效应下平台竞争策略研究综述[J].科技管理研究,2013(06):192-196.

络负效应演进(后果)①。随着技术创新与平台经济发展,市场已经由单边市场变为双边市场,再变为多边市场,在互联网背景下诞生的网络效应的特征与表现也随之发生变化。

三、竞争性垄断

互联网经济背景下,新媒体行业的市场结构呈现出竞争性垄断的新型特征,即一方面增强了竞争性,另一方面又增强了垄断性。新媒体领域形成了具有垄断特征、拥有巨量用户池的几大头部平台的市场格局,但即使如此,头部平台的地位也并不稳固,它们依旧会在与利用新技术和新商业模式的创新型企业的竞争中失去市场。造成这种现象的原因有两个:一是网络外部性形成的马太效应,梅特卡夫法则告诉我们,大型媒体的价值小媒体无法比拟,导致强者恒强,头部企业会挤垮小平台,形成垄断态势;二是创新带来的开拓性效应,互联网企业的发展依靠创新,小型新媒体公司可以凭借新的技术、新的产品、新的商业模式、新的营销手段打开市场,与头部平台展开竞争,所以即使是头部垄断型的新媒体平台也依然会面临强大的竞争压力。抖音、快手、哔哩哔哩等新媒体平台的崛起,雅虎、搜狐等互联网早期强大平台的颓败,充分显示出新媒体的市场竞争力度。

"互联网经济作为一种新型的经济形态,其产生和发展对传统经济理论、企业经营形态和政府管理模式等带来了挑战,特别是互联网经济创新之活跃、发展之迅猛、变化之剧烈,任何企业和地方都不能长期占据优势,要想保持发展和不被彻底淘汰,唯一的选择就是与时俱进,不断创新,破除障碍,改善管理。"②在传统媒体行业中,企业如果拥有领先他人的用户流量池就很可能获得较为稳固的垄断地位,企业基于垄断优势就拥有了议价能力,可以通过实施违法垄断行为获得高额垄断利润,所以消费者利益被侵害的事情也有可能发生。而在互联网经济背景下,竞争性垄断使垄断者和潜在竞争者的市场地位差距缩小,垄断者的地位很可能被竞争者和潜在竞争者快速

---

① 王节祥,王雅敏,贺锦江.平台战略内核:网络效应概念演进、测度方式与研究前沿[J].科技进步与对策,2020(07):152-160.
② 上海市互联网经济咨询中心.互联网经济[M].上海:上海远东出版社,2014:10.

颠覆,于是企业需要实时保证自己的优势,不断革新。"在新经济的竞争性垄断市场结构中竞争的结果必然是形成垄断,这是由技术的市场不相容性定理和信息产品标准化的要求决定的。对于一种信息产品来说,市场往往只能容忍一种技术的存在。但某种技术的垄断不是竞争的最后结局,而仅仅是新一轮更激烈的竞争的开始。"①"互联网经济中,技术的快速变化意味着市场的霸权仅仅是暂时的霸权。"②所以,对于互联网背景下的媒体行业来说,创新技术已经成为企业的核心竞争力。由于创新技术的内驱力是创新,所以企业如果没有不断开发革新技术,就很难维持优势地位。

以 NBA 赛事视频媒体平台为例,该赛道的主要竞争者有央视频、咪咕视频、腾讯视频和百视通四家企业。这四家企业由于资本优势和率先发展的时间优势等,拥有了领先于其他平台的用户流量池,基本上囊括了中国区域内爱好 NBA 的全部用户群体,处于垄断地位。但这种垄断地位是不稳定的,它们不仅面临已经身处该市场中的对手的竞争压力,还面临来自潜在竞争者的压力。如果它们没有优化自己的转播技术、与用户的交互玩法等,就注定会被淘汰。

---

① 李怀,高良谋.新经济的冲击与竞争性垄断市场结构的出现——观察微软案例的一个理论框架[J].经济研究,2001(10):29-37.
② 张小强.网络经济的反垄断法规则[M].北京:法律出版社,2007:36.

第三章　全球数字音乐市场的发展

第一节　全球数字音乐市场概述

一、数字音乐产业链

（一）相关概念与内涵

1. 数字音乐

狭义上,数字音乐指的是利用数字化技术合成制作出来的音乐;广义上,数字音乐指的是以数字格式进行存储,可以通过网络平台进行传播的各种风格、用途及形式的音乐产品。数字音乐一般依靠互联网电脑进行操作处理,故又称"电脑音乐"。同传统音乐相比,数字音乐的存储和传播载体发生了变化:从黑胶唱片发展到磁带、CD产品,最后到数字格式、数字存储和传播,它是互联网发展和数字技术创新的成果。数字音乐创作与发行对于硬件设施的要求高,而数字音乐的传播却门槛低,为音乐产业的发展带来了变革。

从收听方式看,数字音乐主要可以划分为流媒体(在线)数字音乐和下载(线下)数字音乐两大类;从具体使用看,数字音乐有众多应用场景,例如游戏、手机铃声、KTV、车载等。随着数字音乐产业链的不断完善与技术的变革,在线音乐日益成为数字音乐的代名词,也是本章主要讨论的对象。

2. 数字音乐产业链

一般而言,数字音乐产业包括音乐创作、音乐生产、音乐版权及使用、音乐服务等主体,它们通过不断发展的信息技术与互联网进行连接和生产合作,创新了传统音乐产业链,形成产业链条中新的环节和关系。

与传统音乐产业链相比,数字音乐产业链的构成和价值流动关系更为复杂。其中,由于数字音乐产业依赖于信息技术,电信运营商、移动终端商等新主体成为产业链的重要组成部分,是数字音乐产业的基础。而且,因为近年来互联网大潮下数字化进程进一步加快,在音乐领域数字媒介日益挤占了传统实体媒介的生存空间,音乐创作者可以直接制作音乐产品并与零售商接触,传统唱片公司和发行商的影响力被进一步削弱。数字音乐产业的逻辑发生改变,数字音乐平台成为产业链的核心,它整合了产业上下游资源,连接各个环节的产业主体,成为产业链各种关系的承载者。版权保护是数字音乐产业发展的制度保障,在数字音乐时代越来越受到重视,并在市场中发挥越来越重要的作用。

(二) 数字音乐产业链结构

数字音乐产业链由上游、中游和下游各个环节共同构成。内容创作和生产者是上游的主体,包括音乐工作室(独立音乐人、词曲作者等)、唱片公司,以及购买了版权的数字音乐制作企业等,它们共同组成数字音乐产业链的源头——数字内容商;中游是音乐服务提供商,包括为数字音乐传播提供服务的音乐平台、数字技术服务商、电信运营商等,它们为数字音乐的传播提供服务;下游的用户是数字音乐产品的消费者(图3-1)。

在整个数字音乐产业链中,上游是数字音乐产品的生产环节,形成了数字音乐产业的供给能力,是产业发展的根本和基础;中游对接了数字音乐产品的供给与需求,利用互联网平台和数字技术,开发和整合数字音乐资源,促进内容产品价值的实现,是数字音乐产业链的核心环节;下游的用户是数字音乐产品的需求者,他们的消费刺激和促进上游的音乐生产,有需求才会有生产,用户的需求是音乐产业最终的决定因素。

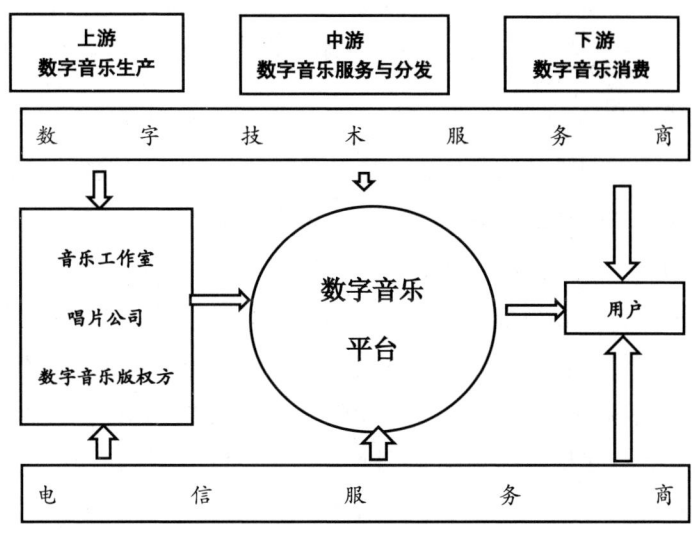

图 3-1　数字音乐产业链结构

数字音乐产业链上有不同类型的创作、生产和服务者,主要包括:

1. 音乐制作人与音乐人

音乐制作人是音乐内容产品的制作者。音乐制作需要经过多个环节,包括作词作曲、编曲、录音、混音、母带、后期制作等。音乐制作人是音乐制作组织管理者,负责音乐制作、市场投入全过程,是音乐艺术的塑造者和音乐产品的市场设计者,类似于导演的角色。也有人把参与音乐制作的所有人都称为音乐制作人。

音乐人不同于音乐制作人。从广义的角度看,音乐人泛指与音乐产品的创作生产以及市场推广等工作相关的人员;从狭义的角度看,音乐人特指音乐艺术的创作者,是一个非常重要的音乐艺术塑造角色。对于独立音乐人来说,自己往往就是音乐制作人。

音乐人的成长和崛起方式随着互联网的发展不断发生改变。以前,音乐人大多由专职的星探进行发掘,产出则在很大限度上由唱片公司左右,受众只能根据市场上存在的作品与音乐制作人选择自己的喜好。随着电视等大众媒体的发展与用户话语权和表达欲的日益增强,选秀模式出现,受众对音乐作品与音乐人的选择有了一定的参与。数字音乐平台的崛起,极大地扩展了音乐传播渠道，也为音乐人提供了施展才华的新平台，大量的网络音乐流行起来，越来越多的草根音乐人通过网络平台走红。

2. 唱片公司

传统唱片公司是音乐唱片的生产和销售公司，唱片是其核心竞争力，唱片的质量决定了公司的经营状况与发展前景。在数字音乐时代，音乐的载体已经由黑胶唱片之类的物质载体变为数字格式、通过网络传播的数字音乐专辑，唱片公司的运营模式也发生了极大的变化。唱片公司的业务范围涉及音乐的制作、出版、发行、歌手的包装、宣传与推广、演出、版权代理与运营等，并且随着数字音乐产业的发展，唱片公司也在不断创造新的玩法，比如与各类平台合作挖掘数字音乐版权的衍生空间。

以运营流程为依据进行划分，唱片公司可以分为专注新歌的出版发行和专注对于积累曲库的运作与分发两类。

唱片公司运营与发行拥有版权的歌曲，将歌曲分发给下游企业，销售模式因企业类型而有差异。有些采用打包售卖的方式，例如对数字音乐平台、电信运营商和其他唱片公司；有些则采用单曲售卖的方式，例如对 IP 改编和综艺节目等。

3. 版权所有方

版权即著作权，它不是一个权利，而是包括发表权、署名权、修改权、保护作品完整权、复制权、发行权、出租权、展览权、表演权、放映权、广播权、信息网络传播权、摄制权、改编权、翻译权、汇编权等的一束权利。数字音乐是受我国著作权法保护的一种新的著作形式，数字音乐版权的主要权利包括广播权、表演权、复制权、信息网络传播权等，一般又被分为词曲版权和录音版权两种。如果要对数字音乐作品进行改编、翻唱等，需要获得该作品的词曲版权或授权；如果要录制和传播数字音乐作品，需要获得该作品的录音版权。目前我国拥有并经营数字音乐版权的企业与机构主要有：唱片公司、版权代理公司、国家音乐版权管理监督机构以及数字音乐平台。

全球音乐版权在供给层面呈现高度集中化的特点，华纳、索尼、环球三大唱片公司占了所有音乐版权的近 90%。但在国内，三大唱片公司的供给比较分散，仅占 46%，许多音乐版权都是由一些较小的唱片公司供给的。

4.数字音乐服务企业

数字音乐完成创作录制后需要通过中游的数字音乐服务与分发商进行分发与传播。

数字音乐平台是整个数字音乐产业链的核心,它是数字音乐传播和价值实现的主要渠道,是唱片公司、音乐人售卖歌曲、打榜、提高音乐人市场地位和歌曲市场价值的工具,唱片公司七成以上的收入来自数字音乐平台。除了下载音乐的服务,数字音乐平台还提供其他形式的数字音乐服务,例如在线K歌、音乐直播等。数字音乐平台拥有的数字音乐版权大多通过打包的形式购买,也有的是单曲、数字专辑购买。

电信运营商也是数字音乐产业中的服务商,在提供互联网服务的同时,占据了数字音乐付费市场的重要地位。在我国版权保护还不完善的时期,网络音乐市场盗版严重,网络音乐企业通过音乐收费获利比较困难,电信运营商凭借渠道优势,提供彩铃等增值服务,三大电信运营商几乎占据了网络音乐付费市场。目前,我国电信运营商不仅能够通过提供数字音乐服务获利,而且各大电信运营商都有自己的网络音乐企业:中国移动有咪咕音乐,中国电信有爱音乐,中国联通有沃音乐,这三家音乐企业都是在国内排名前十的网络音乐企业。电信运营商一般采取打包购买的形式获得数字音乐版权。

二、全球数字音乐市场现状

2022年是全球唱片音乐市场从2014年以来总收入连续增长的第八年。

(一)2021年全球音乐市场概况

国际唱片协会(IFPI)发布的《2022年全球音乐分析报告》显示,2021年,全球唱片音乐市场总收入为259亿美元,较2020年增长了18.5%。流媒体、实体唱片、表演权、同步业务的收入都在增长。事实上,除了数字下载和其他(非流媒体)数字内容,所有形式的收入都在增长。全球前十大市场均出现上涨,音乐产业走出低谷期,步入一个新的增长期。

1. 流媒体成为数字音乐发展的核心板块

全球数字音乐增长显著。2021年,全球数字音乐收入增长21.6%,达到180亿美元,占已录制音乐总收入的69.3%。其中,流媒体收入较2020年增长24.3%,达到169亿美元。相比于流媒体业务收入的增长,下载收入则下降了10.7%,总市场占比降至4.3%。

2. 亚洲市场对音乐产业的回暖贡献最大

实体音乐总收入回暖。2021年,实体音乐收入增加了16.1%,约占整个音乐市场收入的五分之一(19.2%)。由于新冠肺炎疫情退潮与零售业复苏,绝大部分市场的实体音乐收入较前两年均有所回升。其中,亚洲市场(尤其是日本市场)对实体音乐收入回升的贡献最为显著,在总体收入占全球市场收入23.0%的情况下,实体音乐收入占全球实体音乐收入的49.6%。

3. 版权市场在新冠肺炎疫情后复苏

版权类收入均较2020年有所增加。在版权收入中,演出版权的收入,即广播商和公共场所使用录制的音乐版权收入,较2020年增长了4.0%,占唱片行业总收入的9.4%;二次利用版权收入,即在广告、电影、电视使用音乐获得的收入,较2020年增长22.0%,在整个音乐市场中保持2.1%的份额。

(二)2022年全球音乐市场概况

国际唱片协会(IFPI)最新发布的《2023年全球音乐分析报告》显示,2022年全球唱片音乐市场总收入为262亿美元,同比增长9.0%。但增速较上一年放缓。

1. 流媒体优势继续扩大

2022年,音乐市场流媒体总收入(包括订阅收入与广告收入)175亿美元,比2021年上升了11.5%,占音乐市场总收入的份额从2021年的65.5%上升到67.0%,优势继续扩大。流媒体、实体唱片、表演、版权二次利用收入都有所上升,只有音乐下载(非流媒体)收入下降,其中订阅收入增长速度最快,同比上升10.3%达到127亿美元,付费订阅账户5.89亿。

2. 全球各个地区都呈现增长势头

2022年,全球各个地区音乐市场规模都在扩大,有四个地区达到了两位数的增速:撒哈拉以南非洲以34.7%的增长率居于首位,拉丁美洲排在第二(25.9%),中东和北非第三(23.8%),亚洲第四(15.4%)。

3. 中国首次进入十大音乐市场前五

按照音乐市场的总收入排名,全球前十大市场分别是美国、日本、英国、德国、中国、法国、韩国、加拿大、巴西和奥地利。其中,中国2022年首次进入前五,巴西首次进入前十,位列第九。在全球最流行及最佳销量十大歌手中,亚洲歌手周杰伦榜上有名,位列第九。

第二节 北美数字音乐市场

一、北美数字音乐市场概况[①]

2021年,北美音乐市场实现两位数增长,流媒体继续拉动北美音乐市场的增长。从整体来看,北美音乐市场较2020年增长了22.0%,超过了全球增长率,并大大高于2020年7.5%的增长率。其中,流媒体收入增长15.6%,作出了最大的贡献。从细分国别市场看,美国市场增长强劲,加拿大市场稍微次之。其中,加拿大音乐产业收入较2020年增长了12.6%,而美国则增长了23.0%,并保持了自身全球最大音乐市场的地位。在数字市场(占唱片音乐收入的87.0%)中,美国对增长贡献最大的模块是付费流媒体,占总收入的四分之三以上(83.0%)。

(一)美国数字音乐市场概况

20世纪末,互联网技术和MP3技术迅速发展,数字音乐逐渐走入人们的生活中。在美国当前录音制品收入中,唱片等的实体音乐所占份额不断

---

① 本节数据来源:美国唱片行业协会(RIAA)。

下降。随着数字媒体技术与互联网技术的发展,音乐传播拥有了新的载体,彩铃、广告流媒体以及付费订阅等数字音乐逐渐成为音乐市场的重要构成。

在数字音乐时代,人们可以通过网络下载音乐、消费音乐。一些运营商还提供了无线数字音乐服务。手机彩铃、铃声以及点播音乐等都属于无线音乐服务,这些服务通过收取一定的功能费来获得收入。2001年,苹果公司推出iPod,使音乐产业出现了新的数字音乐产品和服务模式。音乐产业从传统的唱片时代向数字媒体时代转变。

伴随数字音乐发展的是流媒体音乐服务的崛起,这使得付费的数字音乐下载市场收入不断缩减。流媒体音乐服务对一些知名度较小的唱片厂牌的曝光有很大的推动作用。它还能让消费者根据自己的偏好来选择音乐,让一些唱片厂牌了解消费者喜好,从而打造更多迎合听众的作品,使音乐人和消费者的联系更为紧密。2014年美国音乐市场的行业收入构成形成了实体、数字下载和流媒体三足鼎立的局面。其中,数字下载仍然是最大的组成部分,占总市场价值的37%,但低于2013年的40%,呈下降趋势。流媒体收入从2013年的21%增长到2014年的27%,实体唱片收入从35%下降到32%。

2015年是美国流媒体音乐的里程碑式的一年,流媒体音乐的收入首次成为行业收入的最大组成部分。该年,Spotify、Apple Music等流媒体音乐的收入占市场的34.3%,略高于以iTunes为代表的数字音乐付费下载,标志着美国唱片音乐产业继续向数字化和多样化的收入来源过渡。按估计的零售价值,2015年的总收入增长了0.9%,达到70亿美元。流媒体服务收入则持续增长。流媒体音乐市场的各个部分①在2015年都在增长,流媒体总收入首次超过20亿美元,达到24亿美元,较前一年增长了29%。

2018年,流媒体的强劲发展使其收入占美国音乐市场收入的七成以上,数字下载和实体音乐市场份额持续下降。按估计零售价值计算的美国录制音乐的收入增长12%,达到98亿美元,在由IFPI排名的世界音乐市场中位列第一,连续三年实现两位数增长,增长主要由付费订阅服务(包括Spotify、

---

① 包括:订阅服务的收入(例如Spotify、TIDAL和Apple Music等付费版本)、音频互换分发的流媒体广播服务收入(如Pandora、SiriusXM和其他互联网广播)以及其他订阅点播流服务(例如YouTube、Vevo和受广告支持的Spotify)。

Apple Music、Tidal、Amazon 等）的收入增加推动，该服务在美国的订阅量首次超过了 5000 万。以批发价衡量的收入也增长了 12%，达到 66 亿美元。流媒体格式的收入增长继续被包括数字下载和实物商品在内的基于单位的销售额下降所抵消。流媒体音乐平台的收入同比增长 30%，达到 74 亿美元，占 2018 年总收入的 75%，几乎贡献了 2018 年全部的收入增长。

2021 年，流媒体保持强劲发展势头，收入占美国音乐市场收入八成以上，同时实体音乐市场快速回暖。尽管美国音乐市场不可避免地受到了新冠肺炎疫情的影响，但 2021 年仍实现了 23.0% 的增长，其中流媒体依旧保持强劲的增长势头，增长率达到 24.0%。但更引人注目的是实体音乐市场的快速恢复，其中黑胶唱片的销售收入增长了 61%，为持续复苏的第十五年；得益于零售业的恢复，CD 的销售收入也增长了 21%，达到 5.84 亿美元，为 2004 年以来 CD 销售收入首次增长，也是自 1996 年以来 CD 与黑胶唱片首次同步增长。

按需流媒体服务的订阅仍然是音乐业务收入增长的最大推动力，付费订阅服务的成熟是流媒体订阅服务增长的重要动力。2021 年订阅总收入增长 23%，达到 95 亿美元；付费订阅的平均数量与 2020 年相比增长了 11%，成功突破 8000 万。从 2019 年到 2021 年，平均付费订阅人数增长 39%，而付费订阅收入在两年内增长了 40%。

除了流媒体订阅服务，其他流媒体服务也保持增长势头。广告支持的点播流媒体服务（包括 YouTube、Vevo 和免费版本的 Spotify）的收入从 2020 年新冠肺炎疫情对于媒体广告收入的负面影响中走出，一改 2020 年 18% 的缓慢增长趋势，2021 年增长率为 47.0%，收入达到 18 亿美元，增长速度快于其他流媒体形式。来自数字和定制无线电服务（包括 Pandora、SiriusXM 卫星广播、iHeart 广播和互联网广播服务的类别）的收入同比增长 4%，达到 12 亿美元，逐渐呈现缓慢增长乃至停滞的趋势。

受流媒体业务的冲击，音乐曲目和专辑的下载收入连续九年下降，下降至 5.87 亿美元。其中，专辑的永久下载量在 2021 年下降了 12%，降至 2.82 亿美元，个人单曲销量下降了 16%，至 2.56 亿美元。下载仅占 2021 年收入的 4%，低于 2012 年收入的 43% 的峰值。

2022年,美国音乐市场收入增长了5%,保持着世界最大音乐市场的地位,是全球唯一一个规模超百亿美元的音乐市场。

(二)加拿大数字音乐市场①

2018年,加拿大音乐产业总收入为4.41亿美元,流媒体业务收入增长迅猛,占数字音乐业务收入的八成,进一步挤占下载业务的市场份额。在2018年加拿大数字音乐收入中,下载收入为7937万美元,占数字音乐总收入的18.61%,较2017年下降23.33%;移动和数字端收入为392万美元,占数字音乐总收入的0.92%,较2017年下降24.61%;流媒体收入为3.43亿美元,占数字音乐总收入的80.48%,较2017年增长31.93%。可见流媒体收入的上升对数字音乐整体收入的上升起到了关键性作用,流媒体的发展对数字音乐整体的发展至关重要。

2021年,数字音乐市场与实体音乐市场齐头并进,推动加拿大整体音乐市场发展。MusicCanada发布的2021年加拿大音乐统计数据显示,加拿大2021年音乐产业总收入为5.836亿美元,较2020年增长12.6%。数字音乐收入与实体音乐收入同步增长。其中,付费订阅流媒体增长15.6%,广告支持的音频流和广告支持的视频流分别增长29.1%和28.2%。而加拿大实体音乐收入增长11.4%,达到6630万美元,位居全球第七。

2022年,加拿大音乐市场收入增长5%,是全球十大音乐市场的第八名。加拿大与美国两国音乐市场的总收入占全球音乐市场收入的41.6%。

(三)代表性数字音乐平台

1. Apple Music

Apple Music是苹果公司于2015年6月30日推出的一款在线音乐流媒体服务。此项服务的用户可以根据自己的选择,在设备上点播歌曲。Apple Music服务还包括了网络电台Beats 1,用户可免费试用三个月,之后转为收

---

① 本节数据来源:MusicCanada,网址:https://musiccanada.com/digital-music/。

费服务。Apple Music 能够根据用户的兴趣向用户推荐音乐,整个服务也集成到 Siri 语音控制服务中。2016 年,这项服务支持全球 113 个国家和地区,是全球第二大流媒体音乐服务,次于 Spotify。它在不同国家的收费有所差别,而且在部分地区不提供 Beats 1 电台服务。

在 2015 年 10 月,Apple Music 的用户数已经超过 1500 万,其中 650 万用户为付费用户,其他用户仍在三个月的免费试用期内。付费用户人数是同类型音乐流媒体服务巨头 Spotify 的三分之一。① 数百万用户在试用期结束后没有继续付费使用这项服务,但苹果公司首席执行官蒂姆·库克仍然对这一数据表示满意。美国投资公司 FBR 资本市场分析人士丹尼尔·艾夫斯也认为这一数据好于预期,他认为按照这一发展速度,Apple Music 的付费用户在 12 个月后可能达到 2000 万②。

截至 2016 年 1 月,苹果的音乐流媒体服务 Apple Music 拥有超过 1000 万付费用户,仅用了半年时间就达到了一个新里程碑③。这一数据已经接近 Spotify 付费用户数的二分之一,使 Apple Music 成为全球流媒体音乐市场的第二大服务。

数据显示,Apple Music 在 2020 年的收入约为 41 亿美元,占苹果服务总收入的 7.6%。截至 2020 年 6 月,有 7200 万人订阅了 Apple Music(图 3-2)。与老对手 Spotify 相比,Apple Music 在美国的用户更多,但在欧洲和南美则没有什么优势。④

---

① BYFORD. Apple Music has a third as many paying subscribers as Spotify[EB/OL].(2016-01-10)[2021-12-12]. https://www. theverge. com/2016/1/10/10745630/apple-music-total-paid-subscribers-vs-spotify.
② JEFFERSON G. Apple lost millions of music users when trial ended:6.5M remain[EB/OL].(2015-10-19)[2020-12-12]. https://www. usatoday. com/story/tech/2015/10/19/apples-tim-cook-speaks/74251796/.
③ Apple Music 上线半年付费用户超 1000 万[EB/OL].(2016-01-11)[2020-12-12]. https://tech. qq. com/a/20160111/007332. htm.
④ Apple Music revenue and usage statistics(2022)[EB/OL].[2022-11-28]. https://www. businessofapps. com/data/apple-music-statistics/.

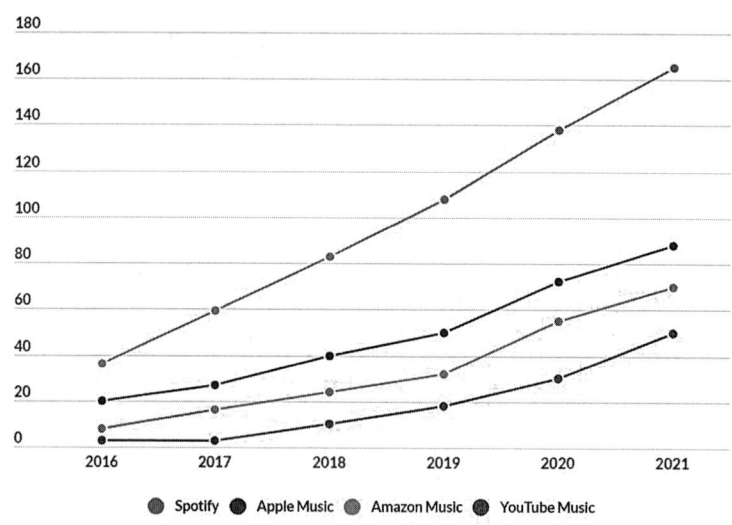

图 3-2　2016—2021 各音乐流媒体平台用户数变化(单位:百万)

2. Pandora

Pandora(也称为 Pandora Media 或 Pandora Radio)是由音乐基因组计划(Music Genome Project)支持的美国音乐流和自动音乐推荐互联网广播服务,总部位于加利福尼亚州奥克兰。该服务由 Sirius XM 卫星广播运营,可在美国使用。2014 年,Pandora 每月约有 7600 万用户,在美国互联网广播市场中占有约 70% 的份额①。截至 2021 年第一季度,Pandora 拥有 5590 万月活用户和 640 万付费订阅者②。

Pandora 提供的服务有两个订阅计划:由广告支持的免费订阅和不包含广告的收费订阅。用户可以收听已建立的电台、其他用户的电台、根据他们的音乐兴趣创建的电台。播放的每首曲目都可以通过"赞"或"踩"的按钮进行反馈,平台根据这些反馈确定是否在该用户的电台中推送和该曲目类似

---

① BENNY E. Pandora advertisers hope to turn tunes into dollars[EB/OL].(2014-09-11)[2022-11-28]. https://www.sfgate.com/technology/article/Pandora-advertisers-hope-to-turn-tunes-into-5470034.php.

② STUART D. Pandora ended Q1 2021 with 55.9m monthly active listeners[EB/OL].(2021-04-29)[2022-11-28]. https://musically.com/2021/04/29/pandora-ended-q1-2021-with-55-9m-monthly-active-listeners/.

的歌曲。用户点击"踩"可以立即跳过一首歌曲,但非付费用户可以跳过曲目的次数受到限制。免费版本的 Pandora 还在每三到四首歌曲之间播放简短的广告。

2016 年 9 月,Pandora 宣布了其他功能和订阅选项,包括称为 Pandora Plus 的中级订阅服务。该服务提供无广告流、使用预测机制的脱机播放支持以及更多的跳过和重播。Pandora 还宣布推出类似于 Apple Music 和 Spotify 等竞争对手的按需服务。

2017 年 3 月 13 日,Pandora 推出了 Pandora Premium。这是一项新服务,可让用户按需收听和创建单个歌曲的播放列表。Pandora 的建议引擎会建议并推荐歌曲和专辑,根据相似的歌曲生成播放列表。

2019 年 2 月,Sirius XM 卫星广播公司以 35 亿美元的股票收购了 Pandora①。

3. Vevo

Vevo 是一个音乐视频网站,是美国跨国视频托管服务,成立于 2009 年 6 月 16 日,其网站服务正式推出于 2009 年 12 月 8 日。它是环球音乐集团(UMG)、索尼音乐娱乐(SME)和 EMI 三大唱片公司的合资企业。2016 年 8 月,世界第三大唱片公司华纳音乐集团(WMG)同意将其艺术家的优质视频许可使用 Vevo。

最初,Vevo 仅提供托管来自 YouTube 和其应用的环球音乐集团及索尼音乐娱乐公司的音乐视频的服务,广告收入由 Google 和 Vevo 共享。EMI 还在 Vevo 发布,并在 2012 年被 UMG 收购之前不久为 Vevo 许可了其视频库。2015 年 8 月,Vevo 对 WMG 的许可音乐表达了新的兴趣,并且与 WMG 于 2016 年 8 月 2 日完成交易。至此,三大唱片公司的音乐均授权给 Vevo。

Vevo 被描述为音乐视频的流媒体服务(类似于播放后的电影和电视节目的 Hulu 流媒体服务),目标是吸引更多高端广告客户。该网站的其他收入来源包括一家商品商店以及在亚马逊音乐和 iTunes 上购买观看歌曲的推荐链接。

---

① ASWAD. Sirius XM completes acquisition of Pandora[EB/OL]. (2019-02-01)[2022-11-28]. https://variety.com/2019/biz/news/sirius-xm-completes-acquisition-of-pandora-1203125882/Noto.

Vevo于2012年6月推出了认证大奖,通过Vevo网站上的特殊功能向艺术家授予Vevo及其合作伙伴(包括YouTube)至少1亿次视频观看次数。2013年3月15日,Vevo推出了全天24小时不间断运行的互联网电视频道Vevo TV,其中包含许多音乐视频和精选节目。该频道仅对北美和德国的观众开放,并且使用地理IP地址阻止来强制执行该限制。改版网站后,Vevo TV又分为三个独立的板块:热门、嘻哈和R&B以及纳什维尔(乡村音乐)。该服务于2016年上半年关闭。Vevo于2018年5月24日宣布,它将关闭其消费者网站,并从移动平台上删除其应用程序,以便将重点放在YouTube联合上。

二、近年相关政策法规

(一)美国:推出《音乐现代化法案》

于2018年10月11日签署的《音乐现代化法案》是数十年来最重要的版权立法,该法案对在第115届美国国会期间提出的三个单独法案进行了整合并作出了更符合数字时代变化的修订,旨在解决数字流媒体等新形式的技术音乐带来的版权相关问题。《音乐现代化法案》更新了美国当前的法律,以反映现代消费者对音乐市场的喜好和技术发展。该法律分为三个法案:《音乐许可现代化法案》(Music Licensing Modernization Act)、《经典保护和获取法案》(Classics Protection and Access Act)以及《音乐制作人分配法案》(Allocation for Music Producers Act)。

《音乐许可现代化法案》对音乐许可制度最重要的调整体现在对版权法第115条的修正。第115条规定了获取机械复制许可的适用范围、条件、方法、法定税率以及非常烦琐的版税缴纳程序。《音乐许可现代化法案》将原有的法定许可制度调整为通过数据库创建一揽子机械许可并由机械许可集(Mechanical Licensing Collective,简称MLC)机构来分配收益。MLC是一个借助发行商和词曲作者监督,并由流媒体服务商出资创立和维护的单一许可数据库。MLC从数字服务商中收取版税并根据使用报告向词曲作者和出版商支付适当的费用。对于词曲作者和出版商来说,这意味着可以更加简单地获得报酬。而流媒体服务提供商将获得一揽子许可,不需要逐个识别权利人，极大地降低了交易成本，提升了许可效率。更重要的是，除非数字服务商没有向 MLC 支付适当款项并履行报告要求，否则使用一揽子许可证的服务商不会被起诉侵犯版权。另外，新机构还将设定全面的版税费率，数字服务提供商在机械许可证持有者愿意的情况下，可以直接与机械许可证所有者协商版税费率。而当使用费率出现分歧时，新法案还改革了费率法院程序。他们的费率程序将被随机分配给任何可用的联邦法官，但被任命监督公民身份审查组织同意法令的各自法官除外。这将确保同一单一法官不会决定所有的公共采购标准，从理论上来讲，这将允许法官更加准确地衡量音乐作品市场。

《经典保护和获取法案》将 1972 年以前的录音部分纳入了联邦版权体系。立法创建了版权法新的第 14 章，即美国法典第 17 章。新法案规定，在 2027 年 2 月 15 日之前，1972 年之前的录音属于版权范围。1923 年之前的录音在 2022 年 1 月 1 日进入公有领域，因为美国版权条款于 2021 年 12 月 31 日结束，1923 至 1956 年的录音将在未来十年内进入公有领域。此外，该法案对过去无人认领的版权也提供了详细的法律程序及由专业的音乐人士来接收。此前，这些无人认领的版税，一直被 Spotify 等数字服务商持有。

《音乐制作人分配法案》则允许音乐制作人、调音师或声音工程师通过编纂程序，收取根据第 114 条法定许可证允许收取的录音使用费用。其中指定的集体（声音交易所）将根据"指示书"把这些特许权使用费分配给这些当事方。该法案首次在美国版权法中增加了音乐制作过程中不可或缺的制作人、录音师等角色，从法律角度正式承认他们和艺人及词曲作者具有相同的音乐生产价值，认同他们作为音乐生产相关者获得数字音乐版税的权利，扩大了音乐利益的相关范围。

法案生效后，版权局执行的相关职责：

（1）2019 年 7 月 8 日，美国版权局将 Mechanical Licensing Collective, Inc.（网站：www.themlc.com）命名为 MMA 法案 I 下指定的机械许可集体机构。

（2）2019 年 9 月 24 日，劳工局发布了关于新的总括第 115 条"机械"（Mechanical）许可证实施规定的询价通知。劳工局计划发布多份拟议法规制定公告，每个公告都集中于初始通知中讨论的一个或多个监管类别。

(3)2019年12月6日,商标局举行了为期一天的教育研讨会,启动了一项公共研究,确定MLC可以实施的最佳做法,以有效识别音乐作品的版权拥有者和无人认领的特许权使用费,同时鼓励版权拥有者主张特许权使用费和按照MMA的指示,最终减少无人认领的特许权使用费的发生。

(二)加拿大:关于数字版权法改进的努力[①]

2018年,加拿大音乐部总裁兼首席执行官格雷厄姆·亨德森(Graham Henderson)在加拿大文化遗产常设委员会会议上就版权法审查的一部分,为艺术家和创意产业提供薪酬模型的证词。格雷厄姆·亨德森认为现有版权法中有一些规定阻碍了加拿大音乐创作者获得其作品的公平市场价值,提出四个帮助创作者获得收益并使加拿大的版权政策与国际标准保持一致的措施。

(1)取消125万美元的无线电版税豁免:取消不合理的豁免,减少表演者和唱片公司的间接损失。在国际上,没有其他国家有类似的补贴,并且豁免不适用于歌曲作者和发行商的专利使用费——这意味着表演者和唱片公司是唯一使用其专利费来补贴商业广播行业的权利持有人。

(2)修改版权法中"录音"的定义:当前版权法中"录音"的定义排除了表演者和唱片公司因在电视和电影原声中使用其作品而收取的版税。此例外是电视和电影原声所独有的,不适用于作曲家、歌曲作者和音乐发行商。考虑到音乐在配乐中所扮演的重要角色,这对于艺术家和唱片公司而言是高额的损失。

(3)修改音乐作品的版权期限:根据版权法,对音乐作品的保护在作者有生之年及其死亡后50年有效。相比之下,与加拿大合作的国家认可的音乐作品版权期限更长,并且作者生活的一般标准已经超过70年。

(4)私人复制应取得音乐创作者许可:确保音乐创作者继续获得私人制作的公平补偿。

---

① Graham Henderson's testimony at the Standing Committee on Canadian Heritage's study of Remuneration Models for Artists and Creative Industries[EB/OL].(2018-05-29)[2022-11-28]. https://music-canada.com/digital-music/.

第三章　全球数字音乐市场的发展

以上措施旨在消除不公平的补贴,使加拿大音乐产业在行业内的法律协调一致,并达到国际标准。

三、重要行业事件

(1)2019年2月,Sirius XM卫星广播公司以35亿美元的股票收购了Pandora。

(2)2019年3月,Spotify上线了一个名为Time to Play Fair的网站,控诉苹果公司对它的不公正待遇和对旗下Apple Music的偏袒。随后在3月14日,苹果公司也发布对Spotify指控的回应。

(3)2019年4月,为了和Spotify、YouTube、SoundCloud以及Pandora等提供免费服务的流媒体平台展开竞争,亚马逊与三大音乐公司达成协议,正式推出包含广告且免费的音乐流媒体。

(4)2019年6月,数字广播服务商iHeartMedia宣布它已被批准于7月18日在纳斯达克的全球精选市场上市,其A类普通股将以代码"IHRT"进行交易。

(5)2019年6月,iTunes正式宣告退役,为应对流媒体市场竞争,全新MacOS系统将iTunes拆分成三个功能独立的App,分别是Apple Music、Apple Podcasts和Apple TV。

(6)2020年7月3日,网络安全公司vpnMentor发现了一个包含3.8亿条个人记录的数据库,其中包括Spotify用户的登录账户和密码。该数据库预示了即将发生的针对Spotify的网络攻击,因为它包含多达35万个被攻击的用户账户的凭证。为了应对该攻击,Spotify在2020年11月为受影响账户提供了滚动重置密码服务。

(7)2021年5月17日,Apple宣布Apple Music将于2021年6月开始通过ALAC编解码器提供无损音频,以及以杜比全景声(Dolby Atmos)混合的音乐,所有这些都不会向Apple Music用户收取额外费用。

(8)2022年5月,Spotify宣布与在线游戏平台Roblox Corporation建立合作伙伴关系,并推出了Spotify Island。该合作伙伴关系使Spotify成为第一个在游戏行业占有一席之地的流媒体品牌。

第三节 欧洲数字音乐市场

一、欧洲数字音乐市场概况

2021年,欧洲音乐市场从新冠肺炎疫情中迅速恢复,维持着全球第二大音乐市场的地位。从整体看,2021年欧洲音乐市场较2020年增长15.4%,相较于2020年增长的3.2%有极大的提高。其中,流媒体收入增长20.1%,达到48亿美元,占欧洲音乐市场总量的61.5%,为市场恢复的主要推动力。同时,实体音乐市场收入增长了15.1%,达到13亿美元。欧洲音乐市场版权类收入增长6%,达到13亿美元,占世界版权类收入的50%以上,创全球音乐版权类收入之最。

按国别划分,欧洲地区各国音乐市场情况各异,意大利强势回归全球前十音乐市场行列。英国、德国和法国仍然是欧洲最大的三个音乐市场。它们分别以2021年13.2%、12.6%和11.8%的两位数收入增长维持住了自己全球前十名的地位。意大利则在迅速增长27.8%后回到了前十名市场系列。在全球前十名的所有四个欧洲市场中,增长主要由流媒体收入的增长所驱动。

(一)英国数字音乐市场①

1.英国音乐消费连续五年增长

英国唱片协会(BPI)发布的报告显示,截至2019年,英国音乐消费额连续五年增长,专辑等效销售额②(Album Equivalent Sales)达1.54亿美元(图3-3),较2018年增长7.5%,达到2006年以来的最高水平。在2019年的音乐消费中,音乐流媒体服务的总播放量为1140亿次,较2012年增长3,000%;黑胶唱片年售出430万张,是21世纪以来最大的销量,并连续十二

---

① 本节数据来源:英国唱片协会(BPI)。
② 该指标是行业用来集体衡量音乐流媒体和购买的指标。

年增长；卡带的销量达 80,000 多张，创十五年以来最高。

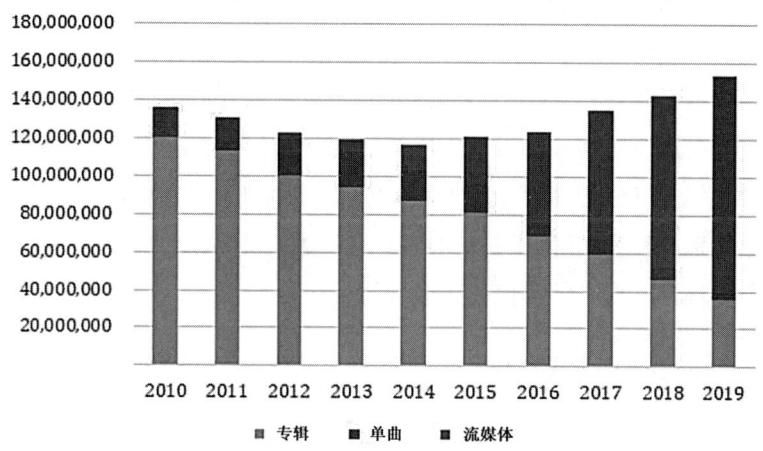

图 3-3　2010—2019 年度专辑等效销售额

资料来源：英国唱片协会（BPI）

在 20 世纪中期的消费下降反映了购买的内容和流媒体之间的过渡之后，Spotify、Apple 和 Deezer 等服务商的音频流媒体的普及率从 2014 年左右开始上升，黑胶唱片的重新兴起增加了唱片公司对新歌手的投资，在过去五年中推动了录制音乐需求的增长。

2. 流媒体业务发展迅速

流媒体业务发展迅速，并保持持续增长的势头。2019 年 1.54 亿美元的专辑等效销售额意味着自 21 世纪以来市场对音乐产品的需求增长了 13%，处于自 2006 年以来的最高水平，2006 年专辑等效销售额为 1.614 亿美元。2018 年，音频流媒体服务播放了超过 900 亿次，比 2017 年增加了 33.5%。2019 年，流媒体业务的增长仍在继续：音频流媒体服务的总播放量为 1140 亿次，同比增长 26%，自 2012 年以来，年度音频流的数量增长了约 3000%，这也是单年首次突破 1000 亿次的里程碑。流媒体支撑了 2019 年音乐专辑等效销售额的增长，流媒体播放占专辑等效销售额的四分之三（74.4%）。此外，2019 年 12 月的每周流媒体服务总数达 27 亿次，创历史新高。

3. 实体音乐消费仍保有一定的市场份额

虽然流媒体消费成为音乐消费主流,但是实体音乐消费仍保有一定的市场份额。在过去的十年中,对录制音乐的主流消费已从 CD 转变为流媒体,但实体音乐消费仍具有显著的弹性,占音乐消费的近五分之一。黑胶唱片和卡带在这段时间内都出现了反弹,自 2007 年和 2012 年的最低点以来,这两种载体的音乐消费都上涨了 2000%。实体音乐消费的复兴,是对流媒体音乐消费的补充,表明了粉丝对多样化产品生态系统的渴望,每种音乐载体的消费都具有自己的价值主张。

(二)德国数字音乐市场①

德国也是全球十大音乐市场之一,2022 年音乐市场总收入位于英国之后,排名第四。2022 年德国音乐市场收入较 2021 年有所回升,为近二十年来最优表现,数字音乐市场收入首次超过总收入的四分之三,实体音乐市场则持续萎缩。2021 年,德国音乐产业的总收入为 19.6 亿欧元。这笔款项的大部分来自音频流媒体收入。2021 年 19.6 亿欧元的收入意味着德国音乐市场暂时摆脱了新冠肺炎疫情的影响,从 2020 年 9% 的增长率中走出。仅从数据上看,接近 20 亿欧元的收入代表了一个创纪录的表现,上一次德国音乐市场收入超过这一数字大约是二十年前。

德国音乐行业销售的重点稳步转移至数字领域,超越国际平均水平。目前,德国数字音乐形式的收入大大超过了实体形式的收入:2020 年数字音乐收入占总收入的 71.5%,2021 年则为 76.4%,首次上升到 15 亿欧元以上。但相较于 2020 年数字音乐收入 22.5% 的增长率,2021 年 20.3% 的增长率显示出些微减速。与国际数据相比,2021 年国际音乐数字业务约占音乐销售额的 69.3%,可见德国数字音乐市场的发展已经撕掉了落后的标签,超越了国际平均水平。

1. 实体音乐市场呈现颓势

德国实体音乐市场萎缩明显,且仍呈现迅速衰落的趋势,仅黑胶唱片销

---

① 本节数据来源:德国唱片工业委员会(BVMI)。

售维持增长。十年前,德国的 CD 销售额刚刚超过 10 亿欧元,而此后至今这一数额下降了约三分之二,最后下降至 3.23 亿欧元。与 2020 年相比,2021 年 CD 销售额下降了 6000 多万欧元,同比降低 16.7%。然而,在德国实体音乐市场中,CD 销售仍然占据近 70% 的份额。实体音乐市场有 25.5% 的收入来自黑胶唱片的销售,这一收入在 2021 年增长了 20.1%,在十年内翻了五倍多。与 CD 和黑胶唱片相比,其他实体音乐载体——大多数为 DVD、VHS 和蓝光音乐——的销售额份额很低,2021 年的收入相较于 2020 年下降了 22.6%,降至 1500 万欧元。

2. 流媒体业务发展迅猛

流媒体业务继续挤压下载业务空间,成为数字音乐业务的绝对主体构成部分。2015 年,流媒体和下载的销售额几乎处于持平状态,但此后二者的收入比例发生了巨大变化,流媒体发展更为迅猛。数字音乐下载量的下降影响了单曲和专辑的销售。音乐下载在 2021 年仅占行业总收入的 3%,金额为 5800 万欧元,相较 2020 年下降了 23%。因此,在数字音乐收入中,收入比例与 2012 年相比几乎发生了逆转:在当时,下载仍占数字音乐收入的 87%,流媒体则占 10%。

(三)法国数字音乐市场①

2021 年,法国音乐市场位列世界十大市场第五,但在 2022 年被中国超越,落到第六。数字音乐市场与实体音乐市场同时发力,推动法国音乐市场持续发展。2021 年法国音乐市场的收入为 8.61 亿欧元,较 2020 年增长了 14.3%,连续五年增长。虽然增长幅度放眼全球不算大,但对于音乐生产部门来说,这一结果显然是个好消息。有这种表现的原因一方面是数字音乐市场收入继续保持强劲增长态势,另一方面实体音乐市场也在快速恢复,得益于 2020 年新冠肺炎疫情之后的惊人复苏,2021 年 CD 和黑胶唱片的销量都显示出明显的反弹迹象,与 2019 年相比收入稳定。其他方面,演出版权和二次版权收入在 2020 年的特殊情况后,于 2021 年恢复了积极的增长趋势,

---

① 本节数据来源:法国音像编辑联盟(SNEP)。

分别增长了 7% 和 11%。

1. 缓慢复苏

虽维持温和增长，法国音乐产业整体的复苏之路仍然艰辛。2021 年，法国音乐产业销售额达 7.29 亿欧元，该收入已恢复到 2000 年代初音乐产业收入的 50% 左右。2021 年的收入水平与 2009 年相当，但要达到 2002 年的创纪录水平还有很长的路要走。经过连续几年的下滑，直至 2015 年，法国音乐市场才重新转头向上。

2. 流媒体是增长主力

流媒体持续增长，成为法国音乐产业的主要收入来源。近几年来，数字音乐占据录制音乐销售的将近 70%，其中付费流媒体更是以 15% 的增长率成为法国音乐市场增长的主要动力，贡献了法国音乐市场超过一半的销售收入，占数字收入的 95% 以上。流媒体收入 2021 年比 2020 年增长了 15%，这主要归功于付费订阅产生的销售额增长。在 2016 年至 2021 年，年度音频流数量增加了超过三倍。2020 年至 2021 年，付费订阅增长了 39%，通过流媒体服务收听音乐，包括音频和视频，已经变得更加流行。截至 2021 年底，法国已有超过 1400 万付费用户。算上享受免费服务的用户，现在法国共有 2200 万流媒体用户。

3. 实体音乐开始反弹

虽然随着近年数字音乐市场的发展，实物销售份额不断受到侵蚀，但是 2021 年实体音乐市场首次比前一年有了大幅的反弹，同 2020 年相比，收入增长了 21%，占据法国音乐销售的近 30%。其中，仅仅是 CD 销量就增加了近 10%，是法国音乐市场上仅次于付费流媒体的第二大收入来源，黑胶唱片更是以 50% 的增长率引人注目。年轻消费者尤其为这一成功推波助澜，35 岁以下的人现在占了黑胶唱片买家的大多数（51%）。实体音乐的这种活力既是由仍然稳固和多样化的法国分销网络推动的，也是由在线销售的发展推动的。电子商务的份额现在占实体销售的三分之一，即在两年内增加了 14%，这是由品牌网站（Fnac.com、Amazon.com 等）和艺术家商店的这种消费模式的发展所推动的。

(四)代表性数字音乐平台

1. Spotify

Spotify 是一家在线音乐流服务平台,2006 年 4 月由 Daniel Ek 和 Martin Lorentzon 在瑞典创立,是当前全球最大的流音乐服务商,与环球音乐集团、索尼音乐娱乐、华纳音乐集团三大唱片公司及其他唱片公司合作授权由数字版权管理保护的音乐。2018 年 4 月 3 日,Spotify 在纽交所上市,当日市值 265 亿美元。截至 2022 年 4 月,Spotify 的用户规模达到 4.22 亿。

Spotify 的营收来自两个方面。Spotify 采用免费增值模式,基本服务是免费的,而附加功能的权限则需要用户付费订阅获得。因此,Spotify 靠流媒体订阅 Premium 用户和第三方的广告获得收入。其中,免费服务的收入主要来自广告,而付费服务的收入来自 Spotify Premium 用户每月支付的费用。Spotify 以用户订阅作为主要的收入来源。付费版的 Premium 订阅去除广告和限制,并增加了更高清音质的 320 kbit/s 歌曲,除了提升音乐音质外,还允许订阅用户下载进行离线收听。另外,家庭版 Premium 订阅可以供六个账号使用,功能一样,但价钱不同。

Spotify 与苹果公司的 iTunes 是竞争关系,苹果推出 Apple Music 与它竞争。

2. Last.fm

Last.fm 是一家音乐网站,于 2002 年在英国成立。Last.fm 使用名为 Audioscrobbler 的音乐推荐系统,通过记录用户收听的曲目的详细信息来建立关于每个用户的音乐喜好的详细资料。Last.fm 的用户可以使用以下方法建立音乐档案:在具有 Audioscrobbler 插件的计算机或 iPod 上的音乐播放器上收听个人音乐收藏,以及使用 Last.fm 客户端或嵌入式播放器收听 Last.fm 互联网广播。用户可以将播放的所有歌曲添加到日志中,平台可以从中计算出个人顶级歌手/曲目的条形图和音乐推荐。

Last.fm 会自动为每个用户生成一个配置文件页面,其中包含基本信息,例如用户名、头像、注册日期和播放的曲目总数。它还有一个用于发送公共消息的喊话箱。所有人都可以看到个人资料页面、顶级艺术家和曲目列表以及最近播放的 10 条曲目(可以扩展)。每个用户的个人资料都有一个"Taste-o-Meter",它计算了用户音乐品味的兼容性等级。

2007 年 5 月 30 日,CBS Interactive 以 1.4 亿英镑(2.8 亿美元)的价格收购 Last.fm。Last.fm 的广播流媒体服务于 2014 年 4 月 28 日终止。之后,访问网站上存储的大型音乐目录的功能被完全删除,取而代之的是指向 YouTube 和 Spotify 的链接。

3. SoundCloud

SoundCloud 是位于德国柏林的欧洲在线音频分发平台和音乐共享网站,它的用户可以通过其上载、推广和共享音频。SoundCloud 由 Alexander Ljung 和 Eric Wahlforss 于 2007 年创立,并发展成为市场上最大的音乐流媒体服务平台之一,截至 2021 年 11 月 28 日,该平台全球每月用户数为 1.75 亿。

SoundCloud 在平台上提供免费和付费会员服务,可用于台式机或移动设备。SoundCloud 通过从音乐共享服务中脱颖而出的许多艺术家影响了音乐行业。平台上的艺术家可以免费分发作品,所有用户都可以访问。2014 年 8 月,SoundCloud 宣布了一项名为 *On SoundCloud* 的新计划,该计划将允许"高级"合作伙伴通过前置音频广告、频道赞助、移动展示广告和本地内容来获利,并宣布与许多内容合作伙伴(包括 Comedy Central、Funny 和 Die)、独立唱片公司以及 YouTube 多渠道网络达成交易。2017 年 2 月,SoundCloud 推出了一个名为 SoundCloud Go 的中档订阅层,允许用户以每月 5 美元的价格删除广告并离线收听。最初的版本已被重命名为 SoundCloud Go +,允许用户以每月 10 美元的价格获得访问超过 1.5 亿首歌曲、离线播放、无广告、无预览以及高级音乐曲目的权限。2021 年 12 月,SoundCloud 首席财务官德鲁·威尔逊(Drew Wilson)表示,该公司"处于收支平衡的关口",并表示该公司预计到 2023 年将产生净利润。2020 年第三季度,SoundCloud 实现了第一个盈利季度,收入增长达到两位数,经营亏损大幅减少。

4. Tidal

Tidal 向用户提供基于订阅的音乐、播客和视频流服务,并结合了无损音频和高清音乐视频以及音乐的独家内容及特殊功能。Tidal 于 2014 年由挪威上市公司 Aspiro 推出。

Tidal 曲库中有超过 5700 万首歌曲,以及超过 225,000 个高质量视频,旨在为乐迷提供优质、高保真的音质,以及高分辨率视频和专业策划的编辑内容,并为两个订阅级别的所有新客户提供 30 天的免费试用期。Tidal 为用户提供的两种级别的服务分别为:Tidal Premium 和 Tidal HiFi,并声称在音乐流媒体市场中向音乐艺术家和作曲家支付最高的特许权使用费。然而,尽管高保真度、无损(MQA 除外)音频质量以及较高的订阅费用会使艺术家和词曲作者获得较高的版税,但相关艺术家的高订阅费和独家 Tidal 内容亦可能导致更多音乐被盗版。

2015 年 3 月,Aspiro 被 Jay-Z 的 Project Panther Bidco Ltd. 收购,2017 年 1 月 23 日,Sprint Corporation 以 2 亿美元的价格收购了 Tidal 33% 的股份。2021 年 3 月 2 日,金融科技公司 Square, Inc. 收购 Tidal 的多数股权。截至 2021 年 3 月,Tidal 宣称在 61 个国家开展业务。

二、相关政策法规

欧盟《单一数字市场版权指令》:

《单一数字市场版权指令》颁布了以下对数字音乐产业存在影响的条例:(1)第 13 条针对流媒体平台上的视听作品许可问题,提出新的协商机制,规定成员国应确保为在视频点播服务上提供视听作品而寻求达成协议的各方当事人在面临与权利许可有关的困难时,可以寻求中立机构或调解人的协助。该中立机构(成员国为本条目的设立或指定的机构)或调解人应协助各方当事人进行协商,并协助其达成协议,包括在适当情形下向各方提交建议书。即通过中立机构或调解人来促进此类许可。(2)第 17 条规定了在线内容分享平台的特殊责任机制,对在线内容分享服务提供者对受保护内容的使用进行了规范。第 17 条将在线内容分享平台定性为向公众传播行为而非宿主服务。按此,此类平台需要积极履行授权寻求义务(即尽最大努力与权利人达成许可协议,取得其授权)和版权过滤义务(即对于权利人事先提供了相关必要信息或发出充分实质通知的作品,尽最大努力阻止其出现在平台上并阻止将来上传)。这意味着平台不承担一般监控义务,以权利人提供的作品信息为前提。这一规定主要针对视听内容(音乐、视频等)分享平台。(3)第18至23条规定了作品、表演开发利用合同中对作者、表演者的保护，包括公平合理报酬，透明度义务，合同调整机制，作者、表演者的撤销权等机制。

三、重要行业事件

(1)2018年4月3日，Spotify在纽交所上市，当日市值265亿美元。

(2)2018年5月，Dagens N. ringsliv发表了一份报告，指控Tidal故意伪造碧昂斯两个专辑的流媒体数据，从而向艺术家的唱片公司索要过高的版税。该公司否认有任何不当行为。在指控之后，挪威收集协会TONO向警方正式投诉Tidal。丹麦音乐组织Koda也宣布将对Tidal数据进行独立审计。

(3)2018年9月，Spotify开通了音乐人可以直接上传歌曲与专辑到其平台的新功能。这意味着，一旦这项工具正式发布，音乐人将无须经过第三方即可轻松获得版税支付。

(4)2018年10月，随着欧洲监管层面的放行，苹果对Shazam发起的4亿美元的收购也即将完成。①

第四节 亚洲数字音乐市场

一、亚洲数字音乐市场概况

亚洲地区数字音乐业务增长强劲，实体音乐业务部分回升。其中，流媒体业务为数字音乐的增长起到至关重要的作用。2022年，亚洲的数字音乐收入继续保持两位数的增长，为15.4%，略低于2021年的16.1%。亚洲音乐市场的高增长主要归因于中国音乐市场的高速发展。作为亚洲区第二大音乐市场，2022年中国音乐市场的增长速度高达28.4%。而亚洲最大的音

---

① 收购意味着Apple Music可以在进入新市场前先通过对Shazam数据的挖掘来分析潜在用户的喜好，同时借助大数据实现对新音乐作品的精准推送，并优化它在算法运作方面的能力。

乐市场日本增速只有5.4%,比2021年的9.3%下降了3.9个百分点。亚洲音乐市场的总体收入占全球音乐市场的22.9%。在2021年实体音乐收入回升之后,亚洲也在全球实体音乐销售中占了很大的份额(49.6%)。

(一)中国数字音乐市场①

1. 中国数字音乐市场概况

(1)中国音乐产业跻身世界前五。

中国进一步稳固全球音乐市场前十的地位。作为2017年度音乐产业全球前十名的新进入国,中国在2018年升至第七位,在2022年升至第五位。

若沿用全球录制音乐收入结构分别测算中国音乐市场中表演权收入、同步收入、实体收入、数字收入(含流媒体及下载等数字音乐)四个模块的收入情况,2019年其规模分别达到2.3亿元、1.2亿元、4.1亿元和753.4亿元,合计761.0亿元。

(2)数字音乐保持高速发展。

中国数字音乐市场整体维持较高增速,收入构成较为多元。2018年中国数字音乐市场规模为76.3亿元,较2017年增长59.8%,整体保持较高的增长速率。内容付费、广告收入以及版权运营收入是数字音乐市场的主要收入来源。

(3)实体唱片辉煌已去。

实体唱片辉煌难再续,收藏价值大于消费意义。受到数字存储方式转变和数字音乐传播便利性的冲击,2016年以来,中国实体唱片行业市场规模出现持续萎缩的现象,相继有音像制品零售巨头关闭线下零售店铺。2019年,中国实体唱片行业市场规模跌至4.1亿元,尽管近年有部分高溢价实体唱片带动市场关注度回潮,但往往是有价无市,杯水车薪。预计未来随着用户需求的不断衰减,实体唱片的销售收入难以有明显的二次增长。

(4)流媒体增长是产业亮点。

用户增量红利进入尾声,用户付费以及版权运营或将成为未来发展的

---

① 本节数据来源:艾瑞咨询《2019年中国数字音乐产业研究报告》《2020年中国音乐产业发展研究报告·数字篇》。

重要领域。

2018年,中国数字音乐用户规模超过5.5亿人,同比增长5.1%,增速放缓,存量用户消费市场成为未来主要增长点。音频流媒体使用率高达89%,在以数字专辑售卖和付费订阅模式为主的消费环境中,流媒体的贡献率高达93.5%。在用户付费、广告收入、版权运营、电信音乐增值以及泛娱乐数字音乐产业收入构成中,用户付费率由4%增至6%,同比增长25%,处于高速增长阶段。①

自2015年加强网络音乐盗版整肃以来,中国数字音乐的内容付费业务开始起步,2018年付费率达到5.3%的水平,相较过去几年而言已经实现了翻倍的增长,是数字音乐用户付费意识初步形成的体现。但对比美国主流数字音乐平台Spotify,2018年该平台的付费率达46.4%,将近中国付费率的九倍,可见,中国数字音乐内容付费的发展仍处在起步阶段,数字音乐付费率仍相对处于较低水平,存在极大的发展空间。

2018年,内容付费占中国数字音乐市场收入的59.2%,广告收入占比为22.8%,版权运营收入占比为18.0%,内容付费和版权运营成为未来驱动中国数字音乐市场收入规模增长的两大重要因素。

在线K歌与泛娱乐音乐直播用户规模大体呈稳健上涨趋势。此外,短视频音乐直播用户规模2020年上半年攀升至超3亿月活,一跃成为第二大用户规模量级。泛娱乐音乐直播用户规模在2019年的上升与数字音乐App的良好增势有关,用户同时通过数字音乐App接触音乐直播内容形式。

2.中国数字音乐产业目前面临的主要问题②

(1)版权保护意识薄弱。

版权保护意识薄弱是我国的时代遗留问题。由于我国在版权领域的立法与执法存在几十年的空白,也长期未能为大众提供较全面的版权教育,如今大众对于音乐版权的认识仅局限于狭义层面上的音乐著作权,而不能全面

---

① 本段数据来源:《2019中国音乐产业发展总报告》,其余中国市场数据来源:《2019年中国数字音乐产业研究报告》。
② 黄国群,庞媛.中国数字音乐产业发展的理论分析与趋势判断[J].社科纵横,2021,36(01):73—81.

理解音乐版权的含义与版权保护的重要性,这也同时造成维权无门的状况。

国际唱片业协会发布的《2012年数字音乐行业研究报告》指出,中国数字音乐占总音乐产业的71%,盗版率则高达99%,侵权成本极低,维权成本较高,执法力度不严,间接导致数字音乐侵权事件层出不穷。目前,国内音乐版权方每年收益不足10亿元,仅仅相当于整个产业产值的2%左右。2018年,我国数字音乐用户数量达7.4亿人,其中付费用户3877万人,付费渗透率仅为5.3%,"拿来主义"根深蒂固。

(2)内容生产贫瘠。

音乐行业,内容为王。创作是整个产业链的源头,音乐制作人创作音乐的优劣预示着市场的兴衰。

目前,我国音乐产业的创作模式依旧以音乐人为主,准入门槛极高,同时,以精英为主的音乐创作缺乏大众参与。这种模式在互联网高度发达的今天,埋没了很多创意与才华俱佳的普通人,他们难以进入音乐产业,将作品呈现给大众。同时,这种模式还形成了一种生产与消费两端极其不对等的关系,音乐的创作难以与大众互动,后者仅仅能够单方面接受精英音乐人的作品。在目前的创作模式下,通过综艺娱乐节目很难推出新的音乐人,为市场注入活力,行业长时间处于内容生产贫瘠的状态。

随着国家版权保护相关政策的实施与技术革新,大型综合音乐服务平台逐渐占据音乐行业生态中的重要地位。然而,各大服务平台存在大量相同的业务模块,如网易云音乐、酷狗音乐、QQ音乐等主流音乐平台在2017年先后上线的短视频功能,加之对于新生代音乐人的争夺如火如荼,大多数网络音乐人与分享者在不同的平台上传相同的内容,音乐数量节节攀高,音乐质量却未见较大起色。

(3)市场机制不完善。

只有规范的市场机制才能保证音乐产业的发展,但目前国内数字音乐市场机制并不完善,各种资源得不到合理有效配置。

首先,我国数字音乐产业还没有在版权所有者、服务平台以及听众之间形成成熟合理的权益分配机制。平台从音乐版权所有者处购买版权,而大部分听众在使用时并没有支付一定的费用,造成平台付出成本无法收回。这种失衡的最终利益受损者是音乐创作者,他们的付出得不到应有的回报,创作热情很容易受挫,阻碍了优秀音乐作品的生产。因此可以说,目前大规模的数字音乐免费提供模式不利于优秀音乐作品的生产与传播,制约了音乐产业的发展。其次,中国音乐著作权协会作为版权交易第三方机构,主要职责是维护音乐人的合法权益,但近几年因财务状况混乱、相关信息不公开等问题屡受质疑。最后,平台主要依靠播放广告和会员制度来盈利,然而这种单一且低效的盈利模式,对于高昂的版权费犹如九牛一毛,很多服务商因此遭遇资金链断裂问题,这十分不利于我国音乐产业的长期发展。

(二)日本数字音乐市场概况①

1. 实体音乐消费是音乐市场收入的主要部分

日本音乐消费以实体音乐产品的消费为主,数字音乐的消费仍处于发展阶段。2021年,日本音乐产品(录音带和音乐视频)的总产量年增长率为3%,产值达到1936亿日元,同上一年基本持平。从2020年开始,日本实体音乐数量和销售都呈现水平发展态势,数字音乐的销售额则实现了8年的连续增长,达到895亿日元,同比增长14%。最终,实体音乐的产值和数字音乐的销售额的合计金额为2831亿日元,同比增长4%,实现3年来首次正增长。并且,数字音乐销售额占比自2005年开始统计以来首次超三成(31.6%)。

2. 流媒体业务是数字音乐业务主流

日本数字音乐市场仍存在发展空间,流媒体业务成为数字音乐业务主流。2021年日本数字音乐的收入为895亿日元,同比增长14%,为自2010年(860亿日元)以来再次突破800亿日元,实现连续4年的两位数增长,连续8年的正增长。其中,下载量为6053万次,同比下降19%,收入为141亿日元,同比下降21%。流媒体收入为744亿日元,同比增长26%。这是在数字音乐销售额的各大类别中,流媒体占比首次达到80%。

---

① 本节数据来源:日本唱片协会(RIAJ),《2021年日本音乐录音产业年鉴》。

(三)韩国数字音乐市场概况

1. 韩国数字音乐发展概述

在 2000 年初期,移动运营商以比世界上其他地区更快的速度采用"数字"和"网络"范式进入了韩国音乐产业。自 1990 年后期以来,无线通信市场已成为韩国重要的未来产业,发展迅速,而 KTF 和 SK Telecom 等电信公司将音乐视为吸引新用户和维持现有用户的重要内容。流媒体早在 2002 年就已在韩国作为正式的音乐服务出现,韩国电信(现为 KT)和三星 C&T 联合建立了一个大型流服务器,为在线广播提供基础设施。随着音乐成为移动通信市场中的重要内容,音乐发行开始从属于电信行业。

韩国第一张数字在线专辑是一个不知名的说唱歌手 Cho PD 作词作曲的 *In Stardom*,这张数字在线专辑共有 8 首说唱歌曲,在 1998 年被上传到网络上发行。该专辑在全国迅速流行起来,销量达到了 50 万张,是当时韩国最成功的案例之一。从模拟到数字的转变促进了韩国流行音乐在数字化时代更广泛、更有效的传播。2000 年至 2005 年,由于 MP3 的出现和时尚潮流,韩国实体唱片销量下降,但数字音乐高歌猛进。在进入全球音乐产业收入排名前十的 2013 年,韩国数字音乐收入已经占到音乐产业总收入的 51%,超过了实体唱片收入的占比(46%)。

2. K-Pop 音乐的发展

K-Pop 音乐是指韩国的流行音乐,最早出现于 20 世纪 90 年代初。K-Pop 强烈的音乐风格受到年轻人的追捧,娱乐公司乘势挖掘和创新这种音乐形式,建立了偶像造星体系。目前韩国最有影响力的三大娱乐公司分别是 SM 娱乐公司(Star Museum Entertainment)、YG 娱乐公司(Yang Goon Entertainment)和 JYP 娱乐公司(Jin-Young Park Entertainment)。SM 娱乐公司最早在 1996 年推出男团组合 H.O.T.,开创了 K-Pop"偶像团体+流行舞曲"的风格特征,形成了 K-Pop 组合套路化的运作模式。2005 年之前,K-Pop 音乐以及唱跳组合偶像团体在亚洲已经非常成功地输出,之后更是走向了世界。2012 年一曲《江南 Style》"出圈",K-Pop 的影响力拉升了韩国音乐在全球市场的热度,形成强劲的韩流,带动了韩国音乐产业快速发展。

国际唱片协会（IFPI）将2023年国际唱片大奖颁给了13个人的韩国偶像团体SEVENTEEN的专辑 *FML*，其在IFPI全球专辑销量（包括流媒体、下载、实体唱片）排行榜上排名第一。同时，在这个榜单的前十名专辑里，韩国艺人专辑占了五张。2023年，韩国卖得最好的数字单曲是韩国女子团体NewJeans的演唱歌曲 *Ditto*，被使用最多的收听韩国音乐的流媒体平台是YouTube。

韩流风靡海外，从韩国唱片出口数据可以看到韩国音乐的海外市场受欢迎程度。韩国关税厅（海关）发布的进出口统计数据显示，2022年韩国唱片出口额达到2.33亿美元，同比增加5.6%。韩国唱片最大的海外输出地是日本、中国和美国，出口额分别为7751.3万美元、5087.9万美元和3528.8万美元。

3. 韩国音乐产业在全球的地位

根据IFPI数据，韩国音乐产业总收入2013年为2.11亿美元，2017年上升到4.94亿美元，2021年达到了8.07亿美元，显示出强大的爆发力。实体唱片收入占比由2013年的47%下降到2015年的31%，但随后的两年又略有回升。在发展数字音乐的同时，韩国实体唱片也在进步，2020年韩国是全球黑胶唱片销售收入增速最快的五大市场之一，排名第四位，增速达到151.2%。数字音乐收入总体呈现上升趋势。

从全球各国的音乐产业收入排名中也能看到韩国音乐强劲的增长力量。2005年韩国音乐产业收入在全球市场仅仅排在第三十三名，但从2006年左右韩国音乐产业开始发力向上，仅两年就在全球市场的排名超越了六个国家，2007年到达第二十七名的位置。之后的两年蹿升的幅度更是惊人，2009年排名直线上升到第十四名。2013年韩国音乐迈进全球市场的前十名行列，2014年依旧高歌猛进，到达第八名。在这个排名上停留了三年之后，2017年又超越了两个国家，成为全球第六大音乐国，直到2020年。2021年、2022年韩国音乐产业收入虽然还在持续增加，但中国的音乐产业以更快的速度崛起，超越韩国，韩国被挤到了第七名（表3-1）。

表 3-1 韩国音乐产业收入

全球排名	总收入 (百万美元)	收入结构			
		实体唱片 占比(%)	数字音乐 占比(%)	表演权[①] 占比(%)	同步[②] 占比(%)
2013	10	211.3	46	51	2	0
2014	8	265.8	38	58	3	1
2015	8	281.3	31	62	7	0
2016	8	330.1	35	59	5	0
2017	6	494.4	37	59	4	0
2018	6	n/a	n/a	n/a	n/a	n/a
2019	6	n/a	n/a	n/a	n/a	n/a
2020	6	n/a	n/a	n/a	n/a	n/a
2021	7	807.0	n/a	n/a	n/a	n/a
2022	7	n/a	n/a	n/a	n/a	n/a

资料来源:根据历年 IFPI *Global music report* 数据整理

(四)代表性数字音乐平台

1. QQ 音乐

QQ 音乐是腾讯音乐娱乐集团推出的网络音乐平台,是中国最大的网络音乐平台之一。该平台支持在线音乐和本地音乐的播放,并具有音乐云同步、正版乐库、音乐社区、电台、桌面歌词、歌曲下载等服务功能。

QQ 音乐向付费用户提供按需听歌(On-demand)、会员期间下载至本地播放、无损音质、生活福利(包含电影票优惠券、健身卡、购物礼等)、线下演出和演唱会优享票务渠道以及明星见面会等服务。

2018 年 2 月,腾讯音乐与网易云音乐就网络音乐版权合作事宜达成一致,相互授权音乐作品,达到各自独家音乐作品数量的 99% 以上,并商定进行音乐版权长期合作,同时积极向其他网络音乐平台开放音乐作品授权。同年 5 月,小爱音箱正式与 QQ 音乐达成战略合作。

---

① 表演权收入包括广播公司和公共场所对录制音乐的使用收入。
② 同步业务收入包括广告、电影、游戏和电视中的音乐使用收入。

2019年6月,华研国际旗下歌曲版权全线回归QQ音乐。2019年11月8日,QQ音乐正式推出开放平台,以专业、开放的音乐内容"声"态,为入驻的音乐人与音乐达人提供作品管理、作品推广、粉丝互动、数据追踪、创作变现五大切实有效的服务,以公正透明的平台机制,全方位扶持创作者成长。

2020年1月2日,QQ音乐与哔哩哔哩联合宣布达成深度战略合作。此次合作首先打通双方平台的优质音乐内容创作者资源,全面开放音乐人的认证及入驻,并给予双平台的资源扶持。

2021年11月,因超范围收集个人信息,QQ音乐被工信部列入《工业和信息化部通报存在问题的应用软件名单》。

2022年7月6日,腾讯音乐娱乐集团与杜比实验室携手宣布在QQ音乐上线杜比全景声音乐功能,QQ音乐平台成为国内首家支持杜比全景声的音乐平台。

2. Mora

Mora(モーラ)是索尼音乐娱乐(日本)旗下的Label Gate公司运营的日本数字音乐下载服务网站。该分销站点是在2004年随Label Gate CD2的出现而启动的,目的是合并每个唱片公司独立的分销站点。在2012年续签之前,MMA与Mora旗下唱片公司的歌手有独家发行合同,因此他们的歌曲只能通过Mora购买。自2012年续约以来,MMA与Mora旗下唱片公司向其他公司分发歌曲,使其与智能手机兼容并支持高分辨率。此外,将音乐分发给属于Mora和Mora qualitas的艺术家是单独的合同。

从2004年3月到2012年9月,索尼使用OpenMG X的"Label Gate MQ"方法来播放Label Gate CD2文件,歌曲格式为ATRAC3/ATRAC3plus,比特率主要是132kbps。Mora在2012年10月1日进行了更新,并采用了没有数字版权管理(DRM)的新的320kbps AAC-LC(MP4)。Mora于2019年11月开始推出高质量的流媒体服务,该CD音质流媒体分发服务是继Deezer HiFi和Amazon Music HD之后的第三项服务,并且是仅次于Amazon Music HD的服务,仅适用于与高分辨率声源兼容的流媒体分发服务。Mora qualitas最初支持的型号仅适用于PC和Mac,并计划推出移动端应用,用户需要安装Mora qualitas应用程序才能收听发行歌曲。Mora qualitas最大的特点是采用了独占模式,据说这种声音比竞争对手的 Amazon Music HD 具有更高的音质,但实际上它是为以前的 PC 音频用户准备的一种模式。

2021 年 4 月 1 日,运营商 Label Gate 被并入 SMS,业务移交给 SMS。然而,Mora qualitas 的运作仍由 SMEJ 负责。

3. Melon

Melon 是由 Kakao 经营的韩国付费数字音乐流媒体服务网站,该网站还提供音乐图表服务。Melon 成立于 2004 年 11 月,曾于 2008 年并入 LOEN 娱乐。2016 年,Kakao 收购 LOEN 娱乐。

Melon 为用户提供播放和下载纯音乐、音乐视频,从手机传送歌曲,与 iTunes 连接以及学习语言的服务。Melon Mobile App 允许无限的流媒体和有限的下载,以及与朋友共享和推荐专辑。在 Melon TV 上,用户可以观看音乐相关的广播视频,如仅由 Melon 提供的源内容或直接由艺术家发布的视频。

Melon 依托于韩国发达的文娱产业和偶像经济产业,通过公开发放权威榜单,刺激粉丝为偶像打榜应援而进行付费。其开设的 Melon Ticket 票务通道与粉丝俱乐部联动,是众多线下明星见面会、演唱会等活动的唯一指定通道。

2021 年,Melon 与 Kakao Entertainment 合并,更名为 Melon M。本次合并旨在确保其在演艺圈的领导地位。截至当时,Melon 流媒体平台拥有 3300 万用户和约 500 万付费用户。

二、近年相关政策法规

(一) 中国:推动数字音乐正版化发展的政策

中国自 2010 年起开展"剑网行动",旨在打击网络盗版,实施知识产权保护,特别是在音乐、视频、文学、网游、动漫等方面做下重要正版化布局。该行动由版权部门牵头,通信管理、网信、公安等部门协作,针对信息技术条件下日益复杂的网络违法犯罪行为采取联合打击行动,重点查处文学、音乐、影视、游戏、动漫、软件等领域,利用网站、App 商店、电商平台、网盘存储空间等网络平台进行的侵权盗版行为。"剑网行动"是以网络版权保护工作为抓手深入贯彻落实《国家知识产权战略纲要》的网络专项行动。

与音乐版权密切相关的"剑网行动"重要时间线如下：

(1)2015年,《关于责令网络音乐服务商停止未经授权传播音乐的通知》发布,"剑网"专项行动开展,任务涉及网络音乐、云存储、App、网络广告联盟、网络转载等领域。行动加强对音乐网站的版权执法监管力度,严厉打击未经许可传播音乐作品的侵权盗版行为,推动音乐网站版权自律和相互授权,建立良好的网络音乐版权秩序和运营生态；推动重点网络云存储企业就版权问题开展自查自纠,坚决查办利用网络云存储空间进行侵权盗版的违法活动,遏制利用网络云存储空间侵权盗版的势头；开展打击智能移动终端第三方应用程序侵权盗版专项整治行动,规范应用程序企业及应用程序商店的版权秩序。

(2)2016年,"剑网行动"旨在打击通过电子商务平台销售盗版图书、音像制品的违法行为,并对App上传者和应用程序商店的版权执法监管有所加强,强化应用程序商店对提供文学、新闻、影视、音乐等作品App上传者的版权监管责任。

(3)2017年,"剑网行动"开展App领域版权专项整治。严厉打击应用商店和App提供者未经授权擅自发行和传播新闻、文学、影视、动漫、音乐作品的侵权盗版行为。同时也开展了对电子商务平台的版权专项整治。重点加强对大型电子商务平台的版权监管工作,对销售侵权盗版图书、音像制品、电子出版物以及网盘账号密码、盗版链接的网店进行打击。

(4)2018年,"剑网行动"开展了重点领域版权的专项整治。重点针对网络直播、知识分享、有声读物平台存在的未经授权大量使用音乐、文字、口述作品版权问题,并在巩固先前的治理成果方面做出努力：进一步加强对网络影视、网络音乐、电子商务平台、应用商店、网络云存储空间等领域的版权监管,突出打击通过网络销售教材教辅、少儿出版物、音乐和影视移动存储介质以及使用聚合链接、设置境外服务器等手段的侵权行为。

(5)2019年,"剑网行动"加强了流媒体软硬件版权监管。严打IPTV、OTT及各类智能终端等流媒体硬件和各种流媒体软件、聚合类软件非法传播他人作品的行为,以及通过电商平台销售各种非正规OTT产品的行为,并强调进一步巩固网络影视、音乐、文学、动漫、应用商店、网盘等领域取得的治理成果。

2015年是中国加强网络盗版整肃的元年,政府展开了针对网络音乐传播的最严厉的一次打击盗版和侵权行动,接连出台多项政策,以期保护正版音乐所享有的合法权益。除"剑网行动",2015年11月,政府发布《关于进一步加强和改进网络音乐内容管理工作的通知》,要求建立网络音乐自审工作流程和责任制度,并严格遵循文化行政部门统一制定的内容审核标准和规范。2015年12月,发布《关于大力推进我国音乐产业发展的若干意见》,旨在推动著作权法的第三次修订,以加强对音乐作品尤其是数字音乐作品的版权保护。

2019年11月,中共中央办公厅、国务院办公厅印发《关于强化知识产权保护的意见》,明确提出加大文化市场知识产权执法力度,深入开展数字音乐、网络表演和网络动漫市场规范整治行动,严查侵犯知识产权案件并持续推进落实。

(二)日本:著作权法修正案

2018年2月,日本政府向国会提交了著作权法修正案。同年5月,日本参议院全体会议表决通过了新修改的著作权法,并于2019年1月1日起正式实施。新法律的核心内容是:原则上允许互联网和高科技企业不经过著作权所有者同意直接使用著作物。

日本现行著作权法规定,在复制或者传输著作时,必须取得著作权所有者的同意。为应对数字化的发展,著作权法修正案制定了相对宽松的权利限制规定,规定如果互联网公司对著作的使用"不侵害著作权所有者利益"或者"对所有权的损害程度轻微"[①],就可以不经过所有者允许直接使用。

著作权法修正案的关键变化在于日本著作权使用从"正面清单制度"转向了"负面清单制度",这将大幅度提高日本互联网企业对著作权使用的自由度。日本过去对著作权的使用原则上必须征得所有者同意,以开列正面

---

① 原文意指:因不会给作品市场带来负面影响的大数据利用的服务等(如位置检索服务、信息分析服务等)而使用作品的,无须征得许可。

清单的方式规定哪些情况可以获得豁免。修改后,对著作权的使用变为原则上无须著作权所有者同意,只惩罚明显损害所有者权益的恶性行为。新著作权法出台,意味着日本政府准备进行改革,接轨国际标准,迎接大数据、人工智能时代。然而,"灵活的权利限制"实质上牺牲了著作权所有者的利益,很可能导致侵权行为进一步加剧,导致日本内容产业弱化。但在日本政府看来,新法律并不意味着日本知识产权制度倒退,反而将有助于创造新产业,并给内容产业带来更大的附加值。

(三)韩国:推出《音乐产业振兴法修订案》及流媒体音乐版权管理法规

(1)韩国 2018 年 1 月 30 日通过《文化内容产业振兴法修订案》和《音乐产业振兴法修订案》,意在禁止外国抄袭本国文化产品及音乐。相关法案重点打击外国对韩国综艺类节目的抄袭,其中也包括对音乐类综艺的抄袭。

(2)2019 年 1 月 1 日,韩国最新的流媒体音乐版权管理法规正式生效。新法规规定,移动音乐服务商必须支付收入的 65%(当前支付比例为 60%)给版权持有者。

三、重要行业事件

(1)2016 年 9 月,全球最大的订阅制流媒体音乐服务商 Spotify 正式登陆日本。其日本法人公司注册已有 4 年之久,算上早在 2011 年登陆美国之前就开始与唱片公司等合作方的试探与交涉,Spotify 的进军日本之路已走了 5 年多。

(2)2017 年 1 月,腾讯旗下 QQ 音乐和中国音乐集团(CMC)合并成立新的音乐集团,正式更名为腾讯音乐娱乐集团(简称 TME)。

(3)2017 年 3 月,阿里巴巴对中国最大的演出票务平台大麦网完成全资收购,率先打通阿里音乐与大麦网之间的业务。

(4)2017 年 4 月,网易云音乐宣布完成 A 轮融资。此轮融资金额为 7.5 亿元,由上海广播电视台、上海文化广播影视集团(SMG)战略领投,芒果文创(上海)股权投资基金(芒果文创)、中金佳泰基金参投。此轮融资后,网易云音乐估值达 80 亿元。

（5）2017年5月，腾讯音乐娱乐集团与环球音乐集团达成中国大陆地区数字版权分销战略性合作协议，携手拓展中国音乐市场。

（6）2019年6月2日消息，韩国目前最大的音源网站Melon涉嫌通过幽灵公司侵吞了数十亿韩元的版权费，并透过其他非法手段进一步牟取更多利益。

（7）2017年9月，腾讯音乐娱乐集团与阿里音乐共同宣布重磅消息，双方达成版权转授权合作，腾讯音乐娱乐集团将独家代理的环球、华纳、索尼全球三大唱片公司与YG娱乐、杰威尔音乐等优质音乐版权资源转授至阿里音乐，曲库数量在百万级以上，同时，阿里音乐将独家代理的滚石、华研、相信、寰亚等音乐版权也转授给了腾讯音乐娱乐集团。

（8）2018年10月，腾讯音乐娱乐集团正式在美国证券交易委员会递交上市申请书。

（9）2018年10月，网易云音乐宣布达成新一轮融资，百度为战略投资方。

（10）2019年，网易云音乐获得阿里巴巴、云锋基金等共计7亿美元融资，并在积极推进版权转授的同时，在音乐社交和扶持原创音乐上持续发力，创造了总用户突破8亿、平台独立音乐人超过8万名的成绩。

（11）2021年7月24日，国家市场监督管理总局对腾讯音乐作出责令解除网络音乐独家版权等处罚。

（12）2022年4月27日，网易云音乐在官方微信公众号发布起诉腾讯音乐不正当竞争的声明，起诉腾讯音乐娱乐集团（含QQ音乐、酷我音乐、酷狗音乐、全民K歌等产品）以非法盗播偷放无授权歌曲、批量化冒名洗歌、跟随式抄袭产品创新等方式侵犯著作权及不正当竞争。

第四章　全球数字电视市场的发展

第一节　数字电视概述

一、数字电视的概念和功能

(一)数字电视的概念

作为与当今科技进步结合最紧密的媒介,电视首先成为数字化浪潮的先锋。数字电视(Digital TV,DTV)是指从演播室到发射、传输、接收的所有环节都使用数字方式处理信号的电视系统,该系统所有的信号都是由0、1数字串所构成的数字流来传播的。

电视数字化转换是指电视信号传输方式从模拟技术向数字技术的转换,或者说,从模拟电视向数字电视的转换。

数字电视产业是指由与数字电视生产、传播、消费相关的内容、技术、渠道、产品及利益相关方组成的结构体系和经济活动集合。它包含广播电视节目制作与授权销售商、数字电视基础设施建设和网络传输机构、网络新媒体业务提供商、广播电视节目播出平台、互联网视频平台、电视视频广告商、数字电视终端产品供应商等多方市场主体。

(二)数字电视的优势与新功能

1. 音画效果更优

与原来的模拟电视相比,数字电视拥有先进的信源压缩编码技术,使节目复制避免质量变化,从而得到清晰稳定的电视画面、优质的音响效果、逼真的伴音效果以及较强的抗干扰能力。

2. 频道资源释放,节目内容丰富

数字电视利用数字压缩技术,使原来只能传输一套模拟电视节目的频道,可以传输多套数字电视节目。数字电视技术使接收端能够收到更多地区、各种类型的电视频道,用户可以收看几百套电视节目。数字电视还提供大量的点播和互动服务,内容丰富,用户可选择收看个性化内容。从各个角度来看,与模拟电视用户相比,数字电视用户的选择空间更大。

3. 多种扩展业务

除了传输数字信号广播和电视节目的基本功能外,数字电视还有许多扩展功能:搜索引擎,生活、财经、教育等信息服务,视频点播(VOD),个人电视录像机(PVR),互动电视节目,电视购物、交易,视频通话等,使开展多功能信息综合服务业务成为可能。从某种意义上说,数字电视是一种家庭综合信息装置。在数字电视时代,电视不仅可以"观看",还可以"使用"。

二、数字电视的分类

(一)按照信号传输方式分类

地面无线传输数字电视(无线电视 DVB、ATSC、ISDB、DMB、DTMB、DTT)。

有线传输数字电视(有线电视 CATV)。

卫星传输数字电视(卫星电视 DTH)。

(二)按照图像清晰度分类

数字高清晰度电视(HDTV)。

数字标准清晰度电视(SDTV)。

数字普通清晰度电视(LDTV)。

(三)按照播放载体类别分类

电视机为载体。

计算机为载体。

智能手机等移动设备为载体。

(四)按照播出终端是否连接宽带网络分类

非联网电视(传统电视):观众观看节目取决于电视台的播放安排,无法实现点播服务,是一种单向传播的电视终端。

联网电视(智能电视):一种连接互联网的、能够实现观众自主点播的双向交互式电视终端。

(五)按照技术业务模式分类

非网络电视:不连接互联网的电视技术业务模式。

网络电视:连接互联网的电视技术业务模式。网络电视又包括:交互式网络电视(IPTV)和互联网电视(OTT TV)。交互式网络电视(IPTV)是一种利用宽带有线电视网,集互联网、多媒体、通信等技术于一体,向家庭用户提供包括数字电视在内的多种交互式服务的崭新技术。

互联网电视(OTT TV)也称作在线视频、流媒体视频,是指以广域网即传统互联网或移动互联网为传输网络,以电视设备为接收终端,向用户提供视频及图文信息内容等服务的电视形态。

二者的主要区别是:IPTV 的传输受地域限制,而 OTT TV 的传输不受地域限制,只要有能够接入互联网端口的电视机、电脑、平板电脑、手机等视频接收终端,就可以收看电视节目。

(六)按照电视服务是否收费分类

免费电视。

付费电视(Pay TV)。

广义的付费电视包含两种:一是付费有线电视,二是互动付费电视。付费有线电视:有线电视用户按月或次交纳收视费,收取的是补偿有线电视建设的基础费用。

互动付费电视:特指以互动而收费的电视服务,即付费频道——除有线电视基础费用之外的、额外收费的可选择服务(例如点播服务)。互动付费电视与传统的"你播我看"式的单向电视广播有着天壤之别,其最大的特点就是用户在收看电视期间可以自主选择自己喜欢的电视节目而不受到广告干扰,由被动收看变为主动选择。互动付费电视的收益由节目制作方/授权方与播放频道(运营方)分成。

广义地讲,付费有线电视是付费电视的一种,但研究和报告中更常用的是狭义付费电视概念,即互动付费电视。

以上是常见的数字电视在理论上的分类,但是由于不同地区的使用习惯与规制政策存在差异,各国对数字电视的分类原则和标准也不同。后续章节会提到一些混合型数字电视分类。

三、全球数字电视的发展历程

全球广播电视数字化的发展大约经历了五个阶段。

(一)1970—1979年:节目源处理和接收控制部分数字化

这一阶段主要是针对当时模拟彩电制式的部分缺陷进行改进。当时电视的数字化能力较低,只能对扫描造成的电视图像闪烁、亮度与色度相互串扰引起的水平分解力降低等问题进行改善,同时,有线电视的运营业逐渐成熟。

(二)1980—1989年:制定广播电视数字化标准

由于电视数字化技术越来越成熟,演播室开始布局全面数字化,并且对广播电视数字化制定了一系列标准,传统电视网受到挑战。

(三)1990—1999年:电视信号从发送到接收全面实现数字化

这一阶段,欧洲、美国、日本都制订了自己的开发计划。这些国家和地区基本完成了网络改造,采用有线、地面、卫星方式实现广播电视数字化。英国于 1998 年启动了数字电视广播和互动电视平台建设,在 2000 年左右已经发展成为全球先进的数字电视市场。

(四)2000—2009 年:各地区数字转换率不断提高,网络电视和移动终端开始发展

这一阶段,全球领先的数字电视国家陆续实现 100% 数字化,英国、法国在 2010 年左右停播模拟电视。同时,各种新媒体技术开始在电视领域应用,网络电视、移动终端开始大范围发展。

(五)2010 年至今:网络电视改变竞争格局

网络电视市场改变格局,网络视频点播、互动以及流媒体播放占据大头收视时间,移动数字电视是电视广播业发展的绝佳机会。自 1998 年出现了 OTT TV 的概念以来,网络电视①发展迅速,2005 年 Web TV 概念出现,网络电视再度引人关注;2007 年 Netflix、Hulu 相继推出 OTT TV;2009 年 Apple TV 问世;2011 年 Google TV 将 OTT 业务推向高端;2015 年 YouTube 推出 YouTube Red;2016 年 Amazon 推出 Prime Video 服务。

四、数字电视未来的发展方向

数字化的电视被赋予了新用途,增加了新功能,电视从封闭的窗户变成交流的窗口。未来,数字电视会向着高网络性、高互动性、高移动性的方向发展。

(一)交互式网络电视(IPTV)渗透率快速攀升

Statista 数据公司的研究显示,2010 年全球 IPTV 普及率仅为 3%,预计到 2025 年时将达到 25%,全球 IPTV 家庭数量将由 2010 年的 3783 万上升到 2025 年的 4.97 亿。

截至 2016 年底,法国和韩国的 IPTV 使用率最高,IPTV 在中国的使用率

---

① 这里的"网络电视"是广义概念,包括 IPTV、OTT TV、Web TV 等。

增长最快。完善的 IPTV 市场包括法国(40%)、韩国(32%)和荷兰(30%),但 2015—2016 年,上升最快的是中国、俄罗斯和澳大利亚。

从 2019 年全球的付费电视市场来看,IPTV 是付费电视的主要盈利模式,未来电视与网络连接将成为默认功能。

(二) OTT TV+流媒体技术+5G 推动电视产业转型

OTT(Over-the-Top)是相对于无线电传输方式 OTA(Over-the-Air)而言的,OTT 服务无须用户订阅传统有线电视或卫星付费电视服务。从广义上讲,OTT 隶属于 VOD 范畴,OTT+VOD 模式使用户摆脱了有线电视带来的地理和观看时间上的限制,从根本上改变了视频的销售、制作和消费方式。

OTT 牢固地在媒体行业树立了自己的旗帜,随着数字电视产业的不断发展成为主流。"按需服务"将扰乱电视和视频行业形成新市场,"Net-flix 或 Amazon 之类的播放器将很快取代传统的广播公司"等观点不断涌现。老牌玩家正面对越来越多的有关他们在未来电视和视频领域中地位的坏消息。随着 VOD 的成功,消费者越来越期待相关内容随时随地可以按最适合他们需求的格式来访问,而"按需服务"的高效发展依赖于流媒体技术。图 4-1 展示了 2018 年各国观众每周观看直播电视和流媒体视频的时间,可以看出,流媒体视频用户的相对规模并不小,尤其是在中国,流媒体视频的人气甚至超过了传统直播电视。未来随着流媒体技术的持续发展,OTT 在线视频的发展空间将会更大。

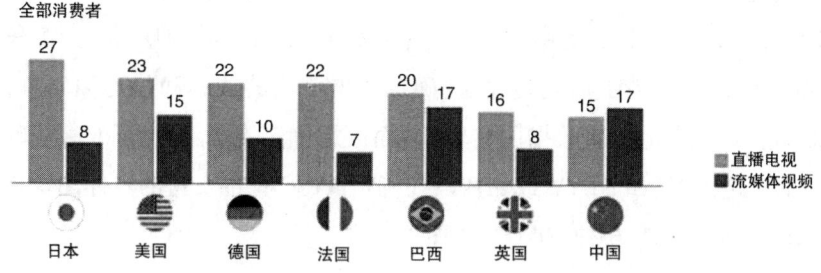

图 4-1　2018 年各国电视观众的观看行为(直播电视 VS 流媒体视频)

资料来源:《德勤数字媒体趋势调查 2018》

5G 无线网络的下一个迭代已经开始在全球范围内进行试验。运营商已经根据全球移动供应商协会的标准演示、测试或试用 5G 的国家技术,5G 商用在各国展开。根据中国工信产业网的数据,2019 年 4 月 3 日 23 时,韩国三家运营商正式推出 5G 商用服务,成为全球首个实现 5G 商用的国家。从全球范围来看,亚太地区一直是 5G 方面的领导者。GSMA 发布的统计数据显示,截至 2022 年第一季度,在全球 5G 普及率方面,韩国以 44.92% 位列第一,中国内地以 36.82% 位居第二,中国香港以 29.62% 排名第三,日本以 25.49% 位列第四。

五、数字电视技术标准

全球广播电视产业的数字化离不开基础设施建设和技术标准制定。数字电视技术标准是指数字电视采用的音视频采样、压缩格式、传输方式和服务信息格式等规定,目前投入使用的有四种。

(一)美国:ATSC

美国地面电视广播迄今仍占其电视业务的一半以上,因此,美国在发展高清晰度电视时首先考虑的是如何通过地面广播网进行传播,并提出了以数字高清晰度电视为基础的标准——ATSC(Advanced Television System Committee)。

ATSC 数字电视标准由四个分离的层级组成。最高为图像层,确定图像的形式,包括像素阵列、幅型比和帧频;接着是图像压缩层,采用 MPEG-2 压缩标准;再下来是系统复用层,特定的数据被纳入不同的压缩包中,采用 MPEG-2 压缩标准;最后是传输层,确定数据传输的调制和信道编码方案。下面两层共同承担普通数据的传输;上面两层确定在普通数据传输基础上运行的特定配置,如 HDTV 或 SDTV,还确定 ATSC 标准支持的具体图像格式(共有 18 种,HDTV 6 种、SDTV 12 种)。

(二)欧洲:DVB

欧洲数字电视标准为 DVB,即 Digital Video Broadcasting,数字视频广播。

从 1995 年起,欧洲陆续发布了数字电视地面广播(DVB-T)、数字电视卫星广播(DVB-S)、数字电视有线广播(DVB-C)的标准。欧洲数字电视首先考虑的是卫星信道,采用 QPSK 调制。欧洲数字电视地面广播采用 COFDM 调制,8M 带宽。欧洲有线数字电视采用 QAM 调制。

DVB-T(ETS300744)为数字电视地面广播系统标准。这是最复杂的 DVB 传输系统。数字电视地面发射的传输容量理论上与有线电视系统相当,采用编码正交频分复用(COFDM)调制方式,在 8M 带宽内能传送 4 套电视节目,传输质量高;但其接收费用高。

(三)日本:ISDB

日本的数字电视首先考虑的是卫星信道,采用 QPSK 调制。日本在 1999 年发布了数字电视的标准——ISDB。ISDB 是日本的数字广播专家组制定的数字广播系统标准,利用一种已经标准化的复用方案在一个普通的传输信道上发送各种不同类型的信号。ISDB 具有柔软性、扩展性、共通性等特点,可以灵活地集成和发送多节目的电视和其他数据业务。

(四)中国:DTMB

近年来,中国推动自主先进的音视频技术向技术标准转化,打破了国际标准中的专利技术垄断。在推动视频技术国际化方面,2015 年,在 ATSC3.0 标准的物理层方案中采用上海数字电视团队设计的 5 个技术模块,这是中国数字电视标准技术首次直接导入国际标准体系,中国标准成为第四个国际电信联盟(ITU)数字电视国际标准,为中国电视产业数字化和海外推广应用奠定了坚实基础。

国标 DTMB 技术方案及性能方面,地面数字多媒体业务包括 HDTV、音频、视频、数据广播和交互多媒体等,重要特性有:①大信息容量。为 HDTV 节目提供大于 24Mb/s 的单信道码率。②高度灵活的操作模式。通过选择不同的调制方式和地址信息,系统能够支持固定、便携、步行或高速移动接收。③高度灵活的频率规划和覆盖区域。选择不同保护间隔的工作模式可构建 16 千米和 36 千米覆盖范围的单频网。

六、数字电视相关名词解释

VOD:视频点播。
TVOD:传统视频点播(交易型视频点播)。
SVOD:网络视频点播(订阅型视频点播)。
AVOD:广告型视频点播。
Streaming Media:流媒体技术,是指将一连串的媒体数据压缩后,经过网上分段发送,在网上即时传输影音以供观赏的一种技术与过程。此技术使数据包像流水一样发送;如果不使用此技术,就必须在使用前下载整个媒体文件。流式传输可传送现场影音或预存于服务器上的影片,当观看者在收看这些影音文件时,影音数据在送达观看者的计算机后立即由特定播放软件播放。

第二节 全球数字电视市场

一、全球数字电视转换情况

全球电视市场数据显示,2021年全球电视家庭估计能够达到17.2亿户。截至2016年底,英国、意大利、西班牙、澳大利亚和日本五国的所有电视服务均实现数字化,大多数国家/地区已完成数字转换,但仍有一些国家/地区有模拟电缆服务,其中包括美国、法国、德国、荷兰、瑞典、波兰和韩国(图4-2);尚未完成数字转换的国家有巴西(2018年完成)、印度(2018年完成)、俄罗斯(2019年完成)、中国(2020年完成)和尼日利亚(2020年完成);瑞典是DTV收视率最低的国家,因为模拟电缆仍然是市场中的流行选择;对比来看,2011年至2016年,数字化的最大增长发生在尼日利亚、印度和俄罗斯。

第四章 全球数字电视市场的发展

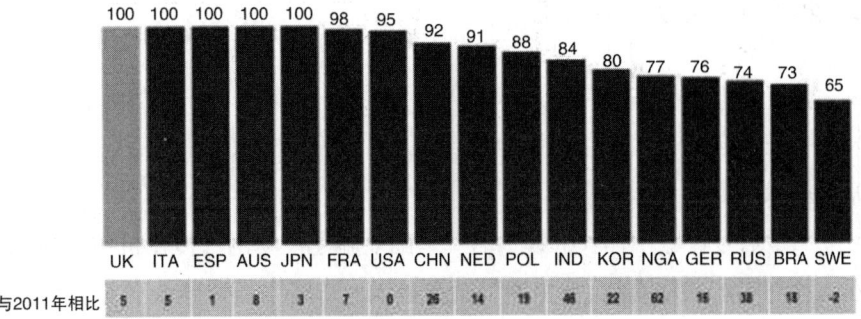

图4-2　2016年底全球电视设备数字化的比例①

资料来源：Ofcom, *The International Communications Market 2017_TV and audio-visual*

图4-3展示了2016年底上述国家家用电视平台的类型构成。除了完整实现数字化的五个国家之外，其他地区的电视平台构成更为复杂，包括数字电视和模拟电视的多种不同类型。从全球范围来看，不同类型数字电视的应用率排名是卫星数字电视>地面数字电视>有线数字电视>交互式网络电视。

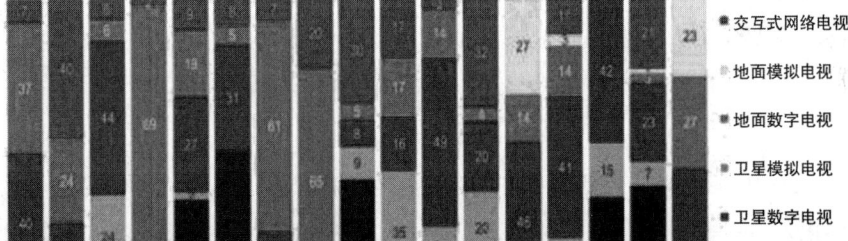

图4-3　2016年底各国电视平台构成

资料来源：Ofcom, *The International Communications Market 2017_TV and audio-visual*

---

① 报告研究的对比国家涵盖了全球大部分地区。

二、全球数字电视产业概况

数字电视市场主要包括六大主体：

一是内容制作主体：广播电视节目制作商与授权、销售商（影视公司等），获取节目销售收入。

二是信号传输主体：① 数字电视基础设施建设与网络传输机构（电信服务运营商等），获取有线、卫星网络服务收入；② 网络新媒体业务提供商（流媒体技术提供商等），获取新媒体业务收入。

三是播放渠道主体：① 广播电视节目播出平台（电视频道、广播电视公司等），获取广告收入；② 互联网视频平台（流媒体播放平台等），获取广告收入。

四是广告投放主体：电视视频广告商，获取广告客户收入。

五是接收设备主体：数字电视终端产品供应商（电视机厂商），获取产品销售收入。

六是消费主体：观众用户，获取内容、技术等服务。

这些主体又分别组成行业内不同的细分市场，在产业融合趋势下，一些公司跨领域经营，兼有多种市场角色。下面分别从整体市场和各个细分市场的角度介绍数字电视总规模变动和市场结构变化。

（一）全球数字电视产业总体规模

2020—2016年，全球电视产业总规模持续增长，2021年基本实现全面数字化。

2010—2016年，全球电视产业收入总规模持续增长，尤其是2015—2016年实现跨越性增长（+40%）（图4-4），主要原因是2016年全球流媒体视频发展强劲，在电视视频行业收入的增长中起到重要作用。

2010年时，全球数字电视的普及率仅为40.4%，近年来这一数值不断上升，2021年基本实现全面数字化。

第四章 全球数字电视市场的发展

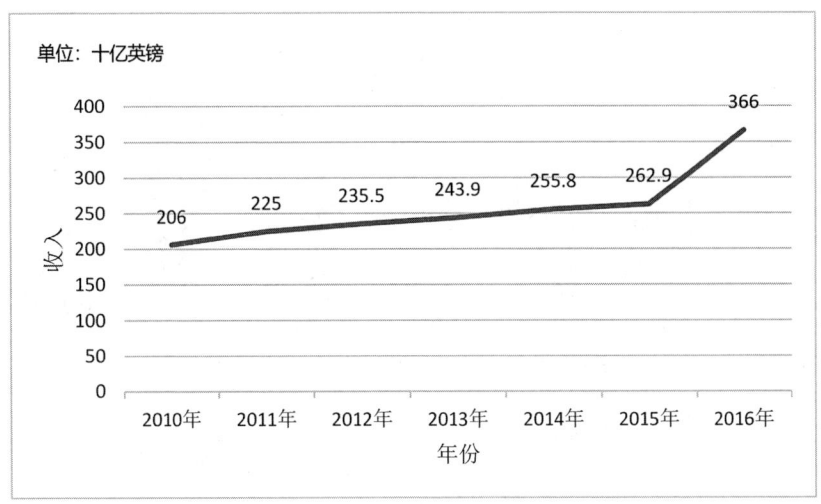

图4-4 全球电视产业收入(2010—2016年)

资料来源：艾媒数据中心

1.信号传输市场

OTT TV 用户规模和订阅规模预计持续增长,中国成为全球第一大 OTT 市场。近年来,全球 OTT 产品用户数量持续增长,2017—2018 年 OTT TV 订阅规模增长37%,2020 后增速加快(图4-5)。到2024 年,15 个国家将拥有超过1000 万的 OTT 产品订购量,总计占全球总数的86%。中美两国将共同占据全球 OTT 订阅总量的59%,仍将继续占据全球 OTT 产品的主导,但中国的 OTT 产品订购量已于2018 年超越美国,成为全球第一大 OTT 市场。OTT TV 在电视产业中的重要程度也会不断加强。[①]

数字电视研究公司(Digital TV Research)预测:2027 年,全球 OTT 的影视节目收入将从2021 年的1350 亿美元增长到2240 亿美元;在全球拥有 OTT 服务的138 个国家中,前五名国家的 OTT 收入总额占据全球 OTT 收入总额的65%,并且有25 个国家的 OTT 收入超过10 亿美元。

---

① 来自 Digital TV Research 预测数据。

87

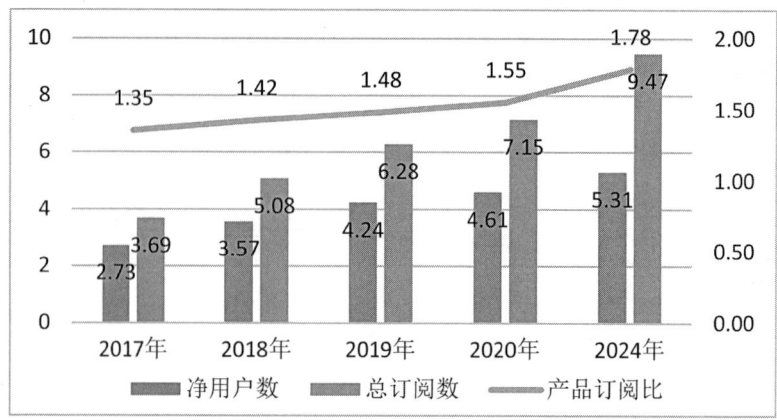

图 4-5　全球 OTT 产品用户数及订阅数（2017—2024 年）（含预测）

资料来源：《138 个国家付费电视（含 IPTV）与 OTT 用户数收入对比分析及预测》

2.播放渠道市场

全球播放渠道电视广告收入增速稳定。2018 年以来,全球电视台、广播公司、视频平台等播放渠道的电视广告收入一直保持增长,增速基本稳定在 20%—40%（图 4-6）。尽管近年来全球观众观看传统电视的时间有所下降,但传统电视的影响力仍然非常大,而智能电视和网络电视的普及也为广告商提供了新的机会。从印度等发展中市场的 14% 增长到发达市场的小幅增长（如美国电视广告收入增长 4%、英国增长 2%）,所有市场的电视广告收入都在增长。

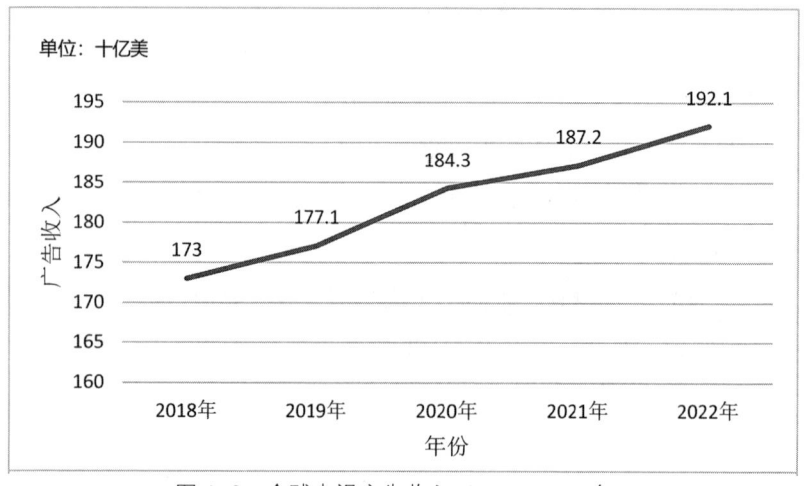

图 4-6　全球电视广告收入（2018—2022 年）

资料来源：艾媒数据中心

3. 接收设备市场

全球电视机总销量自 2012 年以来波动下降，需求主要源自金砖国家。2012—2019 年，全球电视机总销量呈波动下降趋势，2014 年达到这一阶段的峰值 2.49 亿台（图 4-7）。2020 年，全球电视销量大幅增长，2021 年保持增长势头，销售总量达到 5.44 亿台。电视机消费的地区特征体现为：西欧和北美市场对电视机的需求量持平甚至呈下降趋势，金砖国家经济体（巴西、俄罗斯、印度、中国）的电视机需求量已经超过西欧和北美，部分原因是西欧和北美家庭更倾向于将家中的电视机进行升级，而不是直接更换。

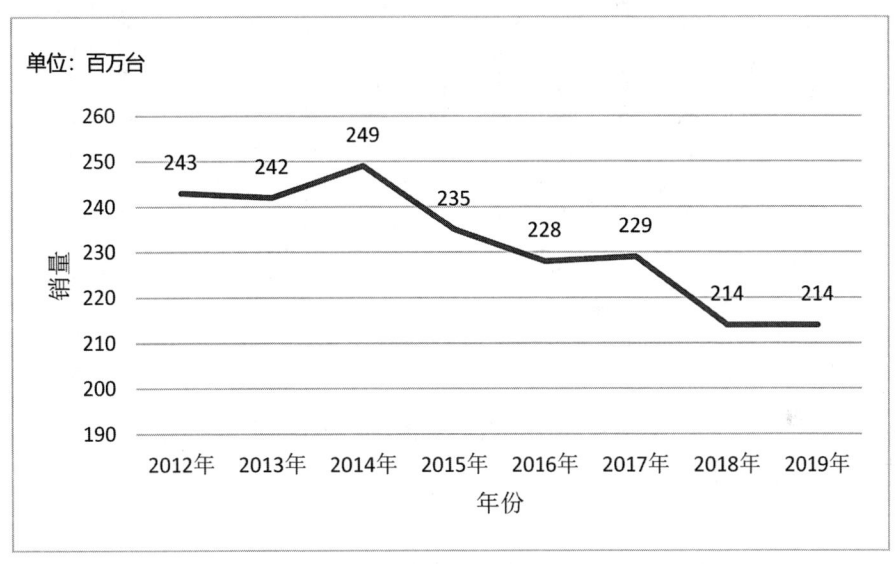

图 4-7　全球电视机销量（2012—2019 年）

资料来源：艾媒数据中心

（二）全球数字电视产业市场结构

1. 信号传输市场

（1）盈利能力结构：美、中、日电信运营商实力强劲

2017 年，在全球电信运营商市场中，美、中、日三国运营商实力强劲，美

国AT&T、美国Verizon、中国移动的收入额位居全球前三(图4-8)。其中，AT&T一家独大，年度收入超过1400亿欧元。AT&T不仅提供电话通信服务，还提供商业机器、数据类产品，提供大范围电信网络系统，支持电视媒体行业的发展。

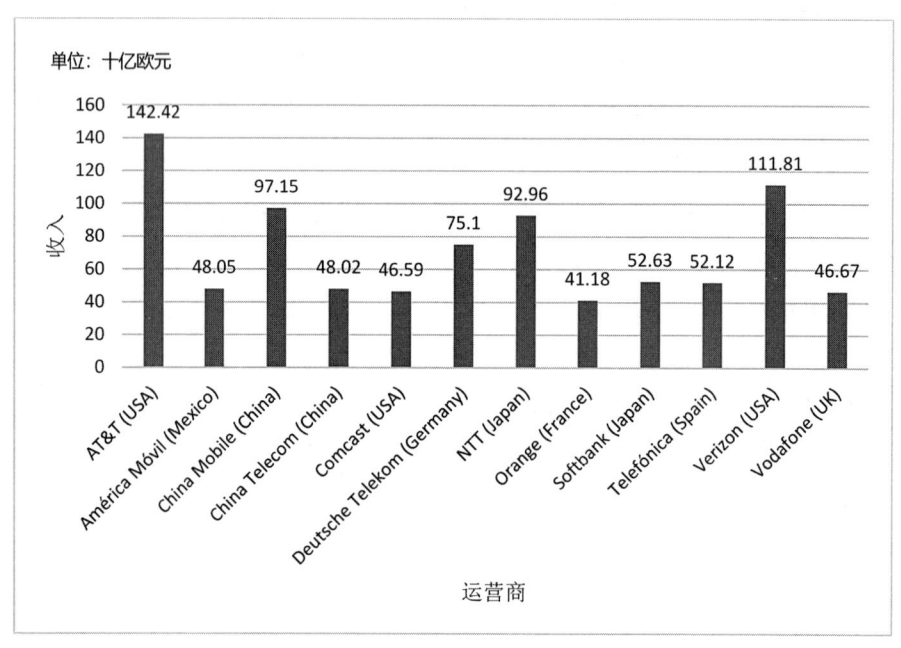

图4-8　2017年全球主要电信运营商收入

资料来源：艾媒数据中心

(2)传输类型结构：模拟传输逐渐消失

从2010年至今，全球电视产业的信号传输类型结构发生很大变化：2010年，模拟电视仍然在全球电视市场中占很大比重，有线模拟电视和地面模拟电视总用户份额为58.67%，在数字电视中，有线数字电视最受欢迎，付费电视尚未呈现强劲态势。2010年后，模拟电视的用户份额急剧下降，到2017年仅为13.87%，这意味着全球已经实现了很大范围的电视数字化，模拟电视逐渐退出电视市场。此时，有线数字电视仍然是最具潜力的发展主体，网络电视用户也实现了大规模增长(中国是最大的IPTV市场)，同时付费电视(付费地面数字电视、付费卫星数字电视、付费网络电视)用户规模不断扩大。2023年,模拟电视基本消失,电视市场几近100%数字化,有线数字电视和免费地面数字电视继续保持较快增速,二者合计占领超过一半(54.65%)的电视市场。

在各国数字电视政策的推动下,100%数字化会在不久的将来实现。数字化、网络化、双向互动付费服务推广是全球电视市场未来的发展趋势。

2. 播放渠道市场

全球付费电视共覆盖135个国家/地区的505家运营商,排名前10的运营商总用户份额超过一半(图4-9)。其中,中国广播电视公司是世界上最大的付费电视运营商。中国广播电视公司是由国家出资并依照《中华人民共和国公司法》设立的国有独资文化企业,在全国范围内经营互联网国内数据传送业务和国内通信设施服务业务,是全国有线电视网络互联互通、优化资源配置的操作平台,是全国有线电视网络参与三网融合的市场主体。

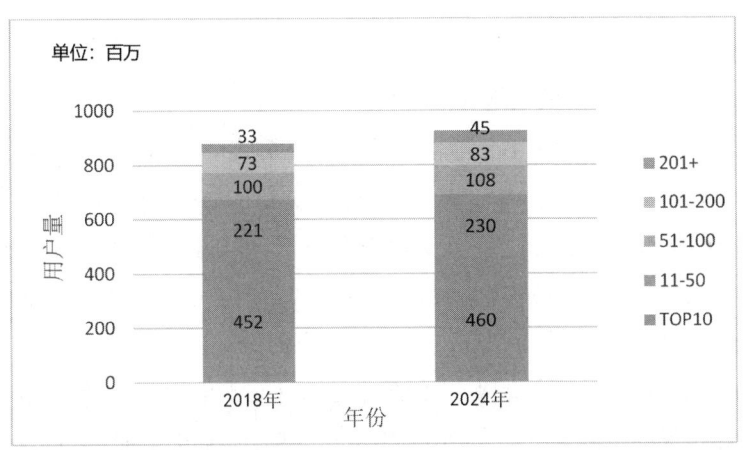

图4-9 全球付费电视运营商用户份额结构(2018年、2024年)(含预测)

资料来源:Digital TV Research

3. 接收设备市场

(1)地区构成:亚洲是最大市场

2018—2019年,电视接收设备市场地区构成无大变动:亚洲是电视机销售的最大市场(占全球总销量的39%左右),中东和非洲地区则是需求最小的市场(仅占全球总销量的6%左右)(图4-10)。

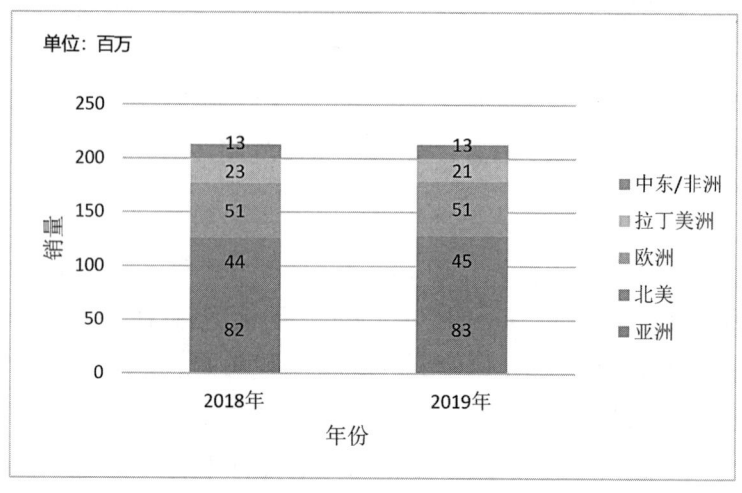

图4-10 2018—2019年全球不同地区电视机销量

资料来源:艾媒数据中心

(2)品牌构成:三星领跑

品牌构成方面,2019年全球电视机主要品牌出货量数据显示,排名前11位的品牌总共出货7346万台。其中,三星依然是出货规模最大的品牌,其出货量占到TOP11总出货量的1/4,LG和TCL次之,韩国仍是电视设备的主要输出国。此外,中国电视机品牌的表现也不错,TCL、海信、小米、创维等均居前位。

(3)类型构成:智能电视在电视终端市场的份额持续提升

随着联网电视的不断普及,人们越来越青睐智能电视服务,智能电视机在电视终端市场的份额持续提升,2018年达到70%,传统电视机份额仅占30%。

4.用户行为

(1)各地区多数用户形成在线视频观看习惯

全球各国用户形成在线视频观看习惯,土耳其、沙特阿拉伯、中国、新西兰用户的观看比例超九成,日本、南非等地用户的观看比例相对较低(图4-11)。

(2)年轻人更青睐按需观影、自主点播

随着年龄的增加,观看直播电影、电视剧、电视节目的观众更多,而观看按需求点播的电影、电视剧、电视节目的观众更少。观看年龄结构体现出的

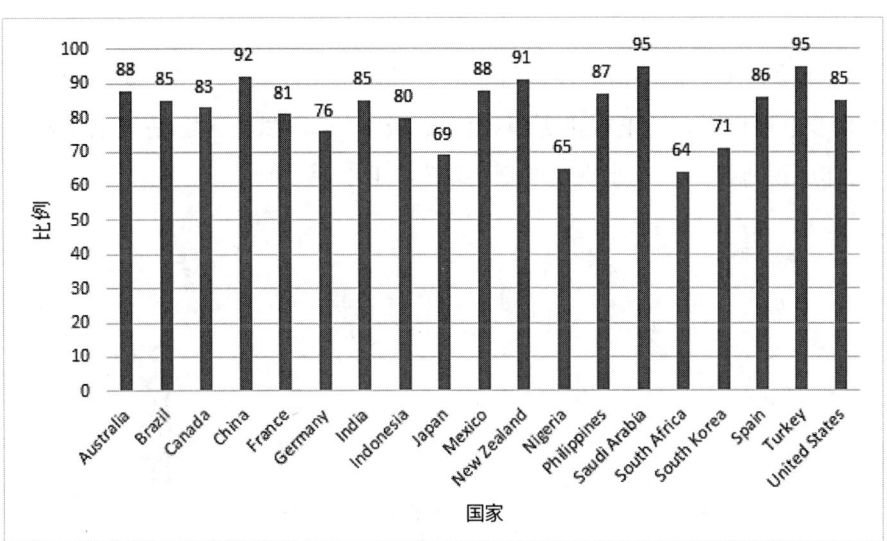

图 4-11　2018 年全球各国观众观看在线视频的比例

资料来源：艾媒数据中心

主要特点是：年轻人更喜欢按需观影、自主点播；而年长者相对更习惯观看电视机直播的节目（图 4-12）。整体来说，电视直播影视剧与电视/流媒体平台直播新闻、体育赛事是观众最喜欢的两类节目。

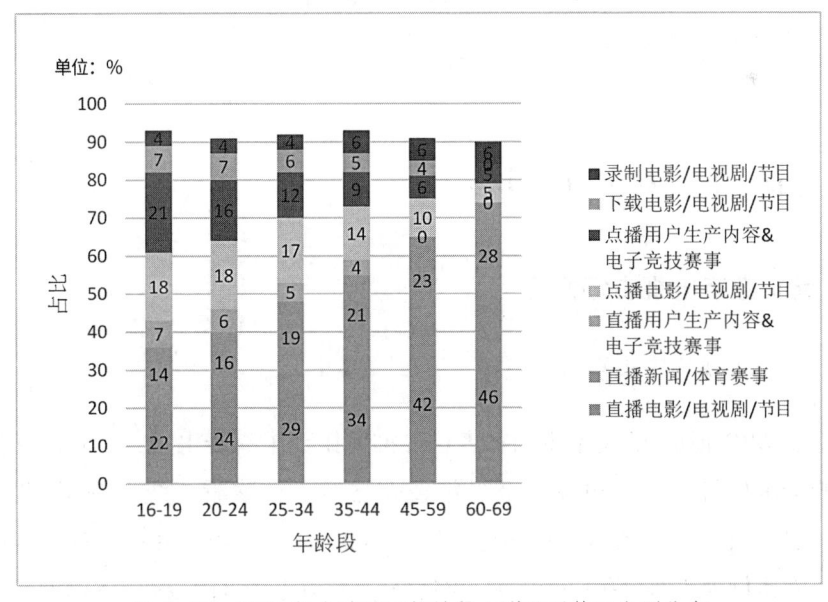

图 4-12　2017 年全球不同年龄段人群观看节目类型分布

资料来源：艾媒数据中心

(3) 年轻人更青睐非电视机设备

44 岁以下人群习惯电视机与非电视机设备共用,其中 16—24 岁的观众使用非电视机设备比电视机更多;而近九成的 44 岁以上人群使用电视机观看,非电视机设备只是小规模的辅助(图 4-13)。

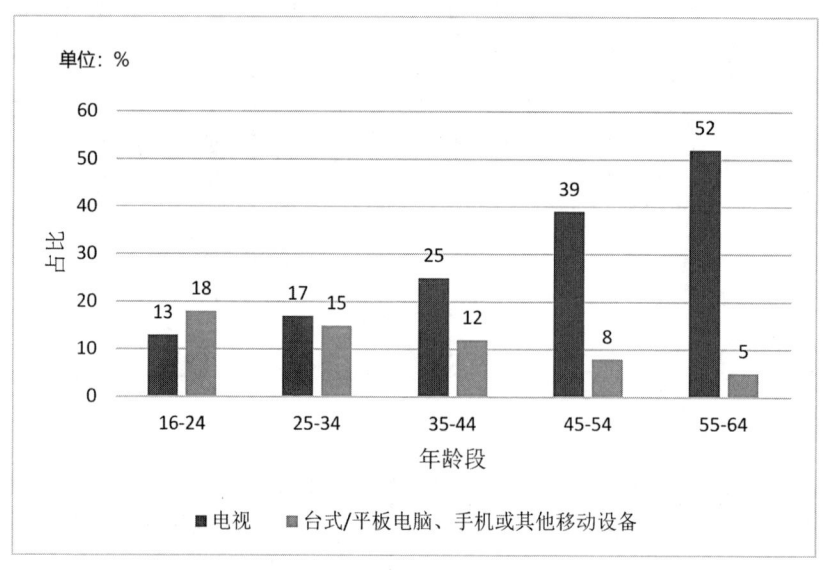

图 4-13 2017 年全球不同年龄段人群观看设备选择

资料来源:艾媒数据中心

第三节　北美数字电视市场

一、北美数字电视市场概况

(一)北美数字电视市场现状

据 BBC 报道,北美不少消费者已经彻底抛弃了有线电视,只有 40% 的用户会考虑订阅有线电视。至少年轻人已经不喜欢看有线电视了:北美 18—29 岁年轻人看有线电视的比例只有 31%,而 30—49 岁年龄层的有线电视收看比例为 52%,50—64 岁为 70%,65 岁及以上为 84%,随年龄的增长收看比例也在增长。

(二)北美数字电视市场发展特点

1. 网络电视兴起,超高清数字电视普及

自2003年起,北美地区开始普及地面数字电视,北美两国连成一个市场。

近年来,随着数字电视产业的发展,利用地面数字流的数据播放、网络电视服务、双向交互式服务以及针对手机用户的移动服务渐渐被广泛运用。

In-Stat的一项研究预测,超高清电视机普及是一个延伸至21世纪20年代的漫长过程。在超高清电视机普及前,1080p内容和3D内容可能实现广泛分配。到2025年,约40%的北美家庭将有超高清电视机,北美市场超高清电视机出货量约2000万台。

2. 新一代数字电视技术道路

2015年10月,中美数字电视标准创新及产业对接峰会在上海举行,各方共同探索北美新一代数字电视技术道路。美国高级电视系统委员会对北美最前沿的广播电视新技术体系ATSC 3.0进行了全面解析,提出了五个方面的新需求:① 实现无线三网融合——把地面数字电视广播"升级"为无线宽带互联网的一部分;② 除了面向大屏幕电视机传统用户群体外,重点考虑平板电脑和移动接收的用户应用场景;③ 采用数字传输、音频/视频编码和传送等新技术;④ 可支持沉浸式4K-TV和临场式音频业务;⑤ 可融合各种新技术和其他有关标准等。

3. 传统付费电视 VS 网络视频订阅

Strategy Analytics的报告分析了Comcast和AT&T等传统付费电视服务与来自奈飞和亚马逊Prime Video的新订阅视频服务,以及诸如DIRECTV Now、Sling TV、YouTube TV、Hulu Live和PlayStation Vue这些基于互联网的收费电视服务的融合。Strategy Analytics电视和媒体战略总监Michael Goodman表示,电视市场"收益是关键,而非订阅用户数。仅关注奈飞叹为观止的订阅用户数量,容易忽略一个事实,即付费电视ARPU每用户平均收入比奈飞高出10倍以上"。市场的演进带来了消费者的决策和行为的不断变化。

(三)北美数字电视大事记

1. 奈飞效应

随着新兴媒体的发展,尤其是国际化和网络化的深入推进,美国电视节目推向海外的时间大大缩短。网络电视巨头奈飞公司(Netflix)在播出原创影视剧时,会在所有国家同步推出,而不像传统电视那样在不同国家安排播出的"窗口期",美国电视剧在本国和国际市场播出的时间差正在显著缩短。这种模式给传统电视内容分发带来的影响被称为"奈飞效应"(the Netflix Effect)。

奈飞具有互联网高科技和大数据的优势,在题材选定方面,较传统的做法提升了一大步,接下来找好的团队和演艺人员对作品就会有更好的保障。"奈飞出品"因为建立在这一强大成熟的影视产业体系基础上,可以使用多方面优秀资源,在很短的时间里成功站稳脚跟,开始具备了品牌效应,影响力也不断增强。

奈飞的成功秘诀不仅仅是一个商业模式分析所能探触的,它的成功也离不开产业融合、文化环境、政策推动的影响,其成功是惊艳且不可复制的,这对于北美电视与视频产业毋庸置疑是一件影响全行业的"大事"。

奈飞流媒体与电视频道融合对于电视频道来说也是一种拉动。这家流媒体巨头已与多家有线电视服务提供商达成了合作协议,让自己的在线视频内容出现在这些运营商的机顶盒内。通过这种方式,用户只需要进行频道搜索就可观看奈飞的内容,无须再启动应用程序。如果其他企业也这样做,就能够重置软件在流媒体应用品牌的位置,有效地将两者混合在一起。

2. AT&T 收购时代华纳

2016年10月22日,美国电信运营商AT&T宣布与电视媒体巨头时代华纳集团达成收购协议,用一半现金一半股份的方式以每股107.5美元的价格收购时代华纳,AT&T估计收购代价高达1087亿美元。但是,此收购意向曾被美国司法部提出诉讼,认为这属于反竞争行为,最终这项收购案在2018年被联邦法官裁定合法,AT&T完成对时代华纳的收购。这是2018年全球范围内最大规模的一次收购,也是继2015年以485亿美元收购卫星电视服务提供商DIRECTV之后,AT&T再一次在影视娱乐行业进行大规模并购。收购DIRECTV的交易使AT&T成为美国用户数最多的付费电视提供商,而这次并购被认为或将开启新媒体行业内的新一轮整合。

时代华纳是全世界有名的传媒巨头,旗下包括出版、电影与电视产业,有一系列极具价值的品牌——HBO、DC娱乐、华纳影业、CNN、TNT、TBS等,同时还与CBS共同拥有CW电视网。AT&T声明:两家公司进行交易是认为"视频的未来是移动,移动通信的未来是视频"。AT&T董事长兼首席执行官Randall Stephenson表示:"这是两家具有互补优势公司的完美匹配,新公司将以媒体加通信运营商的身份,为客户、内容创作者、分销商和广告商带来全新体验。"在传统内容巨头面临巨大压力、消费者对智能渠道产生迫切需求的现状下,兼并时代华纳将产生一个巨大的流量和内容平台,使AT&T转型成为一家媒体巨头。可以说,在这项收购案中,各方都能得到好处,都能够更好地面临新的行业结构和竞争格局。

二、美国数字电视市场

(一)美国数字电视市场概述

1. 数字电视产业总体规模

(1)播放渠道市场

①电视台数量:整体呈下降趋势,2018年波动回升。

2013年以来,美国本土电视台的数量大幅下降,在2017年达到最低值703座(图4-14),2018年又回升新增3座。电视台总控设备已经完成数字化转型,电视台数量受到观众需求、家庭电视机数量的影响不断变动。

②广播电视公司收入变动趋势及来源构成:收入波动上升,主要来自节目播出期间收入。

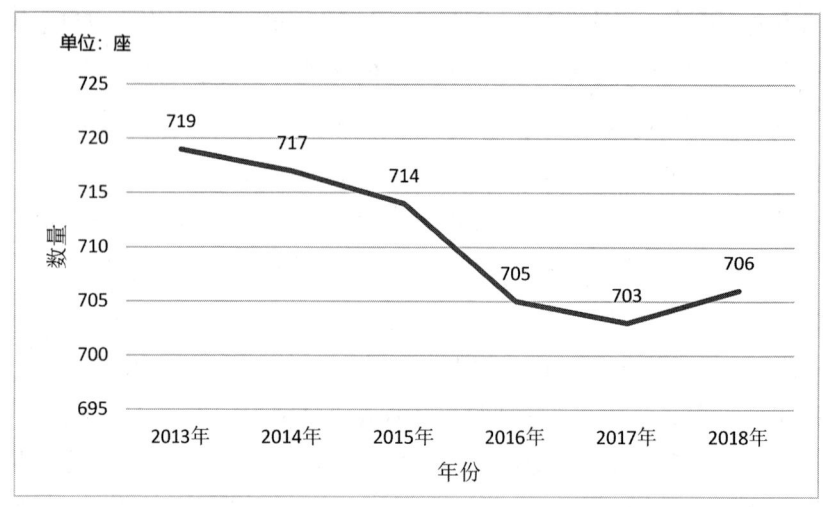

图 4-14 美国本土电视台数量(2013—2018 年)

资料来源:艾媒数据中心

2005—2017 年,美国广播电视公司总收入呈波动上升趋势,其收入主要由节目播出期间广告收入、其他运营收入和公共非营利性的服务三部分构成,最主要的来源是广告收入,它在总收入中所占比重保持稳定(30% - 40%)(图 4-15)。

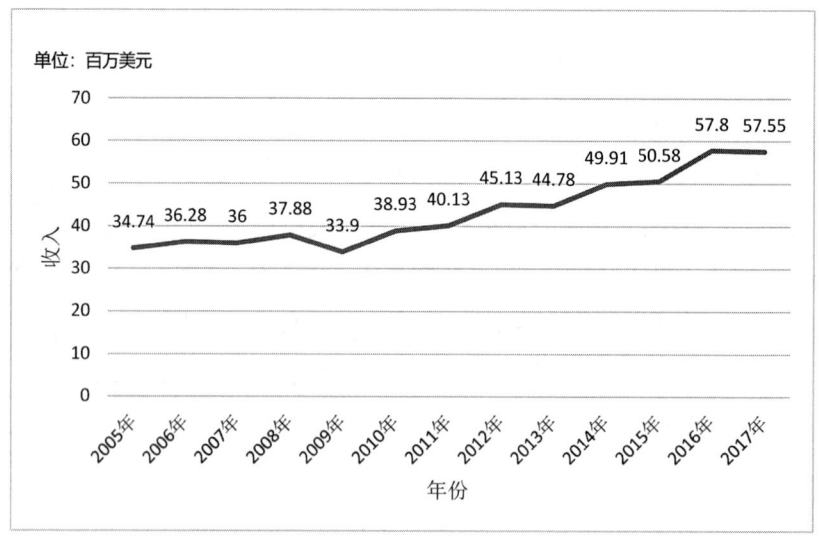

图 4-15 美国广播电视公司收入(2005—2017 年)

资料来源:艾媒数据中心

(2) 广告投放市场

有线电视广告收入规模可观且增速较快。

2010—2019 年,美国有线电视的广告收入持续增长,总增长率超过 50%(57.15%)(图 4-16)。广告投放商还是将大部分资金投向了有线电视网,虽然相比而言网络电视、卫星电视的发展潜力更大,但是现阶段有线电视仍然是数字电视的最大主体,其变现能力也最强。

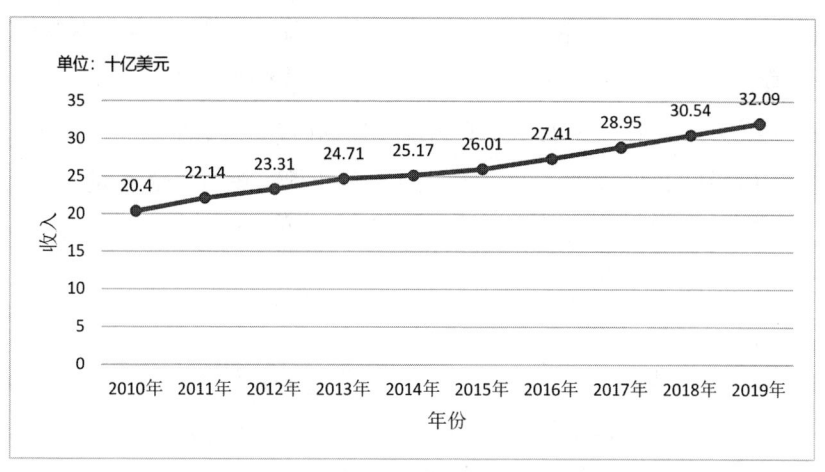

图 4-16　美国有线电视广告收入(2010—2019 年)

资料来源:艾媒数据中心

(3) 接收设备市场

拥有电视机家庭数量:经历停滞阶段后近年来恢复增长。

2000 年以来,美国拥有电视机的家庭数量总体呈上升趋势,2012—2015 年增长停滞(甚至有小幅下降),2016 年以后恢复增长。主要原因可能是得益于 2017 年全新的超高清机型的出现,全球范围内的电视机市场都呈现反弹。但从长期来看,"掐线"仍然是最可能的变化趋势。消费者"掐线"转向在线流媒体服务的趋势意味着许多付费电视提供商一直在努力维持自身运营。尽管如此,电视统计数据显示,观看地面电视仍然是美国消费者中流行的媒体活动。长期以来,看电视一直是一种流行的消遣方式,但它的传统形式肯定正在发生变化。3D 和智能电视技术的出现以及连接电视设备,意味着我们观看电视的方式一直在变化。虽然美国电视家庭的数量持续增长,但付费电视越来越不受欢迎。美国的付费电视普及率在2021年底为71%,在短短五年内下降了10%以上。

2. 数字电视产业市场结构

(1) 信号传输市场

①有线电视 VS 无线电视。

"Cordless"是美国为不使用(不购买)有线电视的人群起的名字。Cord-cutter、Cordtrimmer、Cord newer 都属于 Cordless,可以翻译为"断缆人""掐线人""剪线人"。2015—2018 年,美国有线电视的订阅数份额持续下降(61%—40%),同时有线电视行业的规模增速降低(5.7%—3.1%),不使用传统有线电视的家庭数量及渗透率也在不断上升。这几个指标的变动都说明,在美国,有线数字电视逐渐落后,被许多新形式的数字电视产品替代,"无线化"是未来的发展方向之一。

②IPTV VS OTT TV。

网络电视市场内部,OTT TV 比 IPTV 更有发展潜力。根据方正证券的预测,到2023年,美国 IPTV 用户数量将降至626万(2014年为1200万),IPTV 的市场规模也将降至47.7亿美元(2014年为96亿美元);而美国 OTT TV 的家庭持有量从2016年自2018年持续上升(4400万—5950万),OTT TV 在互联网用户中的渗透率也不断上升(70.8%—73.1%)。因此,在网络电视行业中,OTT TV 增长迅速,而 IPTV 发展速度可能放缓。从理论上讲,这一结果是合理的,因为 OTT TV 能提供比 IPTV 更便捷、更多元的电视服务。

(2) 广告投放市场

投放份额结构:传统电视广告 VS OTT TV 广告。

基于数字电视行业不同类型产品份额的变动,美国的电视广告行业相应做出策略调整。随着 OTT TV 的兴起,美国传统电视广告呈现衰势:2017—2021年美国传统电视支出态势不佳,增长缓慢甚至增长率为负。OTT TV 广告逐渐成为广告商的新选择:电视观众倾向于花费越来越多的时间通过智能互联网电视和 OTT 视频服务观看视频内容,OTT TV 广告也因此成为一个极富潜力的新领域。2018年,OTT TV 广告支出为27亿美元,同比增长54%。

(3) 用户行为

Nielsen Company (US) 2019年的 *Local Television Market Universe Estimates* 报告显示,美国拥有电视设备的家庭总计107,007,910户,在200多个地区中,拥有电视数量最多(在全国占比最大)的地区是纽约(6.377%),排在第2、3位的分别是洛杉矶(4.808%)、芝加哥(3.043%)。

由于正版付费观念接受度高,美国的在线视频订阅服务快速增长,以Netflix、Hulu、Amazon Prime为代表的流媒体几乎是年轻人最喜爱的"看节目"渠道,越来越多的人渐渐习惯智能电视、盒子等提供的收费影音内容。

在这种局面下,受伤最深的便是传统的有线电视。Waterstone 2017年针对5000多名美国人的调查显示,接近60%的居民表示已经不再使用有线电视服务。只有12%的被访者态度积极,称对有线电视满意,并将继续付费。剩余28%人的观点是即将取消有线电视,全面转投流媒体订阅。传统电视服务行业萎缩,IPTV用户及市场规模趋于下滑,OTT渗透率稳步提升,带来产业链的变革。

①传统电视观众偏高龄化。

2010—2018年,美国传统电视观众的主力军一直是65岁以上人群,12—17岁的青少年观看传统电视的时间最少。

动态来看,50岁以上大龄人群每周观看传统电视的时长有微小增长,而50岁以下人群每周观看传统电视的时长持续下降,尤其是34岁以下人群(千禧一代)下降速度最快;2014年以后,Netflix和Youtube等流媒体平台迅速崛起,导致年轻人群观看传统电视时长急剧下降;2010—2018年,各人群观看传统电视的时长总和在不断减少。

2010年以后,在互联网平台、流媒体技术的冲击下,传统电视在美国的市场逐渐缩小。

②青年人更青睐在线电视。

艾瑞咨询报告的数据显示,美国34岁以下的青年人更青睐在线电视,而年长人群相对来说使用在线电视的份额较少。美国现有在线电视平台的规模已经较大,未来还会有Disney+、Warner Media、NBCUniversal等流媒体公司继续发展,传统电视受到的挑战会越来越大,电视用户的媒介使用习惯也会加速转变。

3. 美国主要电视台及广播电视公司(美国五大电视网)

(1)全国广播公司(National Broadcasting Company,NBC)

NBC 是美国三大传统商业广播电视公司之一(其余两家分别是 ABC 和 CBS),总部设于纽约,创办于 1926 年,是美国历史最久、实力最强的商业广播电视公司。NBC 目前是传媒联合大企业 NBC Universal 的一部分,公司现在纽约、洛杉矶、芝加哥、华盛顿、克利夫兰、丹佛和迈阿密 7 座城市设有直属电视台,并在全国有附属电视台 208 座。

(2)美国广播公司(American Broadcasting Company,ABC)

ABC 是美国传统三大商业广播电视公司之一,创立于 1943 年,原为全国广播公司的蓝色广播网,目前的最大股东是华特迪士尼公司。当年,NBC 作为全美第一家广播机构,拥有两条覆盖全国的广播网络,一条叫红网,另外一条就是 ABC 的前身——蓝网(后面广播网络转变成电视网络)。作为当时最大广播机构的 NBC,不光覆盖了全美所有地区,还把自己的辐射范围扩大到加拿大、北墨西哥等地。这与《反垄断法》相违背,最后,1943 年 NBC 对公司进行拆分,把实力稍微弱一点的蓝网进行出售。目前 ABC 的总部有两个,娱乐节目总部设在伯班克市,靠近娱乐中心好莱坞,并且与迪士尼的总部相邻;另一个总部设在传媒中心纽约的时代广场上。

(3)哥伦比亚广播公司(Columbia Broadcasting System,CBS)

CBS 成立于 1927 年,以新闻和娱乐性节目为主,收视率长时期居三大广播公司首位。公司总部设在纽约,主要机构有:广播部、电视网、自营电视台部和新闻部。公司在纽约、芝加哥、洛杉矶、费城、圣路易斯等城市拥有 7 家直属电视台,并在全国有附属电视台 200 座。公司还经营调频广播电台,并有多座附属广播电台。2000 年,维阿康姆电视集团(Viacom Television Stations Group)以 350 亿美元收购 CBS。

(4)福克斯电视台(Fox Broadcasting Company,FOX)

福克斯电视台属于福克斯娱乐集团,FOX 之名称亦被用于集团在意大利、西班牙、南美和澳大利亚等国开设的其他国际娱乐频道,尽管这些频道播放的节目与美国的福克斯网络不尽相同。福克斯电视台自1986年10月9日开播以来,出品过很多高人气的电视节目。福克斯电视台和CW的收视人群都偏年轻,但是福克斯的收视群体更大。

(5)哥伦比亚及华纳兄弟联合电视网(Columbia Broad-casting System and Warner Bros. Network,CW)

虽然CW整合了CBS和华纳兄弟的优势资源,可以覆盖将近95%的美国电视用户,但是CW却一直无法撼动FOX、ABC、CBS、NBC四大电视网的统治性地位。所以,这个年轻的电视网开始转变方向,成为唯一一家针对18—34岁年轻观众的电视台。

(二)美国数字电视相关政策法规

1. 美国广播法规与数字电视过渡

2008年5月8日,联邦通信委员会主席Kevin j. Martin宣布,从2008年9月8日开始,该机构将在威尔明顿测试向数字电视的过渡。2009年,美国国会授权数字电视过渡,因为全数字电视广播是能够提供更好的图像和声音质量且保障公共安全通信的更有效传输技术。法律要求在2009年6月12日前停止使用模拟NTSC标准的全功率地面广播。

代表美国监管机构的是联邦通信委员会(FCC),管理的依据是1934年的电信法。一般来说,1996年的电信法被认为是数字化的象征,允许广播公司放宽管制精神。但对于DTV,从模拟地面电视广播向常规监管过渡的框架被继承。在这方面,电信法产生了巨大的诱因,尤其是在放宽媒体所有权规则方面,对于许多人来说,最大的变化是允许广播和有线系统交叉。

美国要求地面广播电视公司投资建设新的数字电视站点上的传输天线、购买新的发射机以及持续实践DTV过渡。①前4个主要网络的会员市场(包括NBC、CBS、ABC、FOX)必须在1999年5月1日之前转换为DTV;②到1999年11月1日,市场排名前30位的联盟会员要转换为DTV;③较小市场中的所有商业电视台以及非商业电视台,转换时间截止到2003年5月1日。

DTV 从模拟转换的完成日期是不确定的，美国 DTV 过渡按计划应该在 2006 年底之前完成。最后，由布什总统确定 DTV 过渡于 2009 年 2 月 17 日结束。但是直到总统奥巴马执政期间，模拟转换延至 2009 年 12 月 12 日才完成。

2. 儿童观看内容监管规定

美国国会于 1990 年通过了儿童电视法案（CTA），由美国电信实施监管职能。美国联邦通信委员会的 CTA 法案要求：① 电视台每周播出至少 3 个小时的 E/I（教育和信息）内容，不少于 30 分钟增量；② 限制儿童封锁的新闻与实况体育赛事的优先权；③ 周末，在儿童封锁期间的广告限制为每小时 10.5 分钟或每半小时 5.25 分钟；④ 广告限制仅影响针对 12 岁及以下儿童的节目，13—16 岁的儿童节目是不受限的。2018 年 7 月，美国联邦通信委员会发布了一项有关现代化儿童编程要求的提案，征求对此感兴趣的行业和公共利益的意见。该提案着重于修改和放宽对儿童编程的要求，因为 FCC 认识到电视观众（包括年轻观众）消费视频节目的方式发生了巨大变化：约定观看次数明显减少，而随意观看次数增加了。同时，对于非广播平台（包括儿童有线网络、顶级提供商和互联网）的需求激增。

3. 网络电视行业政策：网络中立规则，监管较为宽松

2008 年，美国联邦通信委员会解除提供 IPTV 服务必须获得视频许可证的限制。2015 年，美国联邦通信委员会编纂"网络中立性"，即服务提供商应确保通过开放的互联网秩序在线访问所有内容和应用程序，而不阻止、限制或收取不公平费用的原则。

2016 年，美国联邦通信委员会公布修改后的机顶盒方案，Pay TV 内容提供商被要求向流媒体设备开放相关免费应用。

三、加拿大数字电视市场

（一）加拿大数字电视市场概述

1. 数字电视产业总体规模

加拿大电视市场目前已经完成了大规模数字化，近四分之三的加拿大

人(74%)收看网络电视,使用电视屏幕上的在线内容。这一数字从2013到2022年增长了两倍多。2014年加拿大电视产业总规模达到峰值,自2016年以后逐年下降,2020年电视收入为61.9亿加元,降到了自2011年以后的最低水平(表4-1)。加拿大广播电视和电信委员会(CRTC)2016年称,加拿大人正在减少使用电视和广播服务,观众的使用习惯影响了广播电视的收入,2016年广播机构资金下降1.2%,电视机构资金下降3.4%。

表4-1 加拿大电视产业收入(单位:百万加元)

年份	2011	2012	2013	2014	2015	2016	2017	2018	2019	2020
收入	7226	7375	7248	7381	7154	7281	6918	6851	6734	6188

资料来源:Statista,数据不包括基于互联网的视频收入

2. 数字电视产业市场结构

(1)信号传输市场

从传输方式结构看,传统电视份额下降,在线视频凸显活力。

2016年加拿大各类传输方式的市场渗透率分别为:传统电视22%;在线视频近100%,用户上载视频超过90%;光纤电视90%。从2012—2016年市场渗透率的变化看,传统电视、在线视频、用户上载视频呈上升趋势。从收益额来看,传统电视收入有所下降,光纤电视收入小幅上升,在线视频和用户上载视频收入持续上升。[①] 过去五年,加拿大付费电视服务基本稳定。加拿大MTM(Media Technology Monitor)[②]公司2023年4月发布的最新数据显示,目前,71%的英语用户订阅了付费电视服务,有线电视仍然是最受欢迎的付费电视服务类型(32%);光纤电视的同比增长加快,超过前两年的增速(2021年为21%,2022年为28%);卫星电视的市场份额继续下滑,只有11%的英语用户在使用它。

从以上动态数据可以看出加拿大数字电视市场的发展趋势:传统电视和光纤电视这些传统领域的发展空间缩小,被在线视频、用户上载视频等发

---

① 数据来源:加拿大广播电视和电信委员会网站。Conventional TV:传统电视,Online video:在线视频,User uploaded video:用户上载视频(统计数据从2015年起),BDU&Discretionary:光纤电视。
② MTM是加拿大研究技术所有权和使用领域的数据公司。

展迅速的新兴市场抢占了部分份额。未来,与互联网融合的数字电视领域更具有增长潜力。

(2)用户行为

加拿大MTM公司2015年发布了 *Millennials and TV:Analysis of the Canadian market*,报告将人群分为两类:"千禧一代"(指出生于1981—1997年,年龄在18—34岁的人口)和"大龄用户"(34岁以上人口)。报告数据显示:

"千禧一代"热爱技术,绝大多数拥有智能手机(91%)和计算机(95%);一半以上的(57%)"大龄用户"只通过电视台收看电视节目,"千禧一代"这类用户的比例不到四分之一(24%);只通过网络媒体收看全部电视节目的"千禧一代"用户比例(60%)是"大龄用户"(28%)的两倍多;在各类媒体上每周收看电视节目的时间"大龄用户"(17.6小时)长于"千禧一代"用户(12.4小时),"大龄用户"绝大部分时间是通过电视台收看电视节目(15.7小时)的,收看在线节目的时长仅为1.9小时,"千禧一代"通过电视台收看电视节目的时长不到"大龄用户"的一半(7.5小时),在线观看时长为4.9小时。"千禧一代"在每周平均4.9小时的在线观看时长中,通过奈飞平台收看节目的时间占去了2.8小时。相比之下,"千禧一代"更有可能成为"TV My Way"(仅依靠在线电视,而非付费电视订阅或空中电视免费天线广播)型电视观众。

3. 数字电视产业的重要企业

(1)加拿大主要电视台

①加拿大电视台

加拿大电视台是加拿大主流媒体,也是加拿大的英语电视台,为全国公营电视网络,由加拿大广播公司所拥有。加拿大电视台提供一个完整的节目编排,一年365天以同一本地时间输送同一节目(除了纽芬兰的节目会"晚"30分钟播出以外)。

②加拿大电视网有限公司

加拿大电视网有限公司是加拿大英语广播电视网络,是加拿大第一家,也是最大的民营电视公司,由25家民营电视台联合投资,由贝尔媒体公司拥有,总部位于多伦多。它在国内有8个分部,在世界5个主要城市驻有记者(包括北京),覆盖加拿大97%的面积和98%的人口。

③加拿大国家电视台

加拿大国家电视台是24小时全天候中文有线电视台,配有高清数码科技设备,旨在促进加中文化交流,满足本地华人日益增长的娱乐需求。加拿大国家电视台专注于新闻报道、深度访谈、财经快讯、生活服务和文化娱乐。加拿大国家电视台有直播车和专业新闻团队,能在第一时间全方位地报道加拿大、中国及全球其他国家的新闻。

(2)加拿大重要媒体公司

截至2017年,加拿大电视行业的营业收入超过70亿加元,自2012年左右达到峰值以来,收入逐渐下降,但在全国范围内仍保持着极高的影响力。据报道,加拿大每周有97%的人口收看电视节目。加拿大大众传媒公司受益于各种技术在全国范围内的广泛应用,即使杂志和报纸不再受欢迎,互联网的兴起也为它们维护受众和订户提供了新的机会。

①贝尔加拿大公司

贝尔加拿大公司建立在电话的发明基础上,最初由亚历山大·格雷厄姆·贝尔的父亲拥有,自19世纪70年代以来一直涉足加拿大媒体行业。从那时起,该公司逐渐将其产品扩展到其他领域,如蜂窝网络、电视和互联网服务。2018年,贝尔加拿大公司收入超过230亿加元,其中很大一部分来自贝尔有线互联网业务。作为公司最初的主要产品,本地电话的订阅量近年来经历了大幅下降,但无线通信、高速互联网和电视领域的订阅量都有所增加。

②Shaw Communications 公司

贝尔加拿大公司是加拿大东部大部分地区的市场领导者,而另一家知名的加拿大公司 Shaw Communications 是加拿大西部省份最大的公司。Shaw Communications 已经涉足媒体行业超过50年。作为互联网、电话和光纤网络的供应商,Shaw Communications 公司在2018年创造了超过50亿加元的收入,在该行业中保持着相对稳定的地位。Corus Entertainment 是 Shaw Communications 的子公司,曾是该公司的媒体部门。如今,Corus Entertainment 每年的营收高达数十亿美元,凭借自己的实力成为一家重要企业。

该行业的其他公司包括 Rogers Communications、Quebecor 和 Cogeco,这些公司都提供互联网和电视服务,每年获得数十亿加元的收入。

(二)加拿大数字电视相关政策法规

1. 加拿大数字电视转换的政策推动

加拿大的地面数字电视开始于商业电视。2003年3月城市电视台、11月加拿大电网先后开始播出数字电视。加拿大的商业电视台,特别是在黄金时段播出的几乎全是美国的节目,中间插播加拿大的广告,这在加拿大被称为"联播"。随着美国各大广播网节目数字化的发展,加拿大商业电视台也播起了数字电视。加拿大电视台与美国广播网之间的合约规定,如果加拿大电视台不播放高清电视节目,就得不到同步播放的权利。这是加拿大电视产业数字化转换的开端。

2003年,有关加拿大公共广播电视的机构——加拿大广播公司(CBC)实施电视数字化的问题被提上日程。CBC预算的70%来自政府拨款,30%来自广告收入和其他收入。CBC推进电视数字化得不到额外拨款,只能从既有预算中一点一点抠出来,因而只能从最优先项目开始实施。CBC计划2003年秋天在多伦多率先播出地面数字电视。市场调查的结果表明,体育节目高清化是上策,而在体育节目中,加拿大全国性的体育项目冰球的节目高清化收效最好。2003年秋天,CBC制作了冰球比赛的高清电视节目。另外,CBC还通过卫星广播 Express View 开始提供收费视频点播服务,这是加拿大电视界提供的第一个双向互动服务。

2. 加拿大广播电视系统政策体系

历经八十余年的发展演变,当下加拿大广播电视系统形成了以三大目标为框架的政策体系:第一是政治目标,即抵制美国文化同化之威胁,捍卫国家文化主权。政府为此实施了"加拿大内容"政策,从制作、传输、播出三个环节确保国产、本土内容优先。第二是社会文化目标,即发挥广播电视的特殊作用,促进各民族和谐相处,维护国家团结。政府为此实施了"广播系统多样性"政策,保证法语和英语在广播系统中具有同等核心地位,同时给予土著人广播特殊地位,并鼓励其他少数民族内容之呈现。第三是经济目标,即确保广播电视产业之生存、发展和壮大,为加拿大人提供加拿大内容产品,并参与全球竞争。政府为此实施了对私营广播的支持政策,创造产业发展的良好市场和商业环境。

第四节 欧洲数字电视市场

一、欧洲数字电视市场概况

(一)欧洲数字电视发展现状

1. 数字电视产业总体规模

尽管受互联网发展和技术变革的影响,视听内容的消费形式出现了一些改变,但欧洲拥有电视的家庭数量在2009—2018年仍持续稳定增长,从2.38亿户增长到2.632亿户。2018年,欧洲拥有电视的家庭数量为2.752亿户,其中2.583亿家庭的数字电视信号接收诉诸四种模式(卫星、电缆、DTT、IPTV或DSL-TV①)(表4-2)。*DigitalisierungsBericht Video 2019*显示,2018年底,欧洲电视数字化家庭从92.9%(2017年)增加至93.4%。2019年,模拟电视的家庭数量减少了160万,仅有1810万户电视家庭未切换到数字电视信号接收。从消费者支出来看,欧洲数字视频市场也得到了长足的发展。2018年消费者在数字视频上的支出为77.371亿欧元,相比于2012年的7.169亿欧元,数字视频的市场规模增长了约10倍(图4-17)。

表4-2 2009—2018年欧洲电视家庭数量

年份	数量(百万户)
2009	238.0
2010	239.8

---

① DSL(Digital Subscriber Line)指数字用户线路,是以电话线为传输介质的传输技术组合。

续表

年份	数量(百万户)
2011	242.5
2012	246.5
2013	248.3
2014	250.6
2015	252.6
2016	255.3
2017	263.2
2018	275.2

资料来源：IVF、IHS Global Insight、Statistic

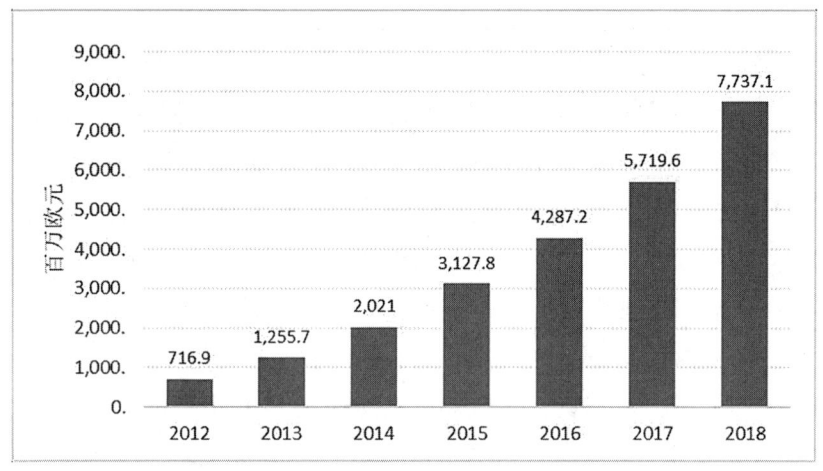

图4-17　欧洲消费者在数字视频上的支出(百万欧元)

资料来源：Statistic，*European Video Market 2019*

2. 信号接收市场结构

在欧洲数字电视用户中(2018年)，卫星数字电视用户数量为1.083亿户，地面数字电视用户0.596亿户，有线数字电视和IPTV用户数为0.511亿和0.382亿户。电视数字化后的信号接收格局与之前相比并无明显差别，卫星数字电视用户仍然占电视用户的多数。卫星接收方式在欧洲盛行的部分原因是：欧洲地形复杂，铺设有线网络和基础设施成本高昂，而卫星接收的成本较为低廉且覆盖面较广。受益于工业化和互联网技术的领先发展,欧洲地区成为全球开展 IPTV 业务最早的地区。英国于 1999 年开始发展 IPTV,意大利紧随其后于 2002 年进入 IPTV 市场。法国、瑞典和西班牙均于 2003 年开始涉足 IPTV,德国开启 IPTV 业务的时间相对较晚,但德国的用户规模发展最快。截止到 2017 年,德国的 IPTV 用户规模达到 2500 万户左右。

(二)欧洲数字电视区域发展差异

1. 电视用户行为

欧洲地区用户在观看电视这种休闲方式上所花费的时间越来越少,2018 年,西欧地区人均每天观看时长为 217.5 分钟,中东欧地区为 215.7 分钟,与 2017 年观看时长相比分别降低了 1.3% 和 2.8%,中东欧地区用户电视观看时长减少更为显著。欧洲电视家庭用户数量增加,但人均观看时长减少,从侧面反映出看电视作为传统娱乐形式仍存在一定市场,但是用户娱乐方式更趋丰富且分散。

2. 电视数字化程度

除了观看时长具有差异之外,欧洲地区在电视发展上出现了明显的数字鸿沟。西欧 98.7% 的电视家庭已经走向数字化,而东欧电视数字化仅仅达到 78.3%。地面数字电视接收的差异更加明显:在西欧,实际上几乎所有地面电视家庭都使用 DTV(99.1%),而东欧的比例是 70.9%。区域差异同样存在于高清电视的普及中:欧洲地区共有 1.624 亿高清电视家庭用户,其中多数用户(1.208 亿户)位于西欧,西欧电视家庭的高清电视普及率达 75.9%;东欧地区仅有 4160 万户家庭拥有高清电视,该地高清电视普及率仅为 62.4%。①

3. 在线与电视广告费用

Europe AdEx Benchmark 2016 显示,2016 年,欧洲主要媒体广告费用为 1125 亿欧元,在线广告费用逐年上升,由 2013 年的 273 亿欧元上升到 2016 年的 419 亿欧元;电视广告费用变化不大,2013 年为 323 亿欧元,2016 年为

---

① 数据来源:Statistic。

340亿欧元。其中,西欧地区的广告费用支出占绝大多数,2017年,西欧地区和中东欧地区电视广告费用分别为284.1亿美元和63.2亿美元,前者电视广告市场规模为后者的4.5倍。

中东欧地区的电视广告总体费用较低,但其增速仍较为可观,随着基础设施的进一步发展,中东欧地区电视广告市场的潜力不容小觑。

(三)欧洲数字电视市场大事记

1. 法国电视台签订三年合同获独家播映权

2019年1月11日,法国电视台与该国的五家制片人工会签订了一份时效三年的合同,获得从2019年至2022年由其投资的所有原创剧集、纪录片和动画内容的独家播映权。作为Netflix在法国本地分量极重的合作方及内容提供方,法国电视台的此举可被视为对Netflix的沉重打击。这也是传统电视播放模式对流媒体模式的狙击。

2. 欧盟批准沃达丰收购Liberty Global有线电视资产

2019年7月18日,欧盟批准沃达丰以190亿欧元(约合220亿美元)收购Liberty Global在德国和中欧地区的有线电视资产。在沃达丰出台一些旨在确保客户继续享受公平的价格、高质量的服务和创新产品的措施后,欧盟委员会决定批准这笔交易。交易完成后,沃达丰将成为欧洲最大的移动、宽带和付费电视服务提供商(而不仅仅是移动服务运营商)。

3. 欧洲电信标准协会颁发DVB DASH传输模式

2020年2月,欧洲电信标准协会(ETSI)颁布了在基于IP的网络上运行DVB服务的传输模式的新版本DVB DASH。DVB DASH增加了更多的约束和要求,提高了电视服务的互操作性。其中,新的低延迟模式可以将端到端延迟从20—30s减少到3—4s,其根本原理是将流片段分割成更小的块,而更小的块可用于编码器立即交付,从而大大减少了延迟。HDR动态映射新的解决方案为允许接收设备根据显示器特性调整高动态范围的视频信号。DVB的服务信息(DVB-SI)规范及其视频和音频编码规范也已重新修订,以适应动态映射新方案。

二、德国数字电视市场

(一)德国数字电视行业总体规模

Digitalisierungsbericht 2018 显示,2005 年,只有四分之一(25.7%)的德国家庭可以接受数字电视。这一年,德国地面电视数字化率为 45.6%,还不到一半;卫星电视数字化率为 38.8%,有线电视数字化进程最慢,数字化率为 9.7%。2018 年,德国数字电视转化率已经达到 96.9%,只有 122 万有线电视家庭仅接收模拟信号形式的电视节目,56 万户有线电视家庭在第二个设备上接收数字和模拟信号。2019 年,德国电视已经实现了完全数字化,模拟电视现已成为德国电视传输历史的一部分(图 4-18)。

互联网有望成为德国视听媒体传播数字化后续阶段的发展方向,IPTV 和 OTT TV 的兴起也会给德国现有的数字电视格局带来变化。

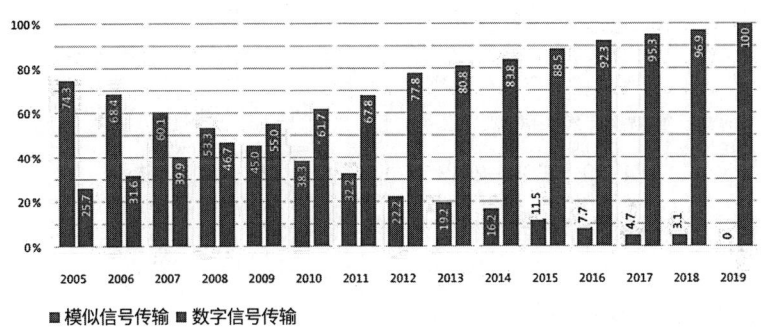

图 4-18　2005—2019 年德国电视数字化进程

资料来源:*DigitalisierungsBericht Video 2019*

(二)德国数字电视行业市场结构

1. 信号传输市场

德国电视传输基础设施的数字化并非一蹴而就。2010 年,德国地面数字电视率先转换完成。地面数字电视不仅早于原始官方截止日期完成转换,而且成功维持了用户留存——尤其是在无法提供卫星传输的大城市,对于这些用户来说,地面数字电视可能是唯一选择。2012年,地面数字电视转换完成两年后,卫星电视也完成数字化。德国媒体当局在组织模拟数字转换方面发挥了重要作用:一是推动开放的接收器标准(不包含导航器或计费机制的任何专有功能)。在其他欧洲国家,卫星接收市场主要由付费电视平台主导。二是对模拟转换数字的进程进行指导。2018年,德国有线电视数字化进程也进入收尾阶段,沃达丰(前德国有线)、P.UR、M-Net、wilhelm.tel、komro以及德国电信旗下有线服务等运营商在当年7月至8月陆续关闭模拟电视频道。2019年,德国有线电视数字化程度达到100%,德国电视实现全面数字化(图4-19)。

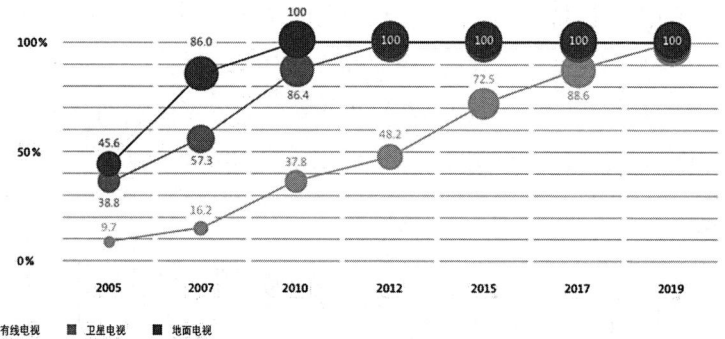

图4-19　2005—2019年德国不同类型电视数字化进程

资料来源:*DigitalisierungsBericht Video 2019*

2. 硬件接收设备市场

设备智能数字化成为德国电视市场发展的一大趋势。2019年,德国3850万户家庭拥有至少一台电视机,家庭电视拥有率达到95.4%,其中智能电视占了一半份额(56.4%)。[①] 2018年,德国没有电视机的家庭数量不到190万户。根据AGF和GFK的数据,截至2020年1月1日,德国共有3827万户家庭拥有联网数字接收器或IP解码器。由于模拟电视信号逐渐关闭,数字接收器或IP解码器用户数量逐年增长(模拟电视数字化需要带有集成DVB-C调谐器的新电视或带有数字电缆接收器的设备)。

---

① 根据消息来源(AGF和GFK),所讨论的家庭不一定是纯数字家庭。这些家庭可能还有另一个(模拟)电视接收选项。

3. 用户观看时长

德国传统电视的平均用户观看时长仍较高,每日维持在 200 分钟以上,但是整体观看时长的下降趋势较为显著。2019 年,德国用户观看日均时长为 211 分钟,相较于 2018 年下降 6 分钟。其中,年轻群体电视消费习惯变化较大。14—19 岁的年轻人并不把传统电视当作唯一的视听消费渠道,他们更倾向于同时使用传统电视和 OTT 服务。相较于传统电视,越来越多的年轻人接受并适应 OTT 等新视听内容收看方式。而 70 岁以上的人群还有近一半(43.9%)的人将传统电视当成唯一的视听消费渠道。

(三)德国数字电视组织(ARD)

ARD[①]是德意志联邦共和国公共广播公司协会的缩写。ARD 拥有 9 个独立于州或政府且由公共资助的自治地方公共广播公司,可在电视、广播和网络上为所有人提供各种节目。

表 4-3 德意志联邦共和国公共广播公司协会成员

广播公司	成立年份	总部地址	标志
巴伐利亚广播公司	1949	慕尼黑	BR
黑森广播公司	1948	法兰克福	hr
中德广播公司	1991	莱比锡	mdr
北德广播公司	1956	汉堡市	NDR
不莱梅广播公司	1945	不来梅	radiobremen
柏林-勃兰登堡广播公司	2003	柏林、波茨坦	rbb
萨尔广播公司	1957	萨尔布吕肯	SR
西南广播公司	1998	斯图加特、美因茨、巴登-巴登	SWR
西德广播公司	1956	科隆	WDR
德国之声	1953	波恩	Deutsche Welle

---

① 德国电视频道共分两部分,一部分属于 ARD,就是我们所说的公共电视;另一部分是私人经营的电视机构,也就是商业(私营)电视。ARD、德国电视二台和德国广播电台是德国公共广播的三个组成部分。德国没有国营电视机构(德国之声虽然是国家拨款,但是基本管理结构仍然采取公共体制)。

德国对外广播电台德国之声也是 ARD 的成员。ARD 每天的总产量约为 250 小时的电视和 1400 小时的广播及相应的在线服务和图文电视。ARD 的任务是提供信息、教育、服务和娱乐节目。ARD 及其附属机构共同制作了一系列德国媒体必不可少的节目,在地方、区域和国家层面维持了多样化和高质量产出。

(四)德国数字电视市场的政策法规

1. 广播电视费加强审核

从 2013 年开始,德国法律规定每个家庭都得交广播电视费,不管是否拥有或者使用电视机和收音机。从 2018 年 5 月起,为电视台和广播电台代理收费的机构会跟户籍管理处核对数据,以便更快找出未缴费的居民。具体过程是:收费机构会从各地户籍管理处得到成年居民的信息,包括名字、地址、婚姻状况、出生年月和搬家日期。收费机构将这些数据与自己的数据相对照,从而确定哪些家庭还未交广播电视费。

2. 德国"数字有线"计划

德国媒体机构与协会、电缆网络运营商和节目提供商一起发起了"数字电缆"计划,并成立了一个项目办公室。项目办公室的任务是为切换到有线网络中的程序的纯数字分发提供通信支持。除了为电缆客户提供信息和支持外,项目办公室还在住宅行业、专业零售商和设备制造商的参与下,为电缆网络的区域协调转换开展具体的转移工作。"数字有线"计划涉及媒体机构、德国有线电视网络运营商 ANGA 协会、德国电信、P. UR 和沃达丰、私人广播和电视媒体协会(VPRT)、程序提供商 ARD、Mediengruppe RTL Deutschland 和 ProSiebenSat. 1 Media SE。而 Goldmedia GmbH 被委托运营项目办公室。

三、英国数字电视市场

(一)英国数字电视市场总体规模

英国卫星电视到 2001 年几乎(98%)完成了全面数字化转播,有线电视到 2007 年实现了全面数字化转播,而地面数字电视到 2012 年 10 月才完成全部数字转化。2018 年,英国拥有数字电视的家庭用户数为 2700 万户。21

世纪以来,英国数字电视市场发展分为两个阶段:一是快速发展阶段(2000—2012年),英国拥有数字电视的家庭用户数量从2000年的220万户增长到2012年2570万户;二是增长趋缓阶段(2013年至今),2012年地面数字电视转化完成以来,英国拥有数字电视的家庭数量增长缓慢,个别年份甚至出现了负增长。这其实也反映了全球电视市场的发展现状:在线流媒体成为市场宠儿,传统电视正在遭受前所未有的冲击。①

(二)英国数字电视行业结构

1. 信号传输方式

2018年,在英国拥有数字电视的2700万户家庭中,地面数字电视家庭用户数量最多,共1861万户,占数字电视总用户的68.9%;卫星数字电视家庭用户数量为1043万户,有线数字电视家庭用户数量为404万户,分别占数字电视总用户的38.6%和15%。② 英国有线数字电视用户数远远少于地面数字电视和卫星数字电视用户数的重要原因之一:该国复杂多变的地形使有线网络铺设成本过于高昂。英国是一个由大不列颠岛和爱尔兰岛东北部及附近许多岛屿组成的岛国。在这样复杂的地形铺设有线网络成本高昂,因此有线网一般只在城市区域铺设。基础设施建设的问题导致英国有线数字电视用户数量较少。

2. 硬件接收设备市场

2018年,英国电视拥有者中约有1650万人使用三星电视机。三星是英国电视市场最受欢迎的电视品牌,其次是LG(拥有1060万用户)和松下(拥有790万用户)。电视机研发成本高且利润空间狭小,小企业难与跨国企业相抗衡,因而该市场形成了明显的头部效应。这与前文提到的2019年全球电视机出货量排名一致,三星全球出货量第一。

(三)英国数字电视市场的特点

1. 设备智能化

设备智能化成一大趋势。Ofcom 数据显示,2012—2019年,英国智能电

---

① 数据来源:艾媒数据中心。
② 数据来源:艾媒数据中心。地面数字电视、卫星数字电视和有线数字电视占总数字电视用户数的百分比加总大于1的原因是:部分数字电视家庭用户拥有多种不同类型的电视。

视的使用量急剧上升(从 2012 年的 5% 增至 2019 年的 47%)。80%的家庭拥有固定宽带连接,并且在 2018 年 11 月,有 66% 的住宅固定宽带连接的速度达到 30Mbit/s 或更高。在线观看电视节目或电影的英国成年人数量的百分比为 58%。

视听领域已经发生重大的技术和结构变化,传统的电视服务已不再是所有家庭消费的唯一方式,通过其他设备观看视频电视内容的形式逐渐流行,如利用智能手机、平板等。英国 79% 的年轻人拥有支持互联网的智能手机(自 2018 年以来未更改),其中大多数(88%)具有 4G 服务,通常可在移动网络上使用高质量的视频流。

2. 尽管视听习惯改变,电视市场规模仍然可观

尽管观看视听内容的可用设备种类繁多,但是在英国,电视机仍然是观看视听内容的最主流方式。在 2019 年第一季度,有 95.2% 的英国家庭拥有可正常使用的电视机,这一比例略有下降(2012 年为 96.3%)。再加上传统电视行业的自我整合革新,英国数字电视市场有望回暖。

电视将失去过去的主导地位,但收视份额的下降远不致命。虽然英国电视收视时长下滑,但其广告收入基本上维持稳定。2010 年至 2019 年,英国全人群电视收视时长缩短了 21%,但电视广告收入只降低了 14%,从 58 亿英镑降至 50 亿英镑。主要原因在于:电视仍是汇聚大规模受众的不二之选,电视在覆盖方面依然无可比拟。2020 年 3 月,英国通过电视机收看 YouTube 的观众达到 2000 万。这一数字虽然可观,但仍然远低于电视在同月每周 91% 的峰值覆盖率。拥有庞大观众群体的单个电视节目已经不像十几年前那么常见了。2010 年,英国 170 个广告赞助的电视节目吸引到的观众超过 1000 万;2020 年,仅仅 30 个节目收获同样的观众量。同年,ITV(英国最大的广播公司)共推出 569 档节目,每档节目都吸引到 500 万至 1000 万观众,其他媒体无法望其项背。

然而,由于网络媒体的冲击,电视难以维持广告时长的定价。英国的电视广播公司在过去十几年,一直通过提高每千人广告费用来弥补收视时间减少造成的收入损失。这与其他国家的媒体情况相同,电视收视率呈继续下降趋势。

3. 用户日均观看时间减少,年轻观众收视下降显著

Ofcom 数据显示,2018 年,英国电视机上的广播电视收视率持续下降,下降速度不断加快。每人每天的平均观看时间为 3 小时 12 分钟(包括现场直播、节目播出时的观看以及播出后最多 7 天的观看),与 2017 年相比减少了 11 分钟。尽管几乎所有年龄段的观众收看时间都有所下降,但是年轻观众的收视下降趋势更为明显,16—24 岁的人每天观看时间与 2017 年相比下降了 15%(减少了 15 分钟),现在每人每日观看时间为 1 小时 25 分钟。而 65 岁以上的人每日观看时长维持在 5 小时以上。

(四) 英国数字电视市场重要企业——英国广播公司(BBC)

1. 总体概况

英国广播公司(BBC)成立于 1992 年,是英国最大的广播电视机构。近年来,虽然互联网和通信技术的发展给全球范围内的广电传播带来了强烈的冲击,但是 BBC 在本土广电市场仍然占据约 31.57% 的份额(图 4-20)。

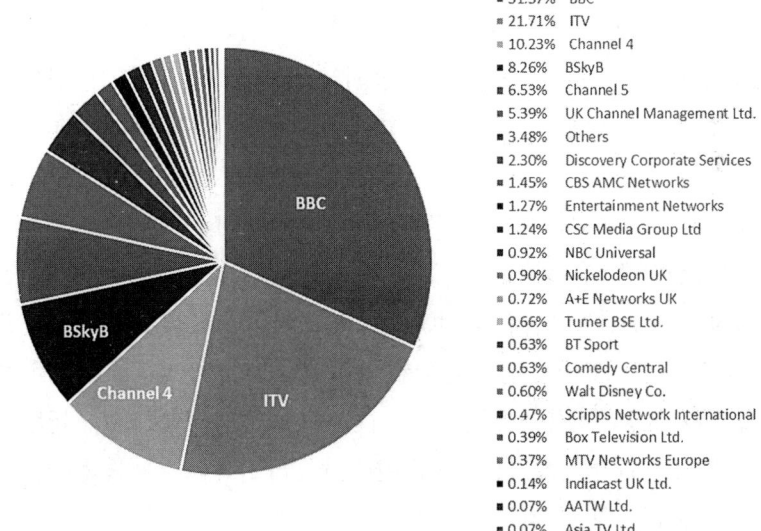

图 4-20 2017 年英国主要广播电视公司市场份额

资料来源:Statistic

2. BBC 的数字化业务

（1）BBC 在线

BBC 在线（原名 BBCi）提供 BBC 的所有网络服务，包括数字电视和互联网接入。BBC 的许多新闻和节目存档都可以在该网站上被找到，用户可以自由下载、收看或收听。由于 BBC 提供了大量免费、无广告的媒体资源，许多其他网站无法与之竞争。这些网站要求限制 BBC 在网站上的花费，以迫使 BBC 在线通过增加广告或减少内容的形式在更公平的起点上进行竞争。

（2）BBC 红色按钮（Red Button+）

BBC 红色按钮是 BBC 交互式数字电视服务的品牌名称，可通过 Freeview（数字地面）、Freesat、Sky（卫星）和 Virgin Media（电缆）获得。BBC 红色按钮能够显示全彩图形、照片、视频以及程序，并且可以从任何 BBC 频道进行访问。该服务 24 小时提供新闻、天气信息等，还提供与当时特定节目相关的额外功能。

（五）英国数字电视市场政策法规

1. D-Book 10 发布

2017 年 11 月，英国数字媒体技术创新合作组织数字媒体集团（DTG）发布了 D-Book10。这是一套支持未来交互服务，有利于继续向 HbbTV 过渡，且产业普遍认可并实施的下一代规范。DTG 自 1996 年起发布并维护 D-Book 规范，每年进行一次更新，保证英国数字地面电视的快速发展。

2.《区域制作和区域节目定义公共广播服务指南》更新

2019 年 6 月 17 日，Ofcom 更新了《区域制作和区域节目定义公共广播服务指南》。这一指南有助于支持和加强英国国家和地区的电视生产部门及创意经济，此外，还有望帮助加强电视节目制作部门的能力。新版指南自 2021 年 1 月 1 日起生效。Ofcom 希望广播公司始终以更新指南的精神开展工作，包括在过渡期间调试新节目时。

第五节 亚洲数字电视市场

一、亚洲数字电视市场基本概况

(一)亚太电视市场现状

据 The asia video industry report 2020,截至 2018 年 12 月,亚太地区有线电视家庭用户数量占 58.2%;IPTV 家庭用户数量占 27.4%;卫星数字电视家庭用户数量占 14.1%;地面数字电视和固定无线电视家庭用户数量各占 0.2% 和 0.1%。亚太电视市场传统付费电视和 OTT 视频并存,电视市场呈现收视多渠道的格局。OTT 视频兴起对传统付费电视产生了一定冲击,但是从长远来看,OTT 视频和传统付费电视融合是必然趋势。OTT 视频收视渠道多样化是其主要特点。2021 年,中国电视市场创造了约 460 亿美元的收入,成为亚太地区最强大的市场,印度和日本电视市场的收入在该地区排名第二和第三,中国香港、新加坡和新西兰电视市场在该地区收入最低。

(二)亚洲数字电视行业结构

1. 卫星数字电视市场

在亚太地区,按用户计算卫星数字电视(DTH)是占主导地位的多渠道平台。截至 2018 年,亚太地区的 DTH 用户家庭达 9160 万户,较上年下降 0.6%。DTH 服务订阅收入从 2006 年的 80.7 亿美元增长为 2018 年的 144.8 亿美元。从长远来看,尽管印度将继续成为该地区 DTH 服务增长的主要驱动力,但是由于在线视频等新视听内容渠道的冲击,DTH 市场规模将在日本、马来西亚、新西兰和韩国等地缩小。

2. 有线电视市场

截至 2018 年,中国香港、日本、新西兰、新加坡和中国台湾已完全实现了模拟电缆系统的数字化。The asia video industry report 2020 分析表明:亚太地区有线电视数字化率达到 71.9%;预计在 2029 年,这一数字将增长到 96.6%。

亚太地区的有线电视市场自 2016 年一直在流失多频道用户。截至 2018 年,有线电视为 3.775 亿用户提供了服务,用户家庭数比上年下降 1.5%。在 2018 年,由于 IPTV 和 OTT TV 的快速发展,中国有线电视流失了 600 万户家庭。在中国香港、中国台湾、菲律宾、日本、韩国、新加坡等地,有线电视用户数也在下降。

3. 地面数字电视市场

2018 年,亚太地区有超过 2.16 亿家庭接收了地面数字电视(DTT)。*The asia video industry report 2020* 称,随着各国政府推动实施数字转换计划,地面数字电视家庭用户数量预计在未来十年内增加一倍以上,到 2029 年将达到 4.48 亿户。截至 2018 年,亚太地区已完成地面信号模拟关停的国家或地区包括澳大利亚、日本、新西兰、新加坡、韩国和中国台湾,越来越多的国家或地区致力于全面发展数字化。

4. IPTV 市场

截至 2018 年,亚太地区 IPTV 家庭用户达到 1.779 亿户,同比增长 22.4%;IPTV 服务的订阅收入达 67 亿美元。中国是 IPTV 用户增长的主要驱动力。IPTV 在中国市场被作为一种电信增值服务进行营销。尽管中国在 2018 年占据了亚太地区 80% 以上的 IPTV 家庭,但它由于资费低廉,仅贡献了不到 20% 的收入。

(三)亚洲数字电视市场大事记

1. 中国广电集团获 5G 商用牌照

2019 年 6 月 6 日,工信部向中国电信、中国移动、中国联通、中国广电发放 5G 商用牌照。这意味着中国正式进入 5G 商用元年,并成为全球自韩国、美国、瑞士、英国后第五个开通 5G 服务的国家。

2. 中国数字电视标准成果

2019 年 10 月,中国的数字电视标准已被 11 个国家或地区基本确定采用或商用,这意味着中国的数字电视标准走向了海外,形成了中国数字电视标准新格局。中国在未来也将进一步加强关于超高清视频编码、视觉健康、新型显示设备等方面的研究。另据统计,中国的视频相关国家标准已超过100项,国际标准注册专家近300人,中国视频行业正在蓬勃发展。①

3. LG UPLUS 和 SK BROADBAND 收购案

2019年11月,韩国公平贸易委员会(FTC)表示,韩国反垄断机构已经有条件地批准了 LG UPLUS 和 SK BROADBAND 分别收购韩国第一大有线电视运营商 CJ HELLO 和第二大有线电视运营商 T-BROAD。② 韩国公平贸易委员会表示,已经批准了韩国最大的移动运营商 SK TELECOM 旗下的子公司 SK BROADBAND 与 T-BROAD 进行合并,并批准了韩国第三大运营商 LG UPLUS 以8000亿韩元(约合6.254亿欧元)的价格收购 CJ HELLO 50%的股份。

二、中国数字电视市场

(一)中国数字电视发展总体规模

2003年,中国有线电视数字化工作全面启动。次年,49个城市和地区正式启动有线电视从模拟向数字的转变,政府免费给每个家庭赠送数字标准机顶盒,以促进有线电视的数字化转变。2006年,中国数字电视用户数为1266万户;2018年,中国数字电视用户数增长到20,143.7万户,增长了近15倍。2023年2月中国统计局发布的《中华人民共和国2022年国民经济和社会发展统计公报》显示,中国有线电视实际用户有1.99亿户,其中有线数字电视实际用户有1.90亿户;2022年末,中国电视节目综合人口覆盖率为99.8%。

中国《广播电视和网络视听"十四五"发展规划》要求大力推进广播电视高清超高清化进程,丰富电视内容供给,提升网络传输能力,强化视听服务

---

① YY. 我国数字电视标准已被11个国家或地区采用[EB/OL]. (2019-10-17)[2020-05-08]. https://news.znds.com/article/41299.html.
② LG UPLUS 和 SK BROADBAND 是 IPTV 服务商,CJ HELLO 和 T-BROAD 是有线电视运营商。

保障,加速媒体深度融合,提出到2025年底,全国地级及以上电视台和有条件的县级电视台全面完成从标清到高清转化,标清频道基本关停,高清电视成为电视基本播出模式,超高清电视频道和节目供给形成规模。

2022年,中国有线电视网络整合和广电5G建设一体化有了一定发展,"全国一网"运营管理推进,初步形成"有线+5G"融合传播新格局。中国广电获得了国家文化专网、广电5G视听融合服务平台、固定通信业务牌照等重大政策支持,试点上线了智能推荐服务、5G频道、"直播中国"、光明影院等新产品。

(二)中国数字电视市场结构

1. 信号接收市场

(1)有线数字电视

据国家统计局数据,我国有线电视实际用户规模自2015年高点2.39亿户持续下降到2021年的2.01亿户、2022年的1.99亿户,2022年有线电视实际用户数量较2015年减少16.74%。有线数字电视用户规模也从2021年的1.95亿户下降到1.90亿户。

(2)地面数字电视和卫星数字电视

国家对地面数字电视采用"全免费公益服务"模式。地面数字电视因具有可控性、防毁性和普遍性,成为国家公共服务体系的重要组成部分。2012年底,《地面数字电视广播覆盖网发展规划》正式发布,提出到2020年,全国地面数字电视广播覆盖网基本建成,地面数字电视综合覆盖率基本达到现有模拟电视覆盖水平,地面数字电视接收机基本普及。发展卫星数字电视更多是为解决边远山区人民收看数字电视的问题。2008年,国家开展了"村村通"工程服务,大力提高农村地区广播电视节目覆盖水平。2011年,卫星公共服务进一步推进"村村通"向"户户通"工程的升级。截至2019年3月3日,中国直播卫星用户数约为1.44亿户。

(3)IPTV和OTT TV

电信专网、互联网成为用户收看广播电视节目的重要途径。《2018年全国广播电视行业统计公报》数据显示,2018年全国IPTV用户有1.54亿户,

OTT TV 用户有 4.20 亿户。三大运营商的 IPTV 用户总数截至 2022 年底已达 3.8 亿户，2022 年全年净增了 3192 万户。行业逐渐进入增值阶段，用户呈现爆发式增长。

在全媒体、全生态链条下，IPTV 和 OTT TV 正逐渐向其他行业渗透。在未来的超高清时代，有线电视、IPTV 和 OTT TV 将会融合在一起，电视的直播与点播也会结合在一起，用户可以根据自己的喜好灵活选择，"三网融合"将逐步变为现实。

2. 硬件设备市场

2018 年，中国电视综合覆盖率为 99.25%，十年间增长了 2.3%，鉴于中国庞大的人口基数，相对应的电视设备需求也十分可观。中国作为全球最大的彩电制造国，产量占全球 70% 以上。2017 年，国内电视品牌占据国内电视市场的 80%；2018 年，国内电视品牌的市场占有率进一步增加到 84%。2018 年，中国电视制造市场份额前五名品牌分别为海信（17.4%）、创维（14.5%）、TCL（12.8%）、长虹（9.0%）和小米（8.3%）（图 4-21）。这些电视品牌市场份额差距并不大，在某种程度上也反映出国内彩电行业竞争日益激烈。

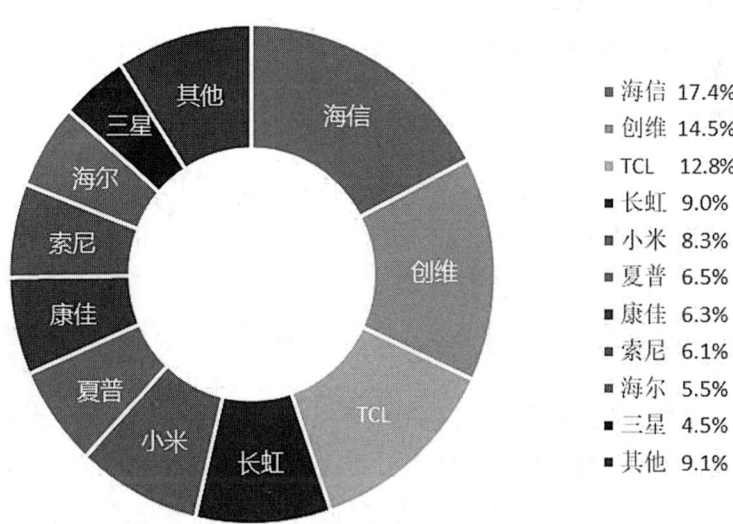

图 4-21　2018 年中国电视市场品牌份额

资料来源：TCL，《2018 年年度报告》

3.电视广告市场

由于社交媒体、短视频和其他在线娱乐在中国的日益普及,互联网将继续成为中国媒体广告的驱动力。根据《QuestMobile2022 中国互联网广告市场洞察》的数据,2022年中国广告市场总规模9213.5亿元,其中互联网广告规模6639.2亿元。CTR数据显示,2022年1—8月电视广告刊例花费同比下跌13.5%,电视广告2022年8月份同比下跌10.5%,电视广告持续萎缩。这与中国用户收看视听内容的习惯改变有关。中国用户将有限的时间和精力分散到更多的设备和平台上,电视收视时长逐渐减少。2018年,中国65岁以上的媒体用户平均每天花276分钟看电视。参与度最低的电视观众年龄在15至24岁,他们每天的观看时间只有61分钟。25岁到44岁的青壮年平均观看时长仅为86分钟(图4-22)。

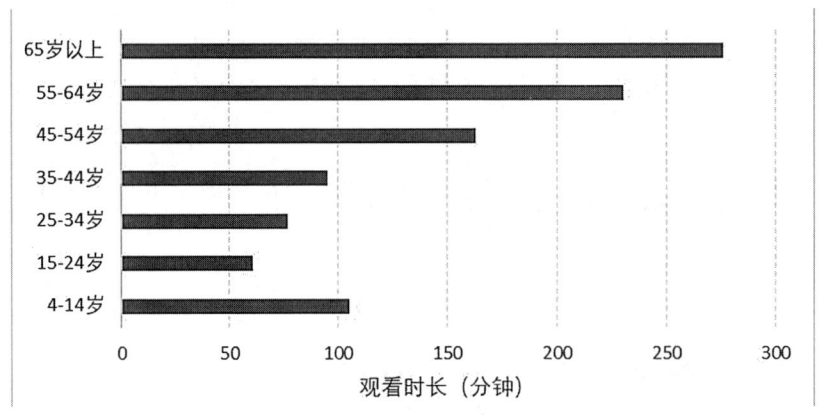

图4-22　2018年中国用户日均电视观看时长

资料来源:CSM Media Research

(三) 中国数字电视重要企业——海信视像

数字电视终端产品供应商(电视机厂商)在数字电视产业链上是不可或缺的。海信视像科技股份有限公司主要从事电视机、数字电视广播接收设备及信息网络终端产品的研究、开发、制造与销售,拥有先进的数字电视机生产线,是海信集团经营规模最大的控股子公司。

2019年,海信电视市场份额不仅再次位居第一,而且突破了长期以来中国平板电视市场企业份额天花板。海信电视全年线下销售额占有率达21.09%,是中国平板电视兴起20年来市场份额首次超越20%的品牌。根据国际调研机构IHS发布的2019年上半年统计数据,海信电视在全球彩电市场位居前四。

2018年2月,海信正式完成了东芝TVS公司股权收购,交割完成后,双方在显示技术、产品制造、渠道和品牌方面的优势迅速融合。根据GFK市场统计数据,2019年1—6月东芝电视和海信电视零售量占有率合计20.9%,排名为日本本土市场第三位。2018年底,中国电子视像行业协会七届六次理事会正式批准成立以海信为牵头单位的激光电视产业分会。

(四)中国数字电视市场政策法规

1. IPTV建设管理

2015年,国家新闻出版广电总局发布《关于当前阶段IPTV集成播控平台建设管理有关问题的通知》,要求中央电视台和各省电视台加强合作,尽快完成IPTV播控平台完善建设和对接工作;推动IPTV集成播控总平台与IPTV传输系统加快对接,加快监管体系建设。

2. 全面推进三网融合

2016年,国务院三网融合工作协调小组办公室发布《关于在全国范围全面推进三网融合工作深入开展的通知》,要求全面推进三网融合工作,部署推广阶段双向进入业务许可申请和审批工作;加强对从事广播电视业务企业的管理,督促广播电视机构不断丰富IPTV、手机电视节目内容。

3. 发展超高清视频产业

2019年,中央广播电视总台发布《超高清视频产业发展行动计划(2019—2022年)》,要求到2020年,不少于5个省市的IPTV平台开展4K直播频道传输业务和点播业务;增强IPTV网络的承载能力,推动超高清电视在IPTV中的应用。

三、日本数字电视市场

(一) 日本数字电视市场发展现状

2011年7月24日,日本的44个都道府县停止发送供模拟电视接收的信号,开始发送数字电视信号。2012年3月31日,日本地震受灾的福岛、岩手和宫城完成地面模拟电视停播,日本全国地面数字化正式完成。日本的地面数字电视使用该国自主研发的ISDB-T标准(由电波产业会制定)。[①]

日标(ISDB-T)是国际电信联盟认可的四种传输标准之一。[②] 日本标准可经由同一台发射机分别传送移动接收与高清传输信号,因而具有低成本的特点。这正是巴西和菲律宾等国家选择日本标准的重要原因之一。

(二) 日本数字电视市场结构

1. 信号接收市场

(1) 无线电视市场

日本无线电视覆盖率高,无线电视用户逐年增加,这与中国无线电视逐步被有线电视替代不同。日本无线电视行业的代表性服务提供商为NHK无线电视。NHK为日本放送协会举办的公共放送,属于公共广播电视的性质,不能经营广告,只能靠电视信号收费。日本放送法规定:"凡设置可接收NHK电视节目接收设备者,必须与NHK签订电视接收合同(第三十二条)。"NHK信号在日本全国范围内覆盖,除去一些电视用户拒不缴费以外,NHK的用户数量基本与日本电视用户数量相当。2017年,NHK电视用户达4397万户,以日本2015年人口普查得到的5333.2万户家庭数计算,其覆盖率已达到82.4%。

---

① 李雪松.数字电视标准概述[J].西部广播电视,2005(04):3-6.
② 国际电信联盟认可的数字电视标准有美标(ATSC)、欧标(DVB-T)、日标(ISDB-T)和中国标准(DTMB)。

（2）有线电视（含 IPTV）市场①

日本有线电视早期是无线电视的补充,之后受益于高清技术发展,市场竞争力提升。1955 年,日本有线电视作为无线电视传输信号不足的补充传输媒介诞生,最初由 NHK 协助,接收 NHK 信号后以有线方式向乡村等偏远地区信号接收不良的用户传递。1987 年,日本诞生运用双向交互机制的有线电视,极大限度地对有线电视的功能进行了扩展,并激发了有线电视用户数的增长。日本有线电视从 20 世纪 90 年代开始快速发展,截至 2017 年,有线电视用户人数达 2930 万人,普及率为 52.6%。

日本 IPTV 自 2005 年出现后,用户数量增长缓慢。主要原因可能有:一是 NHK 无线电视"强制性"收费,使用户选择其他电视服务的倾向性减弱;二是 IPTV 的特点是双向交流机制,而日本有线电视从 1987 年就大规模建设双向交流机制,这使 IPTV 作为 NHK 以外的附加服务的吸引力被大大削弱。在此背景下,日本的 IPTV 产业并未得到良好的发展。

（3）OTT TV 市场

日本 OTT TV 最早始于 2000 年。2005 年宽带网络普及后,日本有线电视公司、无线电视公司开始进入 OTT 领域。有线电视服务商 J:COM 于 2005 年 3 月推出 OTT 应用服务,使用户不仅可以在电视机,同时可以在手机或平板上进行视频点播。此后,无线电视台、日本公共电视 NHK 及电视制造厂商先后开展 OTT 业务。

2. 硬件设备市场

2019 年,4K 电视占日本平板显示电视出货量的最大份额,约有 260 万台。随着 4K 和 Hybridcast TV② 以及屏幕尺寸在 50 英寸及以上的平板电视

---

① 日本有线电视的概念有别于中国有线电视。中国有线电视指的是以电缆、光纤为主要传输媒介,向用户传送电视节目的广播电视系统。日本有线电视除了指以电缆、光纤为主要传输媒介,向用户传送电视节目的广播电视系统之外,还包括以 IP 多点传输技术提供有线广播业务(即 IPTV)。

② Hybridcast TV 是指利用直播卫星混合电视技术的电视。Hybridcast 可利用通信/IP 宽带网络来增强现有的广播服务,能提供具有许多功能的多种业务,如:与电视广播节目相关的视频点播(VoD)、允许电视观众定制他们的收视体验、提供社交网络服务等。

的出货量增加,屏幕尺寸在 29 英寸以下的设备出货量较 2018 年下降了 7.1%。① 此外,日本电视品牌在世界范围内的影响力正在减弱。在 2019 年全球电视品牌出货量中,日本制造商市场份额居于韩国和中国之后。

3. 电视广告市场

近年来,受互联网技术和新兴媒体发展的影响,日本电视广告市场呈现衰退趋势,广告支出额连年下降。2018 年,日本电视广告支出为 1.91 万亿日元,相比 2017 年下降了 2.17%。新冠肺炎疫情期间,广告费用进一步下降,2020 年为 1.66 万亿日元,达到近年来的最低谷;2021 年反弹回升,达到 1.84 万亿日元。在日本,地面电视是电视广告分发的主要渠道。2018 年,日本媒体广告支出中电视媒体广告占比 29.3%,在所有媒体中排名第三。其中,地面电视广告占比 27.3%,卫星媒体广告为 2%(图 4-23)。

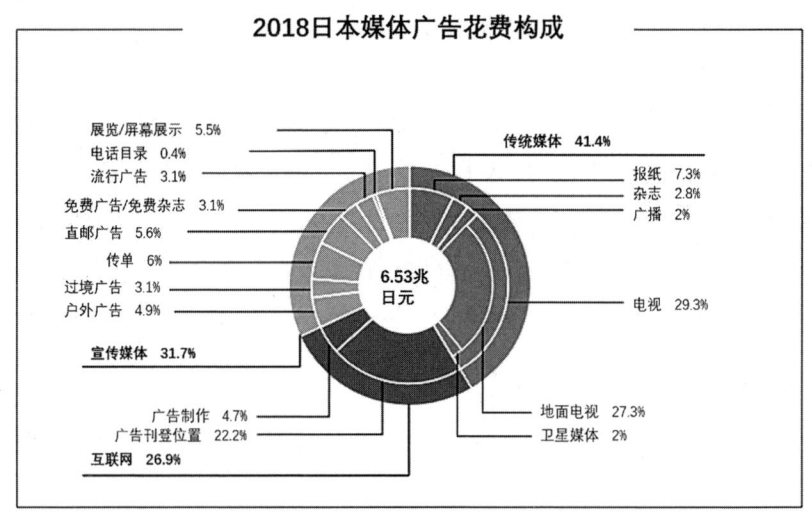

图 4-23　2018 年日本媒体广告花费构成

资料来源:*Advertising Expenditures in Japan 2018*

---

① Domestic shipments of major consumer electronic equipment, 2019[EB/OL]. [2021-03-06]. https://www.jeita.or.jp/english/stat/shipment/2019/index2.html.

(三)日本数字电视市场重要企业——J:COM

J:COM[①]是日本最大的有线电视运营商,于 1995 年 1 月 18 日成立。公司最初的业务为有线电视经营业务,1997 年开始开展固定电话业务,于 1999 年开始开展高速上网服务。2005 年,随着广电和电信网的融合及宽带的高速发展,公司开始开展 IP 通话及 OTT 业务。2013 年,公司为有线电视运营商推出 IP-VOD 服务。2015 年,公司开展 4K 高清点播、4K 有线广播业务,并开展移动虚拟网络运营服务"J:COM MOBILE"。2016 年,公司建立"J:COM DENRYOKU"电力服务分部。

J:COM 公司奉行多元化经营战略,从单一有线电视服务商转型至综合性传媒公司,业务范围不断扩展至电信、IPTV、OTT、VoIP、MVNO 等多项通信类业务,并在原有的业务基础和用户基础上开展供电、供气等综合性生活服务。截至 2019 年 12 月,J:COM 共服务 553.6 万户家庭;2018 财年合并销售额为 7565 亿日元(IFRS 会计准则)[②]。

(四)日本数字市场政策法规

1. 基础设施共享指导方针

2018 年 12 月 28 日,日本总务省发布了基础设施共享指导方针。其主要目标是在整个国家及时和广泛地推出 5G 服务。总务省意识到,日本农村地区的 5G 投资通常不具备成本效益,因此发布了基础设施共享指导方针来平衡政策目标和资本支出。

2. 放送法修改

2019 年 5 月 29 日,日本放送法正式通过了修改法案,NHK 的电视节目可以在播放时进行同步网络直播。为了迎合东京奥运会、残奥会的圣火传

---

① 企业官网:https://www.jcom.co.jp/corporate/company/。
② J:COM 公司于 2013 年从日本 JASDAQ 退市,于 2015 年 4 月 1 日起转换会计标准,从 US-GAAP 转变为 IFRS 会计准则。

递的时间，2020年3月起用户可通过智能手机和电脑观看NHK的电视节目。此前，日本只有民放电视台能够在播放节目的同时进行同步网络直播。此前支撑着收视费的NHK电视台，只能在报道灾害事件及大型体育活动时进行同步的网络直播。

第五章 中国网络视频产业的发展

第一节 网络视频综述

一、网络视频与网络视频产业

随着互联网的发展,传统的有线电视数字化转型与新兴的视频网站在数字技术的催化下已经渐渐融合。在中国,2006年3月通过的《国民经济和社会发展第十一个五年规划纲要》提出积极推进三网融合,2010年6月6日三网融合试点方案通过,国家开始积极加快推进三网融合。十余年过去了,三网融合取得了巨大成效,湖南卫视旗下的芒果TV成为中国四大网络视频平台之一。由于电视台与网络视频平台的性质不同、管理体制不同,即使内容产品制作、传输、播出、数据处理、存储等方面都步入了数字化的行列,但电视台和网络视频平台仍旧是行驶在两条道上的车,属于不同类型的视频播出平台。从产品的角度看,视频产品的制作、传输、播出等各个环节在数字技术的加持下完成,电视台和互联网视频平台的产品和服务都属于广义数字电视产业的范畴。但在狭义上,我国数字电视产业往往特指广播电视领域的、传统电视媒体数字化转型后的广播电视市场,而由互联网服务商提供的视频服务被归为网络视频产业。本章将专门对中国网络视频平台变迁、升级和产业发展进行分析研究。

(一) 网络视频

我们可以从不同角度定义网络视频：

从内容角度出发,网络视频是一种相比文字、图片、声音而言更高维度的传播元素,呈现形式包括影片、影音、视讯、视像、录影、动态影像,泛指将一系列的静态图像以电信号方式加以捕捉、记录、处理、存储、传送与重现的内容产品,包括各类影视节目、新闻、广告、FLASH 动画、自拍 DV、聊天视频、游戏视频、监控视频等。

从技术角度出发,网络视频是运用网络数字传播的技术,以 MPEG、AVI、WMV、MOV、MP4 等数字视频文件的格式编码,可以在线通过网络视频播放器、网络视频 App 播放的文件内容。

从产业要素的角度出发,网络视频是以互联网平台为载体、数字技术为基础、流媒体为基本播放格式,以在线网络和移动网络为传输通路,以 PC 电脑、平板电脑、手机等终端设备为接收器的视频影像内容服务。

从广义上看,网络视频是所有基于网络传输的各式各类视频服务的总称,包括基于互联网传输的网络视频服务,如各类视频网站、网络直播等服务、IPTV 等;基于广电网的高清电视及平台客户端互动服务等。从狭义上看,网络视频中的"网络"特指互联网,目前学界与业界所惯用的"网络视频"提法,专指基于互联网传输的网络视频,即以在线互联网与移动互联网为载体的网络视频产品和服务,包括视频分享网站、视频客户端等,例如通过"腾爱优"视频网站使用手机 App 或电脑、电视在线客户端接收的数字视频影音内容服务。

(二) 网络视频产业

网络视频产业是运营网络视频产品与服务的企业及其相互关系的集合,包括从事网络视频内容制作、视频信号传输、内容产品分发、网络平台运营、技术服务、网络服务等企业群和生产服务部门。网络视频产业是数字经济下的新经济部门,它是以市场机制为资源配置的方式,通过互联网上提供视频产品的播放与下载服务,获取广告费、版权费、会员费、点播费等企业收入,不断创新的商业模式。

根据 CNNIC 第 52 次《中国互联网络发展状况统计报告》的数据,截至 2023 年 6 月,中国网络视频用户规模达到 10.44 亿,网络视频用户占网民整体比例为 96.76%。

由中国传媒大学姚林青团队和成都新经济发展研究院余昉瑞团队共同合作完成的《2023 成都网络视听产业发展报告》显示,2021 年全国网络视听收入达 3450.56 亿元,同比增长 17.21%。其中,用户付费、节目版权等网络视听节目服务收入以及短视频、电商直播等其他网络视听收入分别为 1017.12 亿元和 2433.44 亿元,分别比 2020 年增长 22.43% 和 15.16%。2023 年 3 月在成都召开的中国第十届网络视听大会发布了《中国网络视听发展研究报告》(2023),该报告显示,2022 年我国泛网络视听产业的市场规模为 7274.4 亿元,较 2021 年增长 4.4%。其中,短视频领域市场规模为 2928.3 亿元,占比为 40.3%,是产业增量的主要来源;其次是网络直播领域,市场规模为 1249.6 亿元,占比为 17.2%,成为拉动网络视听行业市场增长的重要力量。

二、网络视频的发展历程

(一)第一阶段:业态萌芽期(1994—2003)

网络视频产业的萌芽始于 20 世纪 90 年代中期,当时,基于流媒体技术的 VOD(Video On Demand)视频点播技术刚刚出现。VOD 点播指将用户所点击或选择的视频内容通过网络传输给提出请求的用户,是计算机技术、网络通信技术、电视技术等多领域融合的产物。通过网络在 PC 终端应用 VOD 技术,直接促进网络视频产业的萌芽。以中国为例,我国的 VOD 技术起步较晚,于 20 世纪末期逐渐发展起来。1996 年 5 月,我国首套 VOD 系统在上海成功研发。同年 12 月,中央电视台建立央视网(CCTV.com)并推出视频在线点播服务,成为我国最早提供网络视频服务的平台。

2003 年,暴风影音诞生,这是哈尔滨软件工程师周胜军及其学生开发的一款视频播放器。暴风影音具有强大的兼容性,能解析、播放多种影音视频格式,迅速在 PC 互联网时代风靡,提升网络视频传播力、影响力。网络视频产业初步萌芽。

(二)第二阶段:产业形成期(2004—2007)

1. 大量视频网站上线

我国最早的民营网络视频平台的建成大致可追溯到2004年底。2004年10月,张朝阳成立门户平台搜狐的子栏目搜狐宽频(即搜狐视频的前身),并首创了用户上传视频的功能。同年11月和12月,乐视网和PPLive分别上线。其中,PPLive并非传统在线视频平台,而是一个桌面的客户端,需要安装使用,准确来说属于视频软件。2005年4月15日,土豆网正式上线,土豆网的UGC模式与美国视频网站YouTube的用户上传、用户观看、用户分享的模式非常类似。紧随土豆网的上线,56网、优酷网也于2005年创立。同时,PPLive逐渐步入正轨,2005年获得软银中国50万美元种子轮投资。冯鑫带领金山系员工推出播放器酷热影音,且于2007年并购了暴风影音。

2005至2007年,中国市场涌现了近300家在线视频平台。

2. 视频服务商类型多元化

网络视频行业虽然处于初步形成阶段,但发展非常迅速,视频服务商类型多元。这一时期,酷6、6间房、爆米花、暴风影音、PPlive、PPs等数百家视频网站纷纷崛起,分别从自己的角度做起网络视频的生意。除去专业的视频网站如优酷、土豆、56网、乐视、PPlive,一些门户网站如搜狐、新浪、网易也开始进入该领域。视频服务的主要模式类似于Youtube视频分享的UGC模式,在短时间内聚集了大量的人气和流量。

3. 行业"烧钱",依靠资本投入发展

2006年是普遍认可的视频平台的元年。当时,谷歌宣布以16.5亿美元收购YouTube,这意味着视频平台的未来被科技巨头谷歌看好。根据时间机器理论,视频平台的模式也可能在互联网商业发展相对落后的中国市场发展良好,产生现象级的互联网产品。根据何白(2017)的整理,代表性视频平台融资情况如表5-1所示。

表 5-1　2005—2007 年代表性视频平台融资情况

企业名称	融资时间	融资金额(万美元)	投资机构
土豆网	2005 年 11 月	50	IDG
	2006 年 6 月	850	GGV、Jafco、IDG
	2007 年 4 月	1900	今日资本、KTB、General、Catalyst Partners
优酷网	2006 年 3 月	300	Farallon、成为
	2006 年 12 月	1200	Sutter Hill、Farallon、成为
6 间房	2006 年 5 月	50	联创策源
	2006 年 11 月	650	联创策源、Tanscosmos
56 网	2007 年 3 月	1000	Steamboat Ventures、SIG
酷 6 网	2007 年 5 月	1000	德丰杰、德同资本

4. 行业乱象频现

资本的投入在为网络视频产业的发展释放出利好信息的同时,也吸引着更多的行业进入者,网络视频平台间的竞争越发激烈。然而,有限的盈利渠道和监管的缺失,也使行业整体处于无序的竞争之中。当时,视频平台除了贴片广告并没有其他的 B 端变现方法,而对于 C 端用户则实施内容免费的商业模式。免费的模式进一步刺激了用户的文娱需求并带来了用户恐怖的自然增长量,而自然增长带来了昂贵的带宽费用,这对视频平台而言是不小的压力。面对激烈的竞争以及有限的变现模式,各视频平台只能尽可能地以满足用户旺盛文娱需求的方式与其他平台争夺用户。鉴于当时仅有部分用户拥有产出好内容的能力和意愿,高品质 UGC 内容的产出难成规模,上传的视频普遍质量偏低,存在低俗、粗制滥造的成分。当时版权管理的重心还在音像制品上,缺乏对网络视频盗版的管控。各大视频平台最大限度地将海内外影视资源搬运到自家平台,使用技术手段盗播电视台内容更是家常便饭,也因此引起了一系列版权纠纷。2006 年 12 月 15 日,中国台湾中天电视台和土豆网联合宣布优酷网盗播了由土豆网引进的华语综艺收视率第一栏目《康熙来了》,要求优酷立即停止"恶意侵权"并赔偿,将它列入行业黑名单。优酷网则以土豆网盗播其百余部影视剧、综艺节目及优酷出品的原创内容对土豆提起诉讼,予以反击。同年 12 月 19 日,日本东京电视台也加入讨伐优酷的阵营中,称其盗播了包括《火影忍者》《银魂》《死神》等知名动画在内的70部动画作品。

产业初创期的中国网络视频行业处于跑马圈地的野蛮生长状态。在这一时期,视频网站的未来被普遍看好,加之进入壁垒较低,大量民营视频网站如雨后春笋般涌入市场。网络视频产业呈多竞争主体之势,尚未形成单个或少数几个视频网站为主导的市场格局。与此同时,政策监管的触及尚浅使得行业乱象频发,内容低俗、版权不当竞争等问题均有待解决。

(三)第三阶段:产业规范期(2008—2013)

1. 加强对网络视频产业的规制

政策管控方面,提出的政策主要通过针对视频内容的低俗化达到对行业进行管控的目的(内容版权的规范主要以行业自律联盟的形式实现),主要方式是确立网络视听服务的牌照许可制度。2007年12月29日,《互联网视听节目服务管理规定》发布,正式确立了我国网络视听服务的牌照许可制度,规定企业只能在获得《信息网络传播视听节目许可证》的条件下提供网络视听服务,这意味着相关企业没有许可证就不能继续经营。2008年3月20日,《互联网视听节目服务抽查情况公告(第1号)》发布,公布了62家违规网站名单:对土豆网等32家平台进行警告处罚,责令猫扑视频、迅雷中国等25家平台停止提供视频节目服务,通报中国影视库等5家没有从事互联网信息服务资质的网络视频平台。2009年1月,国务院新闻办、工业和信息化部等七个部委联合发起"整顿互联网低俗之风"专项活动,专门针对色情、淫秽等低俗内容的网络传播现象,关停涉嫌违法违规的视频平台。2009年9月,《广电总局关于互联网视听节目服务许可证管理有关问题的通知》重申了互联网视听节目服务网站须持证运营的相关规定后,广电总局对网络视听服务的清理整顿进一步升级,多家知名BT网站因为"无证上岗"而被关停。[①]

2. 传统广电机构入局

在实施牌照制后,原广电总局发出了两批、七张互联网电视牌照。其

---

① 中国互联网络信息中心. 2009年中国网民网络视频应用研究报告[EB/OL]. (2010-04-07)[2021-03-06]. https://www.cnnic.cn/n4/2022/0401/c124-894.html.

中,第一批发给了央视国际(中国网络电视台 CNTV—未来电视)、上海文广新闻传媒集团(百视通 BesTV)以及浙江电视台和杭州广播电视台合资公司华数(华数 TV)三家,第二批发给了南方传媒(云视听)、湖南电视台(芒果TV)、中国国际广播电台(CIBN 互联网电视)以及中央人民广播电台(央广TV)。这意味着国有媒体网络电视台正式入局网络视频产业。2009 年 12 月 28 日,中央电视台旗下的国家网络电视播出机构中国网络电视台(CNTV)正式上线,它基于雄厚的资源,迅速建设集网络电视、IPTV、手机电视为一体的播控平台,并部署全球镜像站点,覆盖全球大部分国家和多种语言。随后,湖南电视台、江苏电视台、浙江电视台等省级地方卫视纷纷成立网络电视台。占据政策优势的国有媒体网络电视台队伍迅速壮大,在网络影视市场占有一席之地。与此同时,门户网站也纷纷涉足网络视频领域,以搜狐、新浪、网易等为代表的门户网站纷纷推出或强化各自的门户视频频道。至此,网络视频产业形成了综合视频平台、门户视频平台、网络电视台三足鼎立的格局,市场竞争愈演愈烈。

3. 资本市场活跃,掀起上市与并购热潮

2008 年,由美国次贷危机引发的全球金融危机使得资本对于网络视频行业的投资剧烈缩减。资金的缩减使得需要在版权购买、带宽和服务器上承担高额成本开支的视频企业在经营上困难重重,部分视频平台不得不通过裁员、减少业务、缩小带宽等方式来缩减开支。据不完全统计,受金融危机的影响,约有 400 家网络视频平台出现了"融资"问题。[①] 从 2009 年开始,国内的资本就已经很难为视频平台提供足够的资金了。当时,以土豆和优酷为代表的视频平台都处于亏损状态,在盈利模式有限、版权价格暴涨,而带宽、运营成本居高不下的情况下,网络视频行业仍因其巨大的受众市场而受到较高的发展期待,因而面临残酷的竞争。视频平台间的竞争转变为资本间的竞争,资金难以维系的视频网站或被兼并重组,或选择上市,或直接出局。因此,想要在激烈的竞争中获胜,并变现属于自己的部分股权,上市成为视频网站发展运营的必然选择。自 2010 年起,网络视频行业掀起了一

---

① 北京商报.金融危机加速视频类网站洗牌[EB/OL].(2008-11-17)[2021-03-06].https://tech.sina.com.cn/i/2008-11-17/08012583057.shtml.

股并购与上市的热潮。自此,网络视频头部企业的上市、并购重组拉开序幕。不少视频网站通过上市融资、横纵向并购获得更为丰富的产业资源。产业调整期的上市并购案例如表5-2和表5-3所示。

表5-2 2008—2013年中国视频网站上市运作路径

企业名称	上市运作路径
乐视网	2010年8月12日于中国A股创业板挂牌上市
酷6网	2009年加盟盛大集团,合并华友世纪,2010年8月18日于美国纳斯达克上市
优酷网	2010年12月8日于美国纽交所上市,是首家在美独立上市的视频网站
土豆网	2011年8月17日于美国纳斯达克上市
迅雷	2011年7月20日因价值被低估暂缓上市,2014年获得包括小米在内的3.1亿美元的第五轮融资,同年6月24日于美国纳斯达克上市
暴风科技	2012年5月完成VIE架构的解除并提交A股上市申请材料,2012年11月3日证监会展开IPO自查与核查运动,暂停IPO审批,最终在2015年3月24日于中国A股上市

表5-3 2008—2013年中国视频网站并购情况

时间	并购事件	并购细节
2009年11月27日	盛大收购酷6网	盛大旗下华友世纪与酷6网进行股权合并,合并后酷6成为华友控股集团全资子公司,保留品牌
2011年9月27日	人人公司收购56网	人人公司以8000万美元全资收购56网
2012年3月12日	优酷网与土豆网合并	优酷网以100%换股的方式与土豆网合并,土豆网退市,成立优酷土豆集团。优酷股东拥有优酷土豆集团71.5%的股份,土豆股东拥有28.5%的股份,保留优酷网、土豆网两个品牌
2013年5月7日	百度收购PPS	百度以3.7亿美元收购PPS视频业务,并将PPS与旗下网络视频平台爱奇艺合并
2013年8月15日	百视通收购风行网	上海SMG旗下子公司百视通以3.07亿人民币注资风行网实现控股,并将其属的东方宽频、上海欢腾宽频100%股权按照流程转让给风行网
2013年10月28日	苏宁云商与弘毅资本投资聚力传媒(PPTV)	苏宁云商及弘毅资本分别出资2.5亿及1.7亿美元,苏宁持有PPTV约44%的股权,弘毅则占29.9%

其中较具代表性的案例有:2010 年,酷 6 网在纳斯达克上市、乐视网在国内创业板上市、优酷网登陆纽交所;2011 年,土豆网在纳斯达克上市;2012 年,优酷土豆以 100% 换股方式合并;2013 年,PPS 被百度收购,后与爱奇艺合并等。在多起视频网站上市并购案后,视频网站市场结构呈寡头垄断。此外,2013 年发布的《关于促进信息消费扩大内需的若干意见》提出,加强基于互联网的新兴媒体建设,实施网络文化信息内容工程,推动优秀文化产品网络传播,鼓励网络视听从业机构打破技术、条块分割和所有制的界线,推动跨地区、跨行业、跨所有制兼并重组。相关政策的支持进一步推动了网络视频产业的兼并重组。

4. 行业洗牌

在政策规制与市场冲击的压力下,行业洗牌十分惨烈。一方面,在美国次贷危机的影响下,网络视频行业的投资大规模撤退。在资金紧缺的状况下,需要在带宽与服务器上承担高额运营成本的视频企业在经营上困难重重,许多视频企业通过裁员缩减支出。另一方面,在网络视频 UGC 内容的娱乐化、低俗化倾向下,行业管理部门的规制开始收紧,实施包括正式确立我国互联网视听服务的牌照许可制度、将 300 多家涉嫌违法违规的视频网站关停等多项整顿措施。

网络视频行业严重的同质化竞争早已严重挤压企业的生存空间。在资金紧缺以及政策监管的压力下,视频行业中规模小、融资能力差、经营业绩差或未经审批的运营商纷纷被淘汰出局。在几轮的行业洗牌之后,我国的视频网站数量从 2007 年最高峰的近 400 家跌落到 2008 年的不足 10 家①。

5. 行业联盟形成,版权保护加强

两个或两个以上的企业在保持各自独立的基础上进行资源与能力共享,形成共同实施项目或完成活动目标的合作关系即战略联盟。面对早期网络视频行业的盗版问题以及随后版权大战造成的版权价格高涨等问题,网络视频网站之间、视频网站与电视媒体及影视机构间以各种形式形成以版权内容为中心,辐射内容推广、营销、衍生等业务的战略联盟。

---

① 吴根良. 网络视频产业发展趋势与市场走向展望[J]. 中国新通信,2008(10):14-15.

其中,中国网络视频反盗版联盟缘起于上游影视方对于各视频平台侵权的法律诉讼及各视频平台间的恶性竞争,为维持行业和企业的长远发展,网络视频影视剧集的正版化成为必然选择。在此背景下,2009年9月,搜狐视频、激动网和优朋普乐等企业在北京联合发起中国网络视频反盗版联盟,维护网络视频市场的正常秩序,并对优酷网、土豆网以及迅雷发起诉讼索赔。该联盟是第一个由视频版权利益人、网络视频企业以及相关利益方组成的,在政府版权部门指导下实施自我管理和联合维权活动的跨行业社会组织,旨在共同抵制网络侵权盗版行为,维护网络视频市场的正常秩序。

6. 版权受追捧,版权内容价格上涨

行业内部对于视频版权的重视,使得版权成为视频平台竞争的重点,促使影视剧的版权价格开始出现溢价的情况。资料显示,2007、2008年热播剧《金婚》《士兵突击》单集报价分别为4000元和3000元,而到2009年,热播剧《我的团长我的团》单集报价2万元,获得整部电视剧的版权总成本为86万元。到了2011年,购买整部剧集的价格飙升至千万元规模:搜狐视频购买《新还珠格格》的网络版权费用已达3000万元;腾讯视频购买《宫锁珠帘》的版权价格更是超过7000万元[①]。2010年2月,面对版权市场的恶性竞争,土豆网和优酷网联合推出"网络视频联播模式",在视频版权方面达成战略合作。2012年4月24日,搜狐视频、腾讯视频、爱奇艺联合组建视频内容合作组织,以实现资源互通,并在版权和播出领域展开深度合作,呼吁版权价格回归理性区间。

版权价格的上升,也使视频网站开始积极寻找广告以外的盈利途径。在Hulu、Netflix等美国网络视频网站收费模式的启发下,我国网络视频行业于2010年开始尝试内容付费模式以增加收益:优酷网、56网等视频平台开始推出视频收费服务;2011年3月,乐视联合腾讯、迅雷、暴风影音等7家视频网站成立电影网络发行院线联盟,推出付费点播模式;2011年初,由国家广电总局电影频道节目中心旗下电影网发起,土豆网、新浪、搜狐、优酷等8家视频及门户网站联合推出"VIP付费专区",《让子弹飞》成为第一部试水

---

① 王乐鹏,李春丽,王颖.视频网站的成本与赢利模式探讨[J].中国市场,2010(45):93-94.

网络付费点播的新片,也成为首部有网络票房的电影。

与此同时,视频网站不得不考虑控制内容版权成本的办法,这促进了视频网站之间、视频网站与传统电视台之间的合作,即"台网联动",具体体现为电视剧的共同播出、共同营销以及网络自制内容的反向输出。例如,搜狐视频制作的《钱多多嫁人记》等电视剧内容反向输出到湖南卫视等电视台。同时,对内容版权成本的控制也促使视频网站尝试自制内容,视频网站开始成立内容制作公司,或与影视机构合作。

综上所述,在产业调整期,资本的进入、政策以及市场的监管促使视频网站的业务日益成熟,但有限的盈利模式使得视频网站亏损的问题仍难以解决。国家政策的调控为行业制定了准入标准,规范了视频内容,在一定限度上整治了产业萌芽期及形成期产生的乱象。行业对于视频版权的重视让版权成为视频平台竞争的重点,这也使得所有影视剧的版权价格都开始出现溢价的情况。在盈利模式有限、版权价格暴涨,而带宽、运营成本居高不下的情况下,视频平台间的竞争正式转变为资本间的竞争,背靠雄厚资本的视频平台存活,难以维系现金流的视频平台或被兼并重组,或选择上市,或直接出局。在经历了市场洗牌后,大量缺乏资本竞争力以及市场竞争力的网络视频平台被淘汰出局,网络视频平台间形成了趋于稳定的竞争格局。

(四)第四阶段:产业成长期(2014—2017)

1. 网络自制剧、版权剧创作繁荣

在产业成长期,内容付费模式普及,网络视频用户对内容付费接受度提升。如图5-1所示,自2014年起,我国网络视频付费市场规模呈指数型增长,市场规模从2014年的13亿元增长至2017年的214亿元,虽增速逐年放缓,但仍保持超过50%的增长率。为保证丰富的付费内容资源,视频平台纷纷布局上游影视内容的生产,网络视频内容开始向正规化和精品化迈进。伴随着多年在自制内容领域的探索,网络视频产业的内容自制业务开始走上正轨。2014年,我国视频行业自制内容的投资规模达12亿元,较2013年增加了一倍,占内容总投入的20%;2016年,自制内容总投入进一步增长至30亿元。网络剧涵盖了喜剧、悬疑、爱情、科幻等类型,呈多元化发展之势。

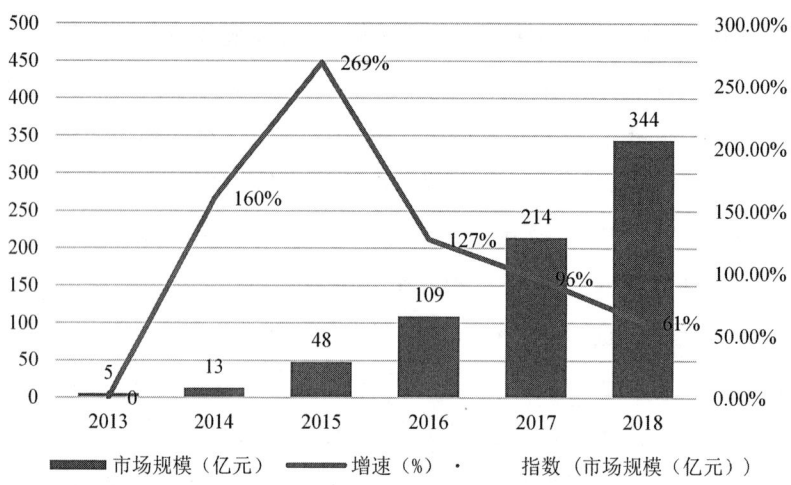

图 5-1 网络视频产业视频付费规模增长趋势

资料来源：前瞻研究院

2. 全媒体多屏传播

根据中国互联网络信息中心（CNNIC）在京发布的第 41 次《中国互联网络发展状况统计报告》数据，截至 2017 年 12 月，我国网民规模达 7.72 亿。其中，使用手机上网的人群占比由 2016 年的 95.1% 提升至 97.5%；与此同时，使用电视上网的网民比例也提高了 3.2 个百分点，达 28.2%，以手机为中心的智能设备，成为"万物互联"的基础。移动互联网服务场景不断丰富、移动终端规模加速扩大、移动数据量持续增长，在为移动互联网产业创造更多价值挖掘空间的同时，进一步推动传统媒体进入全媒体时代的"多屏空间"、跨屏传播。

跨屏传播的关键是实现从受众身份向用户角色转变。一是从用户使用角度出发，根据不同平台特性进行内容安置，谋求网络生存空间和跨屏聚能效果；二是内容生产由单方垄断变为多方协同，用户发挥主观能动性直接参与 UGC 内容，从而为 PGC 内容"加点料"[①]。2017 年，中央电视台综合频道

---

① 孙宝国，刘然.全媒体时代中国视频节目跨屏传播的变革与发展[J].北方传媒研究，2019（05）：23-25.

上映政论纪录片《不忘初心,继续前进》,随即分别在电视和电脑端播出了48分钟的超享版,在微博、微信公众号、移动客户端推出4分钟速览版,以迎合不同生活节奏、观看习惯的受众群体。纪录片《辉煌中国》在创作上采用众筹模式,主创团队号召普通百姓利用自己手里的"小屏设备"拍摄平民视角下的中国故事,最终获取数以万计的故事线索、现场视频和随手照片。随后,媒体团队将UGC内容融汇整理为《辉煌中国》成片,完成从新媒体小屏到电视媒体大屏的众筹式内容生产①。

3. 短视频爆发

2014年前后,以移动终端为主要媒介的短视频平台开始进入大众与资本的视野。2013年,GIF快手从应用工具转型为短视频社区,更名为快手;秒拍应用借助内置于新浪微博的优势,迅速将用户量推至千万级别。紧随其后,腾讯正式推出短视频应用微视。美拍、小咖秀等应用也在随后的几年间纷纷上线。凭借"爆点"内容获得业界和大众广泛关注的短视频内容开始显示出巨大的市场前景和显著的商业价值,吸引了一大批优质的UGC内容创作者。用户生成内容是短视频获取内容的主要渠道,这样的内容胜在参与度高、题材新颖、内容丰富多元、垂直化等。短视频平台借助算法向用户精准推送内容,在吸引用户使用的同时,有效延长了用户碎片化的使用时间,从而在与视频网站的竞争中仍能获取一定的市场空间。自2016年起,短视频内容领域的融资呈井喷之势,如:网红Papi酱获得天使轮1200万元融资,生活类短视频内容平台"二更"获得500万元融资,短视频内容品牌和MCN服务商"何仙姑夫"获得A轮2260万元融资等。各大互联网巨头也纷纷携资入局,其中,今日头条出资10亿元扶持短视频创作;腾讯出资3.5亿美元投资快手,并推出"芒种计划2.0",出资12亿元扶持内容创作者;阿里将土豆网转型为短视频内容分发平台;百度打造旗下短视频平台好看视频等。

与此同时,直播平台悄然兴起,以秀场直播、游戏直播为主的网络直播在长短视频市场争夺的间隙成为网络视频产业的第三大势力。根据CNNIC

---

① 刘煜.论当下政论纪录片对集体记忆的建构路径[J].当代传播,2018(02):47-49+55.

发布的第41次《中国互联网络发展状况统计报告》，截至2017年12月，我国网络直播用户规模达4.22亿，其中游戏直播用户达2.24亿，真人秀直播用户规模为2.2亿，此时网络视频用户为5.79亿。在此期间，监管政策的制定与落实有力整治了网络直播行业发展初期的乱象，促进行业规范发展。2017年底，网络直播平台违法违规内容已明显减少，行业内容规范已基本形成。

4. 盈利模式多元化

网络视频行业进一步向内容生态发展，寻求更多元的盈利渠道。各头部视频网站纷纷布局内容创作领域，布局视频内容制作的上下游产业链，并向外联动网络文学、漫画、游戏等内容相关行业。伴随着移动互联网的发展和智能手机的全面普及，以短视频、直播为代表的移动端视频平台开始发展，网络视频市场开始向移动端倾斜。在布局产业链上游内容生产的同时，部分视频平台也尝试下游诸如智能电视、OTT盒子、智能手机等终端硬件的生产与销售。也有视频平台尝试跨界融合，形成内容生态，即以视频业务为基础与中心纽带，辐射文娱、体育、教育、电商、智能终端、金融等领域。例如：推出商品弹窗向用户提供视频中商品的购买链接或二维码，让用户可以边看边购物；视频网站加强与文学、游戏、动漫等泛娱乐行业的深度联动，共同开发优质IP；联动在线购票、在线读书等文娱消费业务等。多元跨界经营成为产业成长期视频平台发展的主要趋势之一。

（五）第五阶段：产业成熟期（2018年至今）

1. 产业格局基本稳定

随着技术的不断发展，网络视频行业已经形成了一条包括内容生产、发行、传输、存储和展示等多个环节的完整产业链，加之传媒产业特有的网络外部性和互联网垄断性竞争的特点，头部企业垄断网络视频产业的寡头市场逐渐形成，产业格局基本稳定，网络视频产业已进入成熟期。当前，中国网络视频行业的各类产品形式都已经形成稳定的头部市场结构，以长视频为主的综合网络视频平台由腾讯、爱奇艺、优酷、芒果TV等结成寡头方阵，占据了9成市场（89.5%），其余的小平台瓜分剩余的10.5%市场。短视频市场主要被抖音、快手、西瓜视频等头部平台所垄断。根据 QuestMobile 的数据，截至 2021 年 3 月，抖音和快手的日活跃用户数分别为 3.56 亿和 2.98 亿，两者占据了短视频市场的绝大部分份额。哔哩哔哩则以动漫、游戏等二次元内容为主打，成为中国中视频市场的领导者。网络直播平台的第一梯队有斗鱼直播、虎牙直播，占据市场份额的 57.2%；第二梯队有 YY、花椒直播，占据市场份额的 23.0%；第三梯队有映客直播、CC 直播、酷狗直播、快手直播等，占据市场份额的 7.2%，其他直播平台只能瓜分剩下的 12.6% 市场。① 这些头部企业不仅拥有强大的用户基础和多样化的内容，还拥有先进的技术和精细的运营管理体系，在行业中处于领导地位，具有强大的影响力和话语权，引领着中国网络视频行业的发展。

2. 行业垂直化发展

随着竞争加剧，网络视频产业进入垂直化发展期，各平台向内容领域纵深发展，更加关注自身特色领域的用户需求，通过独特的内容和平台生态实现差异化发展。如抖音和快手虽然都是中国目前的头部短视频平台，在用户规模、用户黏性等方面均有巨大优势，但内容风格与平台生态却不尽相同：抖音注重短视频的创意性和时尚感，主要是音乐、娱乐、美食、时尚等领域轻松有趣的内容，注重让用户在快节奏的生活中放松娱乐；快手则更侧重于用户的生活与情感，内容以真实记录生活的点滴为主，具有更强的社交属性，引导用户分享真实生活，让每个人都成为生活的创作者。在各个细分领域垂直深耕，形成品牌特色，成为企业在网络视频产业成熟期的发展着力点。

3. 盈利模式有所突破

相比成长期多元化的盈利模式，成熟期的网络视频产业盈利模式有所突破，呈现由量转质的趋势，力图提质增效。在网站内容垂直化、差异化的基础上，行业不再以扩大用户规模、增加广告收入为主要目标，而是进一步优化付费模式与会员服务，提高现有用户付费意愿、培养用户订阅习惯。各大网络视频平台均推出多种会员类型与购买形式，如爱奇艺视频网站有体

---

① 《中国网络视听发展研究报告》(2023)，第十届中国网络视听大会发布。

育会员、星钻会员、白金会员、黄金会员等会员类型,包括观看VIP剧集、免除广告、多个移动端共同享有权益等具体权益,针对不同用户需求提供个性化的服务。此外,视频网站提供多种购买VIP会员的方式,包括连续包年/包季/包月/单点等,并与网络音乐、游戏、电商等平台推出积分兑换、联合会员、优惠套餐等购买方案,满足用户的多样需求,激发用户付费热情。

目前,网络视频网站已逐步形成以IP为中心,对平台内外的资源进行整合从而实现联动,从小说、漫画等原创IP中衍生网络剧、综艺、动漫、电影等视频内容,再基于内容开发游戏、商品、服务等,实现视频内容与音乐、文学、游戏、电商等领域协同发展的内容生态闭环。例如,腾讯视频在整合平台内资源的同时,与QQ音乐、腾讯文学、腾讯游戏等平台联动合作,实现多方共赢。此外,视频网站也在积极加强跨领域合作,围绕用户需求拓展业务边界,进一步打造成熟的商业模式,如与携程、京东、华为等企业合作,通过账号互通、运营协同、内容共享等措施,以会员捆绑售卖的形式增加会员权益,激发用户付费意愿,跨领域获取付费用户资源。短视频平台则试图在广告、电商、直播等线上领域,以及餐饮、旅游、文创等线下领域变现其庞大的流量,并通过自建电商平台、进军支付领域,实现流量的内部转换,打造"短视频+电商"的生态闭环。而在直播领域,各大直播平台大力布局"直播+"业务,积极与电竞、电商、综艺、文化、旅游、教育等产业相结合。在2020年新冠肺炎疫情和脱贫攻坚的双重背景下,网络直播作为"线上引流+实体消费"的新模式,在解决线下消费不足、商品积压等问题的同时,有效促进了透明安全交易过程的实现。电商也成为秀场打赏之外,网络直播的重要盈利点。

第二节 网络视频多样性特征

一、产品形式多样性

目前,网络视频产品形式多样,长视频、中视频、短视频、直播等均为网络视频内容的主要呈现形态。其中,以爱奇艺为代表的传统视频网站是电视剧、电影、综艺等长视频的主要播出平台。以抖音、快手为代表的短视频平台主要承担整合并分发用户上传的短视频内容的功能。同时,视频主播也可以通过短视频平台、直播平台等为用户提供直播内容。经过多年的视频内容消费,用户对视频质量、内容深度有了更高的要求。这让较短视频信息量更多、更具内容深度,较直播更加精炼、逻辑更连贯的中视频越来越受市场欢迎。

(一) 长视频

自古以来,为了更好地认知、探索、记录、展示世界以及我们自身,人类不断丰富着视觉的艺术。视频就是人类创造出的一种流动的视觉感知与呈现方式,视频是动态的图像,是时间空间更加直观的呈现方式。视频弥补了文字、图片、语音等信息传播方式的环境缺失、"在场"不足等缺憾,从而能够表达出更为直观与丰富的信息(邢小强等,2019)。其中,以电影、电视剧为代表的长视频属于大众媒体,具备大众媒体的传播特征。在网络视频产业初创期诞生的视频网站也遵循着大众传媒的生产传播逻辑:专业化生产与集中式分发。长视频内容的生产往往具备周期长、成本高、专业要求高等特征,因此具有较高的经济壁垒与专业壁垒,这使得视频的生产与分发集中在少数人手中,大众主要是视频内容的消费者而非生产者、传播者,大众与视频的生产者、分发者也缺乏互动与沟通。虽然传播者与受众的联系仍不够紧密,网络视频网站却也给予了受众之间更多互动的机会,如视频评论、视频弹幕等。同时,不同于广播电视等媒体内容,网络长视频的观看更容易摆脱时间空间的束缚,选择也更加丰富多元。

(二) 中视频

与短视频、直播竖屏的内容呈现形式不同,中视频更多以横屏的方式呈现内容。YouTube可以算是最早的中视频内容网站,汇集了大量用户原创视频内容。目前,国内也涌现一批与YouTube类似的中视频网站,如西瓜视频、哔哩哔哩。相较于短视频和直播,中视频的创作门槛更高,往往属于专业用户生产内容。中视频1至30分钟的时长对视频内容、节奏、情节等有更高的要求,否则无法吸引观众看下去,视频完播率将降低。

目前,网络视频产业商业化运营成熟,网络视频平台整体用户量增速放缓,平台间的竞争向存量用户转移,使得用户对内容专业性的要求有明显提升,这导致普通的UGC内容很难再满足用户的需求。新榜研究院和哔哩哔哩共同发布的《2020年B站UP主价值研究报告》也反映了这一需求:2020年,内容专业度、趣味性、剪辑精良程度等都是显著提升的视频内容需求。B站2020年度财报也显示,2020年第四季度PUGV内容贡献了平台91%的总观看量。由此可见,技术的进步虽然给了个人很大的创作空间,但具有专业生产背景的内容很可能会占据更大的用户市场。因此,能够通过视频创作获利、坚持内容产出的,往往还是拥有专业生产背景的内容创作者。

(三)短视频

数字技术的进步、通信资费的降低以及相关软硬件的普及降低了视频的拍摄和观看成本。随时拍摄、随时上传、随时观看、随时分享的便捷,使得短视频逐渐成为人们日常文化娱乐消费的新选择。在消费端,短视频占用时间少、流量消耗小,适应了现代人快节奏、碎片化、移动性的文化习惯(郑宜庸,2019),也适配于更多元的消费场景,符合现代人个性化的文化消费需求。而在生产端,首先,技术的进步以及平台对操作的简化降低了短视频的生产门槛:用户只需在智能手机上安装相关应用,在平台简单的引导下,就能完成短视频的拍摄、制作与上传。随着短视频应用的升级、辅助拍摄应用的推出,短视频的拍摄更加方便快捷。其次,短视频这种内容形态本身也为个体表达赋能。一方面,相较于文字与图片,短视频可以承载更多的信息,使个人能够更全面地记录并展现自我;另一方面,1分钟以内的时长不仅降低了视频拍摄的难度,有利于分享传播,也增加了视频的完播率,低创作门槛和"被他人观看与了解"的自我实现,进一步激励个体记录并展示自我。最后,短视频的商业价值也激励用户通过短视频表达自己。对个人而言,拍摄短视频可以从平台创作者激励、商家推广等中获利。对商家而言,短视频有利于消费者对品牌形象、产品认知的建立,从而变现由短视频吸引来的巨大流量。短视频良好的流量导入效果也使得自身成为其他网络应用的基础功能,它在新闻报道、电商展示、旅游营销、到店业务等领域的应用已十分普及。

(四)网络直播

网络直播是一种高互动性的即时视频娱乐方式。早期直播以秀场直播和游戏直播为主。不同于电视直播的大众传播形式,网络直播更类似于人际传播,具备更多私人领域而非公共空间的特征。在数字技术的支持下,网络直播的门槛大幅降低,借助智能手机和移动互联网,每个人都能通过直播分享生活或者与正在直播的主播互动。与短视频类似,网络直播全民参与度高,用户对内容有较强的自主选择权,直播内容呈多元化、垂直化、分众化的特点。不同于短视频,网络直播具备更强的即时性和互动性,主播和观众可以通过语音或文字的形式实时沟通交流。

2020年,人们的生活受到新冠肺炎疫情的严重影响,人们的出行受限,线下活动减少,网络直播的即时性和互动性在满足人们信息需求的同时,也成为人与人相互支撑陪伴的桥梁,网络直播用户数激增。根据CNNIC发布的第47次《中国互联网络发展状况统计报告》,截至2020年12月,我国网络直播用户规模已达6.17亿,较2019年6月增加2.37亿。在细分领域,截至2020年12月,于2019年兴起并迅速发展的电商直播用户规模已达2.65亿。疫情期间,电商直播有效解决了顾客到店消费频率骤减、产品库存积压的问题。在成为商家销售商品新渠道的同时,电商直播还弥补了在线消费过程中缺失的场景感,有利于信任关系的建立。

综上所述,长视频、中视频、短视频以及网络直播这四类主流网络视频形态的特征如表5-4所示。其中,关于各网络视频形态时长的划分目前并没有统一的标准,下表只是根据目前市场上主流短中长视频的时长进行的粗略划分,并非绝对。根据内容时长不难发现:短视频内容更为精简紧凑,注重关键点的展示;长视频与中视频则可以针对重点内容进行有逻辑的展开,较短视频更加深入,但并非面面俱到;网络直播因不受时间限制,可以把一件事说得比较全面深入,并且可以与观众互动,但信息的呈现会相对分散。

表 5-4 主流网络视频形态的特征

	长视频	短视频	网络直播	中视频
视频时长	长于30分钟	1分钟以内	无时长限制	1至30分钟
表现形式	横屏	竖屏	横屏、竖屏	横屏
典型内容	影视剧、综艺	生活娱乐	游戏、电商	知识科普
内容创作方	专业影视机构	个人用户/专业用户	个人用户/专业用户	专业用户
内容制作成本	高	低	中	中
互动性	低	中	高	中
视频信息来源	专栏推荐、用户搜索	平台算法推送	专栏推荐、视频引流	平台算法推送

表现形式上,长视频与中视频以横屏为主,短视频以竖屏为主,网络直播则横屏(游戏)与竖屏(电商)皆有。在内容成本上,按高中低对各视频形态的制作成本进行划分:长视频制作成本最高,中视频次之,短视频与网络直播最低。当然,由于观众对于视频质量的要求越来越高,短视频和网络直播也开始向专业化拍摄与剪辑发展,在此仅以普通人制作视频内容的成本进行高低比较。在互动性方面,上表仅涉及观众与创作者间的互动,以即时互动为主要特征的网络直播互动性最强,短视频与中视频次之,长视频则很少或几乎没有。在视频信息来源方面,根据所在视频平台的不同,用户一般通过视频网站推荐专栏或者自主搜索观看长视频内容,短视频和中视频信息的获取则以平台算法推荐为主,直播类平台的直播信息以专栏推荐为主。短视频和中视频平台也可以利用短视频和中视频引流,当用户发现自己观看的短视频或中视频的创作者正在直播时,往往会出于好奇而观看直播。

二、内容题材多样性

内容题材多样性是网络视频产业的重要特征之一,不仅为用户提供了多元化的选择与丰富多样的观影体验,也为网络视频平台在市场上的竞争提供优势。

网络视频平台根据不同用户的人群特征有效划分产品内容,以满足不同细分市场需求。为满足不同类型的用户需求,平台提供的丰富内容,如电影、电视剧、综艺节目、动漫、音乐视频、纪录片等,覆盖了几乎所有可能的视频类型。此外,网络视频平台通过用户画像和大数据分析等手段,对用户进行精准推送和个性化推荐,进一步提升用户体验。网络视频平台已经不再是简单的视频分享平台,更多地变成了一个提供内容的聚合平台,通过内容分发和推荐算法引导消费者发现他们喜欢的内容。

网络视频产业的内容来源也是多头发力,包括原创和改编等不同形式。随着网络视频产业的不断发展,原创内容已经成为各大平台的核心竞争力之一。数据显示,2019年中国网络视频原创内容市场规模达到了1356亿元,同比增长了29.9%。各大平台也相继推出了自己的原创节目,如爱奇艺的《奇葩说》《一年一度喜剧大赛》等。此外,改编自小说、漫画、游戏等内容的影视作品也越来越受到用户的欢迎。例如,改编自网络小说的《甄嬛传》成为电视剧经典,自2011年播出热度持续不减。

三、生产方式多样性

(一)专业生产内容(PGC)

伴随着网络视频产业的发展,内容生产模式日益多元化。其中,以影视机构、电视台等为代表的专业创作团队主要进行诸如电视剧、电影、综艺等对拍摄场景、拍摄技巧、内容情节、后期制作等有较高要求的内容创作,即专业生产内容(PGC)或专业生产视频(OGV)。其中,视频内容的创意引进、拍摄、后期、发行等环节都由专业影视公司专业人士负责跟进,以拍摄过程为例,导演、摄影、演员、制片、场务、服化道工作人员等各司其职,相互配合,是顺利完成拍摄的重要前提。由此可见,专业视频内容在创作过程中的专业分工特征明显,人员构成复杂,因此,需要专业影视机构进行项目与人员的管理,以便合理分配资源。

依托专业生产模式生产的电影、电视剧等内容需要经历少则几个月多则几年的制作周期,拍摄制作成本高,变现时间长,且具备一定的收入不确定性。因此,为降低成本、分摊风险,专业制作机构、视频网站以及传统影视媒体紧密合作,进行联合制作、联合出品,共享内容版权。

(二)用户生产内容(UGC、PUGC)

以普通网络用户为代表的个人创作者主要进行诸如短视频等对拍摄技法、信息量、内容深度等要求相对较低的内容创作,即用户生产内容(UGC)。以接受过专业视频创作培训的专业用户为代表的个人创作者主要进行诸如中视频等对视频信息量、内容深度等要求高于短视频的内容创作,即专业用户生产内容(PUGC)或专业个人用户视频(PUGV)。

起初,短视频等由用户生成的视频不需要过于细致的分工,对视频制作的专业要求也不高,有时一个人即可完成视频的选题、拍摄、剪辑与上传,加之视频内容变现能力较弱,商业价值尚待挖掘,因此 UGC 创作者对资源整合与匹配的需求较小。随着移动互联网技术的进步以及智能手机的普及,节奏轻快、爆点集中的短视频内容逐渐成为人们视频娱乐消费的新去向。与此同时,短视频较图文而言具有更为强大的信息承载优势,其商业价值开始受到重视,越来越多的内容创作者涌入短视频赛道,导致竞争加剧。同时,为保证视频内容的广告价值,短视频内容向专业化制作发展。此外,什么样的视频内容会受到市场的欢迎、什么样的视频内容容易变现等是创作者长期以来面临的难题。加之以短视频平台为代表的依赖算法机制将视频内容推送给用户的内容送达模式,使平台算法成为内容创作者希望能够打开的黑箱。针对上述创作需求,具有中国本土特色的 MCN 机构应运而生。这些 MCN 机构的主要职能为:捕捉平台算法机制和市场需求,同创作者对接平台需求与市场需求,并为 IP 培育、内容创作提供依据。MCN 机构的出现进一步使 UGC 创作过程专业化,创作的内容也更加商业化。由此可见,目前用户生产内容呈现出由普通用户的非专业化生产向由 MCN 机构进行资源整合并组织用户进行专业化生产发展的趋势。

(三)人工智能生成内容(AIGC)

人工智能生成内容(AIGC)在 2023 年初突然爆火,成为全世界互联网追逐的方向和人们津津乐道的话题。ChatGPT 强大的人工智能自动创作文本能力惊艳了世人,科技巨头纷纷布局 AIGC。

随着网络视频产业的发展,创意化的内容产品的市场需求越来越旺盛。

AIGC可以极大地提高内容产品的生产效率,增加内容产品的供给能力。从范围上看,AIGC已经逐步深度融入文字、代码、音乐、图片、视频、3D多种媒体形态的生产中;从效果上看,AIGC在基于自然语言的文本、语音和图片生成领域实现了开拓式创新;从方式上看,AIGC的跨文字、图像、视频和3D的多模态加工是热点。AIGC目前还处于初步尝试和引入时期,有专业人士预测,到2025年,AIGC生成的终稿将比人类平均水平高;到2035年,AIGC生成的终稿将比专业作家质量更好。

在视频网站、短视频平台、网络直播平台业务相互渗透、融合发展的当下,专业内容生产者和用户并没有明确的界限,多元化的内容创作模式使得视频领域的内容创作合作频繁。用户可以通过参与课程培训、创作实践提升视频质量,成为专业内容创作者。拥有一定粉丝基础的专业内容创作者可以与平台签约或成立工作室,借助平台流量的扶持和资本资源的倾斜参与影视综艺的创作过程。例如,凭借原创短视频爆红网络的Papi酱参演电影《妖铃铃》《明天会好的》;哔哩哔哩签约主播逍遥散人参演平台自制综艺《百分之二的爱》,客串平台自制动漫《时光代理人》等。也有一些明星艺人等专业内容创作者通过视频平台分享生活、建立人设、推广产品,成为用户创作者。

四、传播平台多样性

与脱胎于行政体制的电视产业不同,我国视频产业诞生于市场经济的商业化逻辑之下。早在20世纪末,广电、电信运营商就凭借自身在技术、政策等领域的优势率先推出网络视频点播服务,但碍于商业模式与内容资源的限制,二者并未在网络视频市场掀起波澜。直到2004年末,以优酷网、土豆网、乐视网等为代表的民营视频网站以及以搜狐视频、腾讯视频等为代表的门户视频网站纷纷涌入网络视频市场,才正式拉开了我国网络视频行业发展的帷幕。2009年,中央电视台旗下的国家网络电视播出机构中国网络电视台(CNTV)正式上线,随后,湖南电视台、江苏电视台、浙江电视台等省级地方卫视也纷纷成立网络电视台,国有资本正式进入网络视频行业。就此,网络视频行业形成了综合视频平台、门户视频平台、网络电视台三足鼎立的格局。在经历了十余年的发展后,随着网络技术的革新,短视频、中视频、直播等内容形态得以以更低的成本被生产与传播,以抖音、快手等为代表的以移动端为主要传播媒介的短视频平台,以哔哩哔哩、AcFun等为代表的提供垂直类兴趣内容的社区类视频平台,以及以虎牙、斗鱼等为代表的主营直播业务的直播平台纷纷涌入网络视频市场。

根据来源属性分类,可将网络视频运营机构划分为互联网系统、广电系统和其他机构[1]。随着近几年网络视频产业的发展,以优酷土豆、爱奇艺为代表的综合视频网站与以腾讯视频为代表的门户视频网站间的差异逐渐缩小,故可统称为综合类视频网站。它们与短视频平台、直播平台等互联网系统新生力量展开新一轮的市场争夺。广电系统则由中央一级和各省、市的网络电视台组成,其他机构则包括报社(人民网的人民电视)、通讯社(新华网的新华网络电视)等。

根据国家广播电视总局2021年5月发布的《〈信息网络传播视听节目许可证〉持证机构目录》,截至2021年2月,国内持有《信息网络传播视听节目许可证》的机构有571家[2],包括民营视频平台、电视机构、广播机构、报社、通讯社、杂志社、协会组织、高校等。尽管持有《信息网络传播视听节目许可证》的机构数量庞大,但大部分机构仅将网络视频作为一种信息传播的手段,并非主营业务。部分以网络视频业务为主要经营业务的民营视频平台并不持有《信息网络传播视听节目许可证》,仅有《广播电视节目制作经营许可证》。这些视频平台多为短视频平台与直播平台,内容以娱乐类、生活类视频为主,无法制作发行时政、新闻及同类专题、专栏节目。

五、盈利模式多样性

视频平台的变现逻辑都是围绕着视频本身搭建的,平台整合的视频类型与市场定位也影响着平台的变现路径。目前,视频平台的主要盈利模式包括:用户付费、广告代理、版权分销、游戏代理、电子商务等。

---

[1] 何白.中国网络视频产业发展研究[D].厦门:厦门大学,2017,65—66.
[2] 不包含持有省级广电行政部门发放的《信息网络传播视听节目许可证》的设区的市、县级新闻单位。

(一) 用户付费

综合类网络视频网站的内容以面向大众市场的电视剧、电影、综艺为主,由于内容制作成本高昂以及变现周期较长,并不完全适合传统媒体将内容低价或免费地提供给受众而将受众的"注意力资源"售卖给广告主的"二次售卖模式",因而采用"免费+收费"的模式。目前,用户付费是综合类视频网站的主要收入来源之一。通过付费,用户可以观看会员专享或需单独付费的影片,也可以购买视频网站的网络电视服务。但碍于服务的单一同质化,将会员服务进行捆绑销售是面向大众市场的视频网站的有效存活策略之一。因此,以 IP 为中心,通过整合内外资源实现视频内容与音乐、文学、游戏、电商等领域的协同发展,构建版权生态闭环,实现内容的捆绑式变现,可能是视频网站会员付费模式的重要发展趋势。对于短视频平台等用户创作内容的平台,用户付费打赏自己喜欢的网红主播、UP 主,平台从打赏中分成,也是获得收益的方式之一。

(二) 广告代理

广告代理同样是视频网站的主要收入来源之一。在广告方面,一是短视频较传统长视频更具流量优势,获取了更多的"注意力资源"。二是短视频较短的制作周期和较低的制作成本,更适合通过广告变现。而长视频对内容的情节与逻辑较短视频有更高的要求,插播过多广告容易影响观看体验,造成用户流失。短视频时长短、内容生动、节奏明快的特征,使它很容易吸引用户的注意力,植入广告对观感的影响也相对较小。此外,短视频平台更善于利用算法将信息精准推送给用户,可以大大提升广告内容的转化率。而由短视频业务衍生出的直播业务具备较强的互动性,能帮助消费者更深入地了解商品属性,建立消费信任,因而也有较高的购买转化率。

(三) 版权分销、游戏代理与电子商务

除了用户付费和广告代理两个重要收入来源,版权分销、游戏代理、电子商务等也是视频平台的主要收入来源。其中,版权分销即获得影视剧独家网络版权的视频运营商将该版权分销给其他视频网站,从而赚取差价的

模式。游戏代理也是视频平台的主要获利渠道,属于网络游戏中一种常见的运营模式。游戏开发商在游戏运营过程中选择游戏运营商运营游戏的推广和维护工作,即为游戏代理,属于一种双赢的经营理念。游戏开发商将一款产品传达给目标消费者的成本极高而且还承担着很大的风险,与此同时,视频平台拥有相当数量的忠实用户,且具有较强引流和导流能力,作为游戏代理商具备一定的优势。因而,诸如哔哩哔哩等公司不仅代理游戏,也会进行游戏的自主研发。视频平台的电商业务呈多元化、线上线下结合的趋势。综合类视频平台因联合创作、自制剧目的内容版权获取模式,可以衍生出线下电影票务、线上内容衍生品等电商形式。短视频平台等依靠用户创作内容的平台则利用短视频的带货能力,发展出线上购物以及旅游、到店消费等O2O模式。

通过电商进行流量变现的形式主要有两种:一是直播电商,二是短视频电商。直播电商利用网络视频平台直播带货,直播间能够给用户带来真实的商品展示,并且通过热烈的氛围形成用户之间的模仿效应和跟随效应,激发用户的购买欲望,是一种非常有效的营销方式。短视频电商即通过短视频引导用户进入店铺,实现商品的售卖。

此外,在网络视频平台发展的历程中,诸如乐视网等视频平台也尝试过制造"乐视盒子""乐视手机"等视频接收终端来获取收益。然而,作为硬件产品的数字终端本质属于制造业,网络视频企业参与硬件设备的生产属于跨界经营,延伸了产业链条,对企业在资金管理、业务管理、市场风控等方面有很高的要求。数字终端的制造对供应链的议价能力要求较高,也需要大量的资金投入,在终端市场竞争激烈且市场需求不确定的情况下进军数字终端的制造,对视频平台的资金量与资金结构是不小的挑战。因此,将数字终端作为盈利方式的尝试多以失败告终。

六、接收终端多样性

网络技术的进步带动网络接收设备的多样化,主流的网络内容接收设备包括台式电脑、笔记本电脑、手机、平板电脑等。在"三网融合"的驱动下,互联网电视、OTT盒子应运而生,成为新的网络内容接收终端。在内容接收终端多屏化的发展趋势下，用户可以根据消费需求、消费场景选择合适的内容接收设备，也可以通过其他设备实现社交、购物等方面的交互。

在 4G 业务不断发展以及 5G 技术日益成熟的趋势下，我国移动互联网信息业务逐渐普及。随着平板电脑、智能手机等移动终端的价格降低，越来越多的网民得以通过移动终端接入网络，网络视频用户已由 PC 端向移动端转移。图 5-2 所示的互联网接收设备情况显示，2020 年底，台式电脑、笔记本电脑以及平板电脑的使用率较 2014 年有明显的降低，手机的使用率则在 2020 年底达到 99.7%，电视作为网络接入端的使用率也有所提升，但仍处于较低的水平，我国网络接入设备移动化发展趋势明显。《中国互联网络发展状况统计报告》并没有将具体应用的网络接入设备使用率进行划分，鉴于网络视频应用的设备使用率只会小于等于该数据，故也能说明一定问题。第 52 次《中国互联网络发展状况统计报告》显示，2023 年底我国网络视频用户数达 10.44 亿人，短视频用户规模为 10.26 亿人。近年来，相关统计并没有特别划分手机端和电脑端的网络视频接收渠道，第 43 次《中国互联网络发

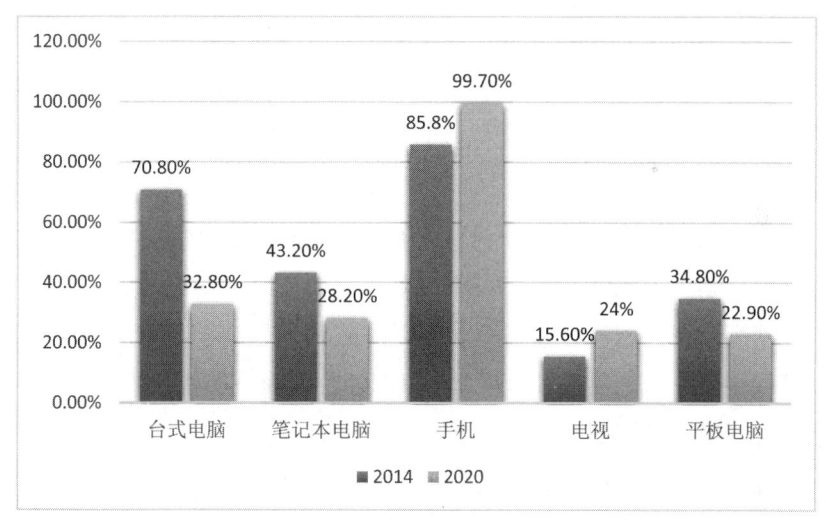

图 5-2　中国互联网接入设备使用情况①

资料来源：CNNIC，第 35 次《中国互联网络发展状况统计报告》、第 47 次《中国互联网络发展状况统计报告》

---

① 图中显示为 2014 年 12 月以及 2020 年 12 月统计数据，因 2014 年的统计数据首次出现电视端口的统计，故以 2014 年为对比数据。

展状况统计报告》最后一次统计手机端网络视频情况。报告显示,2018年底我国手机网络视频用户规模为5.89亿人,整体网络视频用户规模为6.12亿人,两者在用户规模上已非常接近。

七、互动方式多样性

网络视频的互动方式多种多样,包括弹幕、点评、话题、论坛、热搜和直播等,在不同程度上实现用户与生产者的双向交互。

弹幕是一种在视频播放过程中,用户可以发送文字或图像消息,在屏幕上通过移动或闪烁的方式进行显示的交互形式。弹幕源自日本弹幕视频分享网站(niconico动画),国内视频网站AcFun首先引进,后被视频网站哔哩哔哩引用,影响力逐渐扩大,这种交互方式已经成为网络视频不可或缺的一部分。弹幕的即时性给用户带来了强烈的参与感和互动体验,让用户能够与其他观看视频的人进行实时交流。弹幕本身也成为视频内容的一部分,用户在分享自己的看法、情感和体验,与其他弹幕进行互动的同时,也让视频内容变得更加生动有趣,为用户带来更加丰富的视听体验。

点评是网络视频最为传统的互动方式之一,用户可以在观看完视频后,在评论区对视频内容进行评价,从而让视频制作团队获得反馈,改进视频内容。

话题和论坛依托于微博、贴吧、豆瓣等社交网站与平台,为用户之间讨论和交流视频内容提供空间,在聚焦话题的同时又具有一定的包容性。

热搜则是将热门话题和视频内容以关键词的形式呈现给用户,互动的辐射范围更广。通过热搜,用户可以方便地查找自己感兴趣的内容,视频创作者也可以借此推广营销,增加自身影响力。

直播是网络视频中最具有代表性的交互形式之一,与其他互动方式相比,直播互动的实时性、双向性更强、更直接。用户通常在直播过程中通过发表弹幕、评论的方式和主播及其他观看直播的用户进行互动,甚至可以通过连麦与主播直接对话。但直播互动往往建立在与视频生产方产生交易的基础上,在直播间通过打赏、购买等方式消费到一定程度的用户将有更大概率与主播进行互动。

八、效果评价多样性

对网络视频质量与效果的评价同样呈现出多样性特征,具体表现在两个方面:一方面是多维评价指标,另一方面是各类评价榜单。这些特点使网络视频产业的发展更加健康。

(一)多维评价指标

针对同一个网络视频,可以通过多维评价指标进行综合评价,常用的评价指标包括点击量、评分和主演贡献等。点击量是评价视频流行程度的重要指标之一。在许多平台上,视频的收视率和播放量是衡量它受欢迎程度的重要标准,视频平台的推送机制也会将播放量较高的视频优先推送到首页。评分则更多地表现了用户对视频内容的整体看法,也是对视频质量的直观评判。用户可以从一到十、从一星到五星分层次进行评价,也可以通过"喜欢""不喜欢"等方式进行评价。此外,针对电视剧、电影等制作成本较高的视频,一些平台还会根据主演的表现进行评估,以此来衡量其贡献度。以上这些评价指标,使用户能够从不同角度了解视频的受欢迎程度并进行选择,生产者可以更有针对性地改进制作内容。

(二)各类评价榜单

榜单是指将网络视频按照一定的规则和指标进行筛选与排名后形成的名单。视频评价榜单类型多样,样式与结构各有不同。根据视频的题材可分为动作、爱情、悬疑、科幻等类型榜单;根据时间可分为一周、一个月、半年和一年等不同时间段的榜单;根据制作国别可划分为中国、美国、韩国等剧集榜单。视频榜单能够很好地展现市场趋势、流行内容和受众群体,为营销决策提供支持,启发更多的创意和灵感。同时,榜单也可以作为提高品牌曝光度、监测与分析竞争对手的有效手段。随着技术和市场的不断发展,网络视频的评价方式也将不断丰富,更多元化的评价指标将涌现出来,评价榜单的多元化也将更加贴近用户需求。

第三节　网络视频产业规制

1999年,国家广播电影电视总局发布了《关于加强通过信息网络向公众传播广播电影电视类节目管理的通知》,规定了互联网传播广播电影电视节目的内容要求和对行为主体的登记要求。随着网络视听产业的发展,政府相继出台了大量文件,从产业范围、节目制作、传播、内容、渠道、运行机构、市场准入、行业标准、行政管理、审核监管等方方面面对网络视听产业进行监督管理和规制(表5-5)。

表5-5　网络视听产业政策一览表

时间	政策文件
1999	关于加强通过信息网络向公众传播广播电影电视类节目管理的通知
2003	互联网等信息网络传播视听节目管理办法(15号令)
	关于联合开展信息网络传播视听节目治理工作的通知
2004	关于加强影视播放机构和互联网等信息网络播放DV片管理的通知
	互联网等信息网络传播视听节目管理办法(39号令)
2005	关于贯彻落实全国打击淫秽色情网站专项行动电视电话会议精神加强互联网传播视听节目管理的通知
	关于发布《广播影视网络专有IP地址规划》一项广播电影电视行业标准的通知
2007	互联网视听节目服务管理规定(56号令)
	关于加强互联网传播影视剧管理的通知
2009	关于加强互联网视听节目内容管理的通知
	关于加强以电视机为接收终端的互联网视听节目服务管理有关问题的通知
	关于加强互联网证券期货讯息、广告宣传等专业性视听节目服务管理的通知
	关于互联网视听节目服务许可证管理有关问题的通知
2010	关于发布《互联网视听节目服务业务分类目录(试行)》的通告
	关于开办网络广播电视台有关问题的通知
2011	关于印发持有互联网电视牌照机构运营管理要求的通知
2012	关于进一步加强网络剧、微电影等网络视听节目管理的通知
2013	关于促进主流媒体发展网络广播电视台的意见

第五章 中国网络视频产业的发展

续表

时间	政策文件
2014	关于进一步完善网络剧、微电影等网络视听节目管理的补充通知
	关于进一步落实网上境外影视剧管理有关规定的通知
	关于加强有关广播电视节目、影视剧和网络视听节目制作传播管理的通知
2015	互联网等信息网络传播视听节目管理办法
	互联网视听节目服务管理规定（2015修订）
	关于做好《信息网络传播视听节目许可证》申报审核工作有关问题的通知（2015修订）
2016	专网及定向传播视听节目服务管理规定
	关于做好移动互联网视听节目服务增项审核工作有关问题的通知
	关于加强网络视听节目直播服务管理有关问题的通知
	关于加强微博、微信等网络社交平台传播视听节目管理的通知
2016	互联网直播服务管理规定
	关于进一步加强网络原创视听节目规划建设和管理的通知
	关于印发《网络表演经营活动管理办法》的通知
	关于调整《互联网视听节目服务业务分类目录（试行）》的通告
2017	关于进一步加强网络视听节目创作播出管理的通知
	关于加强网络视听节目领域涉医药广告管理的通知
2018	加强网络直播答题节目管理
	关于进一步规范网络视听节目传播秩序的通知
	关于做好暑期网络视听节目播出工作的通知
	关于加强网络直播服务管理工作的通知
	进一步加强广播电视和网络视听文艺节目管理的通知
	关于网络视听节目信息备案系统升级的通知
2019	关于加强"双11"期间网络视听电子商务直播节目和广告节目管理的通知
	关于印发《网络音视频信息服务管理规定》的通知
	网络信息内容生态治理规定
2020	防范和惩治广播电视和网络视听统计造假、弄虚作假责任制规定
2021	关于加强网络直播规范管理工作的指导意见
2022	广播电视节目传送业务管理办法

163

2007年以前，规制重点是明确主管部门与监管对象，强调了互联网视听节目由国家广播电影电视总局监管，确立许可证制度，设立了准入门槛。

2009—2016年，相关主管部门进一步完善内容监管，强化审核制度，要求厂商如果通过互联网连接电视机或机顶盒等电子产品，向电视机终端用户提供视听节目服务，应当按照《互联网视听节目服务管理规定》和《专网及定向传播视听节目管理办法》的有关规定，取得"以电视机为接收终端的视听节目集成运营服务"的《信息网络传播视听节目许可证》。确立开办网络电视台的条件与门槛，对互联网电视采取"集成服务+内容服务"的管理模式，分别颁发内容服务和集成业务两类牌照，形成了互联网电视牌照制度，并分两批颁发了七大互联网电视牌照（表5-6）。按政策设计，电信企业和终端厂商都不具有合法提供电视节目内容的资质，电信企业只有提供业务和提供宽带的资质，电视机厂商、终端厂商只有生产和销售资质，所以必须由广电企业来提供节目内容和行使播控权，从而从源头上保证内容的可管可控。由于网络直播发展迅速，从2016年开始，国家加强对网络直播的监管力度，相关法规密集出台。

表5-6 中国互联网电视集成牌照发放情况

牌照商	集成平台播出呼号	内容平台播出呼号	运营主体
央视国际	中国互联网电视	CNTV	未来电视有限公司
百视通	BBTV网视通	东方网络电视	百视通新媒体股份有限公司
杭州华数	华夏互联网电视	华数互联网电视	华数传媒网络有限公司
南方传媒	互联八方	云视听	广东南广影视互动技术有限公司
湖南电视台	和丰互联网电视	芒果TV	快乐阳光互动娱乐传媒有限公司
中国国际广播电台	环球网视	CIBN互联网电视	国广东方网络（北京）公司
中央人民广播电台	中央银河互联网电视	央广TV	央广新媒体文化传媒（北京）有限公司

目前，我国网络视频产业政策规制的重点由机构准入转向内容监管，要求网络视频产业不仅要体现"经济属性"，还要符合"意识形态属性"的要求，对内容的监管力度不断加大。例如，对电视剧和网络剧在审核机制上的差异在逐渐弥合。根据《电视剧内容管理规定》，我国电视剧的内容审查施行

的是专审制,即由专门机构、专业人员、专门程序对核发电视剧许可证进行严格审核,拿不到许可证,电视剧就无法在电视台播出。而以前网络剧的审核则更为宽松,采用的是自审制,即自审自播、持证制作、持证审核、备案编号,有许可证的视频节目服务机构制作的节目由播出机构自审,3 名以上审查人员通过,审查人员必须经过有关部门培训持证上岗,节目获取备案编号就可以播出。自审制采取的是"谁办网谁负责"的原则。为了加强意识形态的管理,国家对网络剧的审核收紧了口子,从 2021 年 6 月 1 日起,要求网络影视节目的上线播出必须获得由国家广播电视总局颁发的《网络剧片发行许可证》。网络剧片审查被纳入行政许可事项,网上作品和网下作品也将进一步统一导向、统一标准、统一尺度,这意味着对网络剧片的审核更加规范。

第六章 社交媒体的发展

社交是人类最基本的需求,媒体的本质是人与人之间传递信息的工具。无线电波、在线互联、移动互联,无论是大众媒体还是社交媒体,都是现代技术发展创造出的功能不断完善的通信工具。社交媒体从单向大众传播的BBS到"解放个人"的SNS,已形成社交平台类、视频娱乐类、社群类、工具类四种类型,并构造出如今错综复杂又异彩纷呈的社交媒体生态。

第一节 社交媒体的产生与发展

在万物互联的时代,互联网遍布人们生活的每一个角落,社交媒体的技术手段、使用功能、信息传输、网络结构、内容形式等都在不断发展变化,人们对社交媒体的认知也在变化。因此,厘清发展中的社交媒体的概念范畴,才能更全面地认识新媒体的嬗变。

一、什么是社交媒体

与泛化意义上的媒体不同的是,社交媒体的核心要义是"社交"。社交是人类的社会交往,是人的基本需求之一,社交媒体的迅速发展正是因为它能更好、更恰如其分地满足人的需求。社交媒体的基本特征是利用现代通信的互动技术,在传播过程中实现信息的双向传递与互动。虽然传统媒体也会与受众互动,例如报纸、电视台的群众来信,但这类互动是零星的,传播

第六章 社交媒体的发展

依旧是单向的,受众之间缺乏有效的沟通。互联网平台具备大规模互动的技术,用户之间可以通过互联网平台进行直接沟通,真正实现了双向传播,媒体的服务对象由"受众"转变为"用户",即由信息的单方接收者转变为既可以接收也可以发布信息的媒体使用者。因而,社交媒体必然是建立在互联网之上的,具备强大双向互动功能的媒体平台。

早期 social media 被翻译成社会化媒体,2007 年美国学者 Antony Mayfield 在著作《什么是社会化媒体》(*What is social media*)中,比较早地定义了社会化媒体(social media),他提出:社会化媒体是一系列在线媒体的总称,其最大的特点就是赋予每个人创造并传播内容的能力。同年,另一位学者 Dion Hinchcliffe 对社会化媒体的定义作出一些基础规则上的补充:以对话的形式沟通,而不是独白;参与者是个人,而不是组织;诚实与透明是核心价值;引导人们主动获取,而不是推给他们;分布式结构,而不是集中式。

随着互联网的发展,社会化媒体的称谓被逐渐舍弃,社交媒体取而代之,它能更准确地反映出自身独特的媒体属性。

移动互联网技术发展到 3G 之后,利用手机、平板电脑等移动设备上网逐渐普及,移动社交媒体得到长足发展,社交 App 大量出现,并成为人们生活中不可或缺的工具。目前,对社交媒体的研究更多地聚焦于移动社交媒体。2015 年学者 Obar 和 Wildman 从以下四个层面定义了社交媒体[1]:

(1)社交媒体是基于 Web2.0 互联网的应用程序;

(2)用户生成内容(UGC)是社交媒体的命脉;

(3)社交媒体平台上用户创建个人档案,生成个性化内容;

(4)通过用户个体或群体之间的联系发展社交网络。

对社交媒体概念和范畴的认知是随着网络技术的发展不断变化的。网络技术已经进入 Web3.0 时代,VR、AR 技术的应用,元宇宙概念的出现,都将增加社交媒体的功能和应用范围。但是基本的社交属性是它的本质,不会发生变化。简单地说,社交媒体是通过互联网平台将人们联系在一起,利用互动技术创造、交换、分享信息,享受内容服务的网络媒体。

---

[1] OBAR,WILDMAN. Social media definition and the governance challenge:An introduction to the special issue[J]. Telecommunications Policy,2015,39(9):745-750.

由于社交媒体同时具有媒体属性和社交属性，它的出现使人们的信息获取方式以及沟通交流方式都发生了显著的变化。媒体属性体现在用户生成的内容上，即社交媒体的内容，比如状态、日志、照片、视频等，由用户产生并通过社交媒体分享或传播；社交属性体现在用户之间的沟通上，即以用户为中心，依靠用户建立的关系进行在线交往和信息传播。

现阶段社交媒体主要包括社交网站、微博、微信、博客、论坛、播客等。各大社交媒体在内容生态上各有千秋。以海外社交媒体为例，Facebook 是一个专注于沟通的社交媒体广告平台；Instagram 侧重于图片；YouTube 侧重于视频。如此丰富多元的社交媒体生态经历了长达半个世纪的发展演变。

二、社交媒体的发展历程

(一) 社交媒体发展的大事记

社交媒体的历史最早要追溯到 20 世纪 70 年代。自 1971 年来自 ARPA (the Advanced Research Project Agency) 的学者发送了世界上第一封电子邮件开始，互联网就一直以一种社交性的特征呈现在受众面前。

1994 年，斯沃斯莫尔学院的 Justin Hall 推出了他的个人网站：Justin's Links from underground，这就是早期的博客。Hall 在自己的博客上更新了 11 年，也被称为"个人博客的开国元勋"。1995 年，怀旧用户通过 Classmate.com 重新找回了长久以来失去联系的朋友，这个社会服务是为了用户重新联系小学、高中、大学同学而设的。博客的出现使用户"个人"的身份得以凸显，它传递了一个"个人页面"的概念，个人可以自主创建自己的主页并依次发布信息和分享内容。至此，早期的社交媒体雏形已经出现。

但问题很快出现了，建立博客、定期发帖都需要耗费大量的时间和精力，普罗大众更希望构建一个更贴近生活日常的分享信息工具。因此，SNS (社交网站) 和即时通信便应运而生。1997 年，基于六度分隔理论，六度空间网站 (www.Six Degrees.com) 率先开始关注普通个人，允许用户建立朋友名单，能看到朋友资料，并可以发送信息。虽然这个网站由于运营不善于 2000

第六章 社交媒体的发展

年关闭,但这种"关注个人"的理念已渗入其他产品,"个人门户"成为流行思维。① 伴随而来的 UGC 模式也成为社交媒体的鲜明特征。目前,全世界大受欢迎的社交网络服务网站有 Facebook、微信、YouTube 等。

2004 年,Facebook 的出现几乎在一瞬间使全球的网民看到了互联网社交的便捷作用,人们通过设立个人主页,可以在网站上分享自己的心情和生活经验,评论好友的照片文章等。自此,狭义的社交媒体的概念才真正清晰地浮现在人们面前,即允许人们撰写分享、评价、讨论、沟通的网站和技术。

社交媒体发展的标志性事件是影响深远的全球主要社交平台创立,具体时间和创始人或者创始公司见表 6-1。

表 6-1 主要社交媒体诞生的时间与创始者

时间	平台	创始者
1997	SixDegrees.com	Andrew Weinreich
1999	Yahoo Messenger	Jerry Yang、David Filo
1999	MSN Messenger	Microsoft
2003	LinkedIn	Reid Hoffman
2003	Myspace	Thomas Anderson
2003	Skype	Microsoft
2004	Facebook	Mark Zuckerberg
2005	YouTube	Steve Chen、Chad Hurley、Jawed Karim
2005	Reddit	Aaron Swartz
2006	Twitter	Jack Dorsey
2009	WhatsApp	Brian Acton、Jan Koum
2010	Instagram	Kevin Systrom
2011	Snapchat	Evan Spiegel
2011	WeChat	张小龙
2014	musical.ly	Alex Zhu、Luyu Yang
2017	TikTok	张一鸣
2020	Clubhouse	Paul Davison、Rohan Seth

① 谭天,张子俊.我国社交媒体的现状、发展与趋势[J].编辑之友,2017(01):20-25.

(二)社交媒体的发展阶段

中国社交媒体发展与世界社交媒体发展相似,大致分为四个阶段。

1. 早期社交媒体雏形 BBS 时代

从社交网络的深层演变来看,社交媒体应该是由早期 Web1.0 时代的 BBS 演进而来的,可以追溯到 20 世纪 80 年代。BBS 的英文全称是 Bulletin Board System,即"电子布告栏",这种形式的网络媒体被大众称为论坛。相较于 E-mail 的点对点交流形式,论坛点对面的交流形式淡化个人意识,将信息多节点化,并实现了分散信息的聚合,降低了交流成本。除了基本信息发布外,此时还出现了聊天室、网络社区等社交功能的雏形。中国 1994 年接入互联网,国家智能计算机研究开发中心开通曙光 BBS 站,自此,最早的社交媒体诞生。

在 2007 年以前,论坛是主要的社交媒体类型,在这一时期,天涯论坛、猫扑、西祠胡同等都是优秀论坛的代表。从 VC/PE 关注度来看,2006 年以前,资本主要关注 BBS 及博客形态的产品,但是后期来看,这类企业的发展多不尽如人意。

2. 娱乐化社交媒体时代

受消费主义全球化和媒介市场化等影响,社交产品作为商品,娱乐化的风潮在短短几十年间已极具规模。满足受众娱乐需求并创造可观经济收益,娱乐化社交媒体时代的到来成为大势所趋。

2007 年是我国社交媒体娱乐化的转折点。有了美国 Facebook 的良好启示,2007 年,人人网在大学生中迅速流传并翻开了中国社交媒体井喷式发展的新篇章。2008 年,开心网成立,其娱乐性、互动性广受白领阶层喜爱,在白领圈内流行开来。相较于论坛,人人网和开心网上的小游戏使社交媒体更加具有娱乐性和互动性,风靡一时的"偷菜小游戏"正是流行于此。这段时间大致为 2006—2008 年,VC/PE 在此间经历了大幅投入之后,于 2008 年进入缓步投入阶段。

娱乐视频是娱乐化社交媒体的典型内容,在此期间,社交娱乐视频行业也不断迎来进步:在积累大批用户的同时获得了资本的青睐,用户上传的视频从早期的 UGC 模式逐步向以版权内容为主的长视频过渡,网络视频的服务水平不断提升。

3. 微信息社交媒体时代

2009 年,新浪微博的推出拉开了中国微信息社交媒体时代的大幕。作为一种新的社交媒体形式,凭借简短、精炼的文字和良好的传播性,新浪微博成为中国最大的微博平台。2010 年,腾讯创立了自己的微博平台,借助大量的 QQ 会员,腾讯微博迅速成为中国第二大的微博平台。

之后随着互联网技术的发展,微信息社交媒体开始与位置服务等移动特性相结合,其中最大的移动客户端产品就是耳熟能详的腾讯微信平台。此外不容忽视的是"SoLoMo"的互联网趋势。在 SoLoMo 时代(Social、Local、Mobile),社交媒体与移动位置挂钩,人们更愿意与真实生活中的朋友分享他们在哪,正在做什么,或者身边发生了什么。这些都可以为商业所利用。

4. 垂直社交媒体应用时代

垂直社交媒体应用并非是在上述三个社交媒体时代终结时产生的,而是与其他三个时代相伴而生的。笼统地讲,所有社交媒体中的社群都是垂直化的具象表现。与大而全的水平媒体不同,垂直社交媒体将注意力集中在某些特定的领域或某种特定的需求。

目前,垂直社交媒体主要是与游戏、电子商务、分类信息等相结合,如微信、易信、大众点评等,这也可以称为社交媒体探究商业模式的有益尝试。事实证明,这种垂直化应用确实深得人心,提供了有关需求领域的深度信息和相关服务,有效满足用户需求。作为互联网的新亮点,垂直网站正引起越来越多人的关注。据预计,垂直社交将成为社交媒体未来发展的主要方向。

随着社交网络的不断演进,各类社交网络产品不断地寻求差异化发展之路,研究领域从"增量性娱乐"到"常量性生活"演变,由简入繁,逐渐完善。凭借过去十年智能手机的全面普及,中国社交媒体迅速走上移动社交的快车道。相辅相成地,社交功能也已经成为当代各种互联网服务和应用的标配,各类交友、即时通信、邮件收发器等软件,使手机移动端成为新的社交网络的主要载体。

三、社交媒体的发展现状

社交媒体发展非常迅速,自新冠肺炎疫情开始以来,全球社交媒体的使用量更是大幅增长,用户总数增长了近30%,相当于过去三年新增用户超过10亿。2020年第二季度全球社交媒体使用量达到最高纪录。虽然目前社交媒体使用量增长已经趋于平缓,但仍然远远高于疫情前的预测,总体呈现稳中有升的态势。且未来随着社交媒体的应用形式多样化以及内容的精细化,用户规模与使用时长有望进一步增长。

2022年6月份的《全球数字概览报告》显示,当前,全球社交媒体用户数量继续以比疫情前更快的速度增长,每秒钟增长近13.5个新用户。在两位数的年增长率的推动下,全球社交媒体用户数量已达到46.2亿。不过,由于重复账户等问题,社交媒体用户的数量并不代表特定的个人。平均而言,全球网民每天在社交媒体上花费近2.5个小时,并且每天以2分钟的速度增长。

(一)全球社交媒体的发展现状

1. 社交媒体的活跃用户排名情况

社交媒体呈现出典型的平台经济特征,并在梅特卡夫法则的作用下形成了竞争性垄断——互联网产业特有的新型市场结构,即相对于传统产业,竞争性和垄断性两方面被双向加强。美国的社交网络是全球最强大的媒体平台,图6-1显示的是2021年10月活跃用户数量维度社交媒体的排名,Facebook拔得头筹,拥有29.1亿月活用户,Youtube紧随其后,达到25.6亿。中国社交媒体在全球市场地位举足轻重,全球十大头部社交媒体被美国和中国企业包揽,排在前四名的均为美国社交媒体,再加上排名第七的Fb Messenger,美国占了五个。中国拥有前十名中除美国外剩余的五家头部社交媒体,分别是微信、Tik Tok、抖音、QQ、微博,其中微信以月活用户规模12.6亿位列中国企业第一、全球企业第五。

第六章　社交媒体的发展

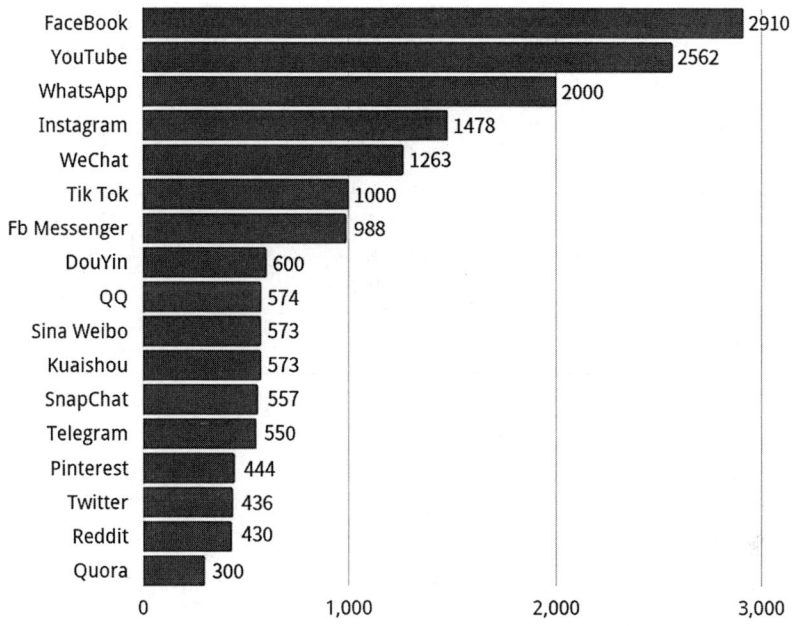

图 6-1　全球按 2021 年 10 月活跃用户数量排名的社交媒体（单位：百万）

资料来源：Statista

2. 四大社交媒体的用户群体与内容

不同社交媒体平台具有不同的调性和功能，吸引着不同的人群。受教育水平较高的中年人更多地使用 Instagram，Tik Tok 聚集的是青少年群体而且女性居多，YouTube 的用户也相对较年轻。表 6-2 中是 2023 年 3 月的数据，同 2021 年的用户规模比较，Facebook 和 YouTube 虽然仍居榜首，但规模已经趋于稳定，月活用户数量变化不大。Instagram 和 Tik Tok 则扩张迅速，月活用户由 2021 年的 15 亿、10 亿分别增长到 20 亿和 16 亿。

表 6-2　头部社交媒体主要用户、内容形式、热门品类和用户数量

	Facebook	Instagram	Tik Tok	YouTube
主要用户	25—34 岁 婴儿潮一代	46—55 岁 受教育人士	10—19 岁 女性(60%)	25—34 岁

173

续表

	Facebook	Instagram	Tik Tok	YouTube
主要内容形式	照片和链接 文字信息 现场视频	长格式内容 价值观	娱乐片 幽默/挑战	中长视频
热门品类	美容/健身 工作/教育 就业/培训	信息技术 卫生 零售/制造业	娱乐 消费品 美容/时尚	资讯新闻 电子游戏
每月活跃用户/亿	29.58	20	16	25.62

资料来源：根据《2023全球数字概览报告》和 Similarweb 网站数据库整理

3. 从国别上看社交媒体使用情况

从各国 2023 年 3 月社交媒体使用情况看，许多国家的主流社交媒体是 Facebook、Instagram 和 Twitter；自 2018 年以来，Tik Tok 迅速崛起，以个性化短视频迅速席卷全球市场，占据重要地位；Twitter 在沙特阿拉伯和日本最为流行；VK 是俄罗斯最重要的社交媒体平台；Snapchat 在北美和中东的年轻人中尤其受欢迎，沙特阿拉伯首都利雅得是 Snapchat 日活跃用户数量最多的城市（表 6-3）。

表 6-3 2023 年 3 月各国社交媒体访问量排名

区域 \ 排名	1	2	3	4	5
全球	Facebook (访问量 16.2B)	Twitter (访问量 6.1B)	Instagram (访问量 5.8B)	whatsApp (访问量 2.7B)	Tik Tok (访问量 1.7B)
美国	Facebook	Twitter	Instagram	reddit	discord
沙特阿拉伯	Twitter	Facebook	Instagram	Tik Tok	whatsApp
日本	Twitter	Instagram	line.me	ameblo.jp	Facebook
俄罗斯	VK	ok.ru	pinterest	whatsApp	Tik Tok

资料来源：根据 Similarweb 数据库整理，包括桌面端和移动设备的访问总量

不同社交媒体在不同国家的使用量与国家本身的性质特点息息相关。一般而言，新兴市场国家用户在社交媒体上花费的时间最多，大概率是因为

这些国家的人口较年轻,推动了这一数字的增长,比如尼日利亚用户平均登录时间为 4 小时 7 分钟,成为社交媒体网站日用时最长的国家;而人口老龄化的国家用户在社交网络上花费的时间最少,例如日本网民平均登录时间仅为 51 分钟。

Tik Tok 用户使用该平台移动应用程序的时间比上一年平均增加了 48%,而 YouTube 用户现在几乎每个月花一整天的时间在该平台的应用程序中观看视频。各大社交媒体优势尽显,新兴社交媒体冒头,在激烈的竞争中,社交媒体市场从未停止推陈出新的脚步,逐渐形成各具特色的多元社交媒体生态。

4. 最有市场价值的社交媒体

上市公司在证券市场中的表现可以综合反映出企业的市场价值,表 6-4 是全球部分头部社交媒体 2022 年 9 月 22 日在证券市场上的表现。在表格所列公司中,美国企业 Meta Group(原 Facebook)不仅市场价值最大,股价为每股 135.68 美元,总市值达到 3646.47 亿美元,而且最赚钱,税息折旧及摊销前利润率(EBITDA)高达 43.9%,但增长最慢,收入年增长率仅为 0.3%。中国的腾讯公司股票市值排名第二,也是个比较赚钱的公司,税息折旧及摊销前利润率(EBITDA)达到 30.9%,同时它吸纳就业情况表现最好,公司员工数量为 11.07 万人,并且相比于 Meta Group 收入增长要高出 10 个百分点,年增长率达到 10.3%。2022 年成长最快的是美国的 TripAdvisor(猫途鹰),收入同比增长 60.9%。这是一家有风格的旅游评论网站,在 45 个国家设有分站,覆盖了 28 种语言,通过真实的评论吸引用户资源。

(二)中国社交媒体的发展现状

中国拥有世界上最大的互联网用户群,截至 2021 年底,我国移动社交用户规模已有约 10 亿(艾媒咨询数据),几乎所有的网民都在使用某种形式的社交平台来交流和分享日常生活。有分析认为,随着图片社交、声音社交、视频社交等产品形态的创新,移动社交市场将保持稳健发展态势,用户渗透率稳步增长。

表 6-4　社交媒体上市公司市场表现

公司名	总部	规模（员工数量）	股价 30-09-22	市值（美元，百万）	收入同比增长 22/21	CY22利润 毛利率	EBITDA 利润率
Meta Group	美国	83,553	135.68	364,647	0.3%	80.0%	43.9%
腾讯	中国	110,715	33.94	319,768	10.3%	42.6%	30.9%
Naspers	南非	35,276	125.62	26,263	11.8%	NA	7.5%
Snapchat	美国	5661	9.82	16,193	16.0%	61.4%	7.2%
Twitter	美国	7500	43.84	33,496	4.4%	60.7%	20.0%
Zillow	美国	5791	28.63	6901	17.8%	29.6%	9.2%
微博	中国	6147	17.10	4045	12.7%	78.5%	25.3%
陌陌	中国	2061	4.62	915	23.2%	41.5%	12.7%
TripAdvisor	美国	2852	22.08	3088	60.9%	92.2%	20.9%
Yelp	美国	4400	33.91	2383	15.2%	91.4%	23.1%
Yalla	阿联酋	374	3.24	480	8.6%	62.0%	30.9%
Future	英国	2527	14.71	1770	3.6%	NA	36.0%
Techtarget	美国	1000	59.20	1747	18.6%	75.7%	40.8%
趣头条	中国	1110	0.51	15	NA	NA	NA
Cookpad	日本	487	1.38	144	30.5%	NA	29.2%
Gurunavi	日本	1286	2.99	165	28.6%	NA	24.6%
平均值		16,921	33.58	48,876	1.1%	65.0%	16.0%
中位数		3626	19.59	2735	3.6%	62.0%	20.9%

资料来源：*Q4 Digital Media perspectives from GP Bullhound*

根据中研普华研究院《2021—2026年社交媒体行业深度分析及投资战略研究咨询报告》，在用户最常使用的社交软件中，微信以82%的比例占据第一位，随后依次是QQ、微博，腾讯系社交软件依然稳居国内社交应用软件前列。

总体来看，中国社交媒体行业发展已经是存量市场，是看得到的确定市场。腾讯的微信、QQ以及微博、字节跳动和知乎等几个玩家占据了顶尖生态位。虽然国内社交媒体市场稳定，但仍存在如社交App出海等问题，面临巨大的机遇与挑战。

展望前路,从抖音、快手出现并创下高达 3.15 亿的下载量开始,短视频时代已经悄然来临。为了增加竞争优势,其他社交媒体平台也逐渐进行了发布方式从图片到短视频的转变。比如 Instagram 的 Reels 功能,该功能允许用户录制和发布长度不超过 30 秒的视频,浏览形式也和 Tik Tok 相似,都是上下滚动。调查显示,到 2022 年,多达 82% 的在线内容由视频组成。字节跳动、腾讯、百度等视频功能的增加无不预示着社交媒体视频化趋势。

第二节　社交媒体的传播特性与功能

一、社交媒体的传播特性

学术界有关社交媒体特征的总结有最开始 Antony Mayfield 的"参与、公开、交流、对话、社区化和连通性";王晓光的"平民性、对话性、匿名性、社交性、涌现性";邱蕾的"高涉入性(公开透明、参与分享、交流对话)、强社交性(融合联通、社区化)和涌现性"。结合过去的研究,这里总结出社交媒体的五种传播特性。

(一) 平民性

平民性是社交媒体区别于传统媒体最根本的特性。社交媒体的全民参与、信息公开鼓励越来越多的网民参与创作反馈。平民参与包括 5 个 C,即用户创作(Create)、用户编辑(Compile)、用户传播(Communicate)、用户消费(Consume)和用户评论(Comment)(王晓光,2008)。为网民提供分享、消费、评论的平台是社交媒体 UCG 模式下独特的基本功能特性。

(二) 互动性

这一特性是平民性的延伸和功能体现,模糊了媒体和用户间的界限。大众即媒体,媒体即大众,媒体与用户间不再是单向的宣传传播,而是进化出双向对话的特质。媒体与大众间围绕信息的互动,实现了信息传播方向的可逆,即媒体既可以单方面输出信息,又可以收到用户评论反馈、主动地完善内容。信息不再仅由媒体方创造传播,在互联网语境下,所有信息都是共享并由每一个人参与完善的。

社交媒体创造的对话互动模式不仅包括媒体机构与普通大众之间的纵向联系,还包括普通大众内部的横向结构。社交媒体的出现大大改变了人们传统的社会交流方式,不仅打破了亲友间联系的空间界限,而且拉近了陌生网友间的距离,将社交范围无限扩大到整个互联网。借助 Blog、BBS、Wiki 等社会性软件,任何一个社会性媒体注册用户都可以编辑、发布和传播信息。随着社会性软件应用的普及,整个媒体市场由"传播场"变成了一个巨大的"对话场"。媒体与用户间双向对话、新老用户间交流互动,万物互联,碰撞出新的网络火花。这种富有创造性的互动模式使社交媒体生态充满活力,产生源源不断的创造力。

(三)人际性

社交媒体基于人际关系构建出功能强大的网络平台。值得注意的是,社交媒体中的传播并不是所谓"所有人对所有人"这种漫无目的的传播,而是依附于一定的人际关系网,并且使用者能够建立、扩大和巩固这一网络。这就是构成社交媒体的关键要素之一——人际关系网。这里的关系指的不仅是现实中的社会关系,还包括纯粹的网络关系。无论是即时通信、电子邮件中的封闭的小型关系网,还是在 BBS、Wiki 中因内容而形成的兴趣导向的关系网,人际关系网在社交媒体的早期应用形态中扮演着重要角色。

在人际关系网的作用下,人们生产和传播内容的目的不再仅仅是自我传播,还有维护和拓展关系网络,树立个体形象以及强化社区地位。就像戈夫曼说的:"我们用与我们不可分割的角色外衣优雅地把自己包裹起来。"用户刻意自我呈现,是社交媒体在社交属性方面的独特特征。人际关系网特征虽然在一定限度上会降低社交媒体内容的公共关注度,但也增加了用户在社交媒体上的归属感,是社交媒体如此受欢迎的原因之一。

(四)混沌性

大规模内容、用户在创造活力的同时也往往造成无序与混乱。从系统论角度来看,社交媒体是一个高度自由、多人参与的社会性信息系统,该系统内的主体是人,客体是信息。由于社交媒体自由度高但控制机制较少,泛滥的信息与内容多重传播使系统变得无序和不可预测。所以社交媒体生态整体上处于这样的普利高津的"混沌"状态(王晓光,2008)。大量用户自我参与使得热点事件呈现时间上非周期性、空间上也不规整的随机状态。但也并非完全无规律可言,社交媒体势必存在本身发展的规律结构,整体处于有序和无序之间。

不仅热点事件的产生发展是混沌的,社交媒体信息系统中的客体信息相对而言也是混乱的。在信息爆炸的今天,真相更显得稀缺。社交媒体的兴起赋予了大众分享和传递信息的权利,但也使得大众暴露在鱼龙混杂的信息之中,在一定限度上增加了虚假信息广泛传播的可能,同时也危害着新闻媒体的权威性与真实性。社交媒体时代新闻传播生态剧变,假新闻、新闻敲诈有了更多的面具,它们混杂在各类信息间,误导认知,产生舆论。

(五)碎片化

随着移动智能端的普及,在社交媒体上花费过多时间逐渐割裂我们的生活,也造成越来越多的人习惯利用碎片化时间浏览、创作碎片化的内容,同时带来的还有碎片化表达、碎片式思考、碎片式营销等。这种特性具有明显的两面性影响:网民在接收大量碎片信息的同时危害着自身的阅读能力等。而且在碎片化的信息传播下,人们接收的信息很容易被垄断、被操控,根据需求精准传播容易使大众陷入"信息茧房",作茧自缚。

另外,与其他网络媒体一样,社交媒体也具有信息传播的即时性、广泛性等特性。

二、社交媒体的功能

社交媒体从媒体服务不断向外延伸,成为人们生活中离不开的基本工具。总体来说,社交媒体的基本功能可以分为信息服务、社交服务、商业服务和生活服务。

(一) 信息服务

1. 人际传播的桥梁

这是社交媒体最基本的功能。过去人与人的社会交流方式不过是面对面或书信等几种,且受到空间时间等因素的很大限制,而社交媒体改变了这一局面。用户通过社交媒体进行内容分享、实时通信、异地互联,不仅方便了生活交友,而且大大提高了亲友间的联系频率,拓宽了社交面又温暖了人世间。

2. 公众传播的工具

随着社交媒体功能的丰富和受众的日益增长,社交媒体逐渐具有了一定的大众传播属性。许多官号、大企纷纷入驻微博、抖音,发布官方音视频通告,利用社交媒体的传播力来扩大自身影响力,比如设立官方公众号、视频号,与网红大V合作等。特斯拉总裁埃隆·马斯克就在Twitter上与网友"打成一片",为公司赚足了眼球,将媒体的影响力发挥得淋漓尽致。

社交媒体不仅在组织方面有很强的传播作用,而且一直处于舆论场的中心,成为现代社会"黏合"的主流工具。它的作用主要体现在社会认同性整合,即意识形态的思想性整合,这也是社会整合的关键要素。在各种具体社会场景中,人们在社交媒体上各抒己见,一方面对不符合社会主义核心价值观基本取向的意识及行为进行揭露与批判,另一方面传播正确价值观,营造积极和谐的社会氛围。疏导民意,进而激发对正能量因素的认同,最终推动社会各层面形成社会整体的"共识"①,这也是社会认同性整合的目标。正如德国社会学家伊丽莎白·诺尔-诺依曼分析:传媒制造的"舆论""在维持社会整合方面起着重要作用,就像作为'容器'的皮肤一样,防止由于意见过度分裂而引起社会解体"②。

虽然利弊相依,网民们过于自由的发展空间也容易使社会舆论复杂化,加速不当言论扩散,但与传统媒体相比,人人参与的社交媒体形态更有助于

---

① 卿志军.社交媒体时代主流传媒对我国社会的认同性整合[J].今传媒,2017,25(04):4-6.
② 郭庆光.传播学教程[M].北京:中国人民大学出版社,2011:202.

主流价值观的渗透,增强社会凝聚力。

使用平台和交流内容也因社交媒体而渐趋多元化。随着技术革新,社交媒体的使用平台从普通的手机电脑转移到各种穿戴设备当中,设计更贴近生活;有了音乐、视频、图文、评论这些内容的加入,人们的交流也变得多姿多彩起来。

3. 实现点对点即时沟通

社交媒体的出现,使传统受众不再是单方接收,而是实现了点对点的即时互动社交。即时性一直是社交网络的优势。社交媒体改变了原来点对面的线性传播方式,形成了点对点、点对面、面对面的交叉、实时、立体传播方式。

社交媒体以人与人的关系为核心,跨越时间空间,实现点对点的即时交流。这里的点对点交流并不局限于单个用户对单个用户的交流,也可以是用户在群组内的交流。这个交流是属于一定小范围内的,是有明显的边界和对象的,可以理解为单个用户与一个群组交流。这种社交方式是私密的,有很强的关系链绑定在里面,这里面的交互活动都是基于关系链进行的。

4. 娱乐服务功能

随着互联网技术的强劲发展,数字化进程的不断加速,社交媒体衍生出视频、游戏等多种娱乐服务,且通过点赞、转发、打赏等功能加速自身泛娱乐化的形成。抖音、B 站上简短有趣的短视频或网络社交游戏都契合着用户的娱乐需求,利用碎片化的时间观看使用,可以使用户得到放松和欢愉。除功能性服务外,互联网社交的匿名性也能给用户带来娱乐。在社交媒体上,处于"弱关系"中的人们可以披着让自己感到安全的"马甲",刻意地自我呈现而不用顾忌现实关系压力,可以在法律允许的条件下娱乐心灵。

(二) 社交服务

除了信息服务外,社交媒体的根本——社交服务是不容忽视的。在人们的日常使用中,社交服务主要有以下四种作用。

1. 扩大人际关系网

利用社交媒体的人际性,即依附一定的人际关系网,用户可以建立圈群、扩大人际关系网,如交友、求学等。从这个角度说,社交媒体也是社交网络。只要在同一社交媒体社群,群成员间就可以互加好友,产生连接,扩大自己的人际关系网络。通过社交媒体,一个人可以拥有比过去更多的朋友,也可以减少很多交友的风险。

2. 强化人际关系

一些基础社交功能如点赞、评论、分享等可以帮助人们产生网络连接,强化人际关系。在朋友圈、微信公众号给人点赞、点"在看"、分享、收藏别人的信息、文章演变成交际手段,社交的快感在于与人分享、引发互动、进行沟通。这些服务可以让人们很容易与朋友保持联系,很好地调节强化人际关系。

3. 提供交往渠道

通过社群、共同关注的话题等社交功能,用户能更快速高效地找到与自己具有共同属性的人,比如兴趣爱好、价值观相同的人等。社交媒体开放包容的社交服务功能给同好增加了交往讨论的渠道和手段。比如在 B 站迅速兴起的小众 ACGN 内容文化,就是建立在丰富的话题讨论、关注等社交功能上的。

4. 创造共享机会

在社交媒体连接的各种社群网络里,群成员可以从远关系社交网络中获得机会和帮助。比如新冠肺炎疫情期间,素未谋面的小区住户通过社区微信群相互帮助、共享物资、更新信息等。在这种情况下,互为陌生人、远关系的小区住户,由于都在同一社群而产生信息、机会上的交换与互助,这也是社交媒体社交服务带来的便利之一。

(三) 商业服务

社交媒体面向的不只有用户,还有合作商家。在 To B 端,社交媒体利用自身庞大的流量市场,一边吸引广告商入驻,一边与电商平台合作,提供如广告链接、视频宣推等营销服务和直播服务。

1. 广告营销

基于社交媒体的广告营销方法有很多,概括起来主要包括社交媒体广告、社交电子商务、第三方插件营销和移动终端营销等。以微博、微信为例,企业在微博平台上可以通过各种渠道获得百万、千万的粉丝,这是提高品牌认知度最有效、最快速的手段;而微信的强制推送功能使信息能够百分之百到达目标受众,同时微信也是一对一的、互动式的私密营销平台,在产品的中后期推广和客户关系维护方面优于其他平台,企业通过微信能够与用户进行更为直接、深入的沟通。社交媒体为广告营销开辟了新渠道并起到巨大的推动作用,提供无限可能。

2. 电商平台

社交电子商务是依靠社交媒体进行的电子商务活动,是传统电商与社交媒体交融合作产生的新型升级模式。它主要以内容变现的方式,让人们互动、交流和分享商品,引导人们去购物。小红书、抖音都是近年来社交电子商务的典型代表。

(四)生活服务

现在,社交媒体所具备的功能日趋多元化。除了发表言论、人际交往等基本功能外,很多社交媒体正在依托人际交流平台,开发其他附加服务功能。这些功能通常与人们的日常生活相联系,包括衣食住行甚至娱乐购物。

在微信的后台可以看到微信与第三方平台的合作,如滴滴出行、美团外卖等。同样,这类服务功能本身在满足用户需求的基础上,加入了评论、分享等社交功能。与第三方进行合作使平台变得更加丰富,完善的服务更方便了用户的生活。

三、社交媒体的类型

学者们从不同角度对社交媒体进行了分类。谢文君从整合营销传播角度分类概述社交媒体[①];谭天等提出平台型、社群型、工具型、泛在型四种社

---

① 谢文君.从整合营销传播角度的社交媒体分类概述[J].营销界,2019(09):43-44.

交媒体类型[①];张敏等从人际关系角度将社交媒体分为强关系社交媒体和弱关系社交媒体[②]。这里从社交媒体功能特性出发,主要参照谭天等在2017年提出的观点并结合最新的社交媒体发展变动,总结出以下四种社交媒体类型。

(一)社交网络类

这类社交媒体主要用来维护和拓展个人关系网络,保持朋友间的日常联系。它的主要特点就是实现即时通信。在新媒体传播时代传播即关系的情况下,媒介平台成为维护人际关系和社会关系的中间性组织,它可以放大、加强以及转化社会关系网和人际关系网。在大数据时代,关系就是数据,关系就是资源。通过掌握用户社交关系,社交网络类社交媒体更容易实现资源聚合,并达到满足用户需求、实现价值的目的。微博、微信就属于典型的社交网络类社交媒体。

以微信为例,微信的核心服务是即时通信,通过语音、视频通话、位置共享等通信类服务,满足用户需求,增强用户黏性。此外,微信与其他互联网服务的连接实现了资源聚合的效果,打造出基于社交关系网的服务平台。

(二)视频分享类

虽然以微信为代表的社交网络类社交媒体依然占据统治地位,但已不是一枝独秀,各类新的垂直社交媒体争相涌现,其中视频分享类社交媒体更是发展迅猛。近年来迅速蹿红的抖音就是典型的视频分享类社交媒体。通过后台创意功能,用户可以自主创作视频互动。观看社交娱乐视频时,用户除了关注内容本身外,更注重与内容生产者和其他用户通过弹幕、聊天、评论等方式,进行具有一定时效性和代入感的社交互动。

内容题材方面,视频分享类平台题材丰富多样,既包含游戏类内容、演艺内容,也包含户外类、体验类等娱乐内容。内容生产方式通常以 UGC、

---

① 谭天,张子俊.我国社交媒体的现状、发展与趋势[J].编辑之友,2017(01):20-25.
② 张敏,孟蝶,张艳.强关系社交媒体用户消极使用行为形成机理的概念模型——基于使能和抑能的双重视角的扎根分析[J].现代情报,2019(04):42-50.

PGC、PUGC 为主。

形式方面,视频分享类社交媒体大部分都是直播与短视频复合的内容呈现,但不同平台有各自内容题材和形式的侧重。按照内容形式和题材主要可以分为以游戏内容为主的直播平台、以娱乐内容为主的直播平台以及以短视频内容为主的短视频类平台(艾瑞咨询,2020)。比如哔哩哔哩早期就是一个 ACG(动画、漫画、游戏)内容创作与分享的视频网站。

(三)社群类

随着互联网的发展,人类的社会关系经历血缘关系、地缘关系、业缘关系,发展到虚拟关系。社交媒体成为个人构建网络关系的重要手段,而社群类社交媒体的出现更是充分证明媒介即关系。这类社交媒体以相同兴趣作为媒介,吸引并筛选用户,形成高质量的用户社群。网络社群就是基于社交网络和共同话题形成的新的关系群体。在这里,专业的社群成员相互交换信息,围绕同一兴趣爱好互动和生产内容。成员可以是熟人,也可以是陌生人,通过互动逐渐酝酿出归属感和群体意识,产生巨大的威力。诸如豆瓣、知乎等垂直化的社交媒体都属于社群类社交媒体。

2002 年,QQ 群聊功能推出,线上社群形态出现;随后,论坛、BBS 等网络社区兴起;SNS 网络的出现,使网络社群初具规模,社群的个性化垂直细分更加突出;微信便捷的即时通信功能使不同社群成员间的互动更加频繁,网络社群内部关系也开始出现网状结构,社交媒体正在重构我们的社会关系。

(四)工具类

工具类社交媒体具有很强的功能属性,它把社交工具化,把社交作为互联网产品中的重要元素而不是主导元素,即用社交的思维做工具产品。如网易云音乐、虎扑体育还有各类打车软件等都属于工具类社交媒体。

工具类社交媒体是分享经济思维的产物,在满足用户对音乐、出行等需求的前提下,加入分享、评论、动态等社交功能,服务与社交的结合使这类应用平台在同类产品中脱颖而出。

值得注意的是,不是所有社交媒体都能像微信、微博那样做成社交平台。虽然同样拥有服务工具的功能,但工具类社交媒体的服务更有针对性,是根据用户的特定刚需开发的,且此类社交媒体的主导是服务而非社交,社交只是工具,服务才是目的。

社交媒体平等、开放、互动、便利,赋予了大众更大的自由表达能力和传播能力。这与Web2.0强调的所有用户参与协作的概念不谋而合,完美地体现了新时代互联网的本质。如今产生丰富多样的社交媒体形态,正要归功于其生态系统。

第三节 社交媒体的生态系统

社交媒体的生态系统不是简单的各个微系统的总和,而是经过不断发展形成的技术、经济、人文交织的复杂系统。为了更全面科学整体地认识社交媒体的生态系统,我们应从多个视角进行研究。这是因为网络生态系统嵌入了更大的社会文化和经济环境,三方相互编织才形成完整丰富的社交媒体生态。

一、网络生态基础

社交媒体的网络生态基于"数据+算力+算法"的技术核心,通过智能技术群转化并作用于经济社会消费、供给和资源配置的基本环节,在商业、工作、组织模式等方面都产生了积极影响(图6-2)。

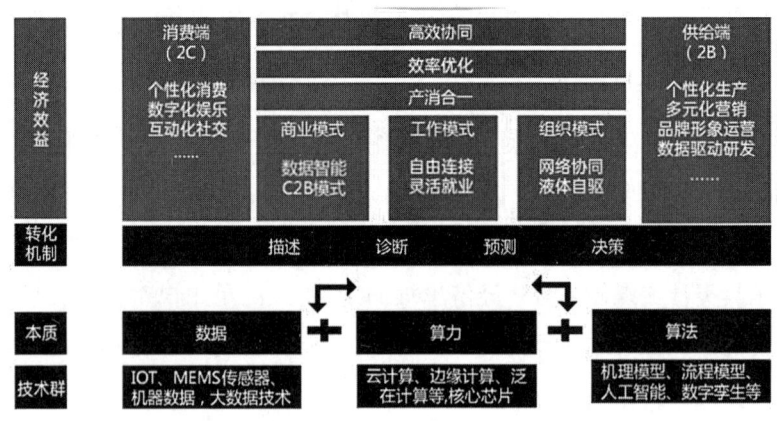

图6-2 网络生态架构

资料来源:阿里研究院,《从连接到赋能——"智能+"助力中国经济高质量发展》

(一)技术环节——互联网技术赋能社交媒体创新

智能技术历经20年迅猛发展,已从2G传统电信的IT时代、3G/4G人人互联的互联网+时代发展到现在5G万物互联的智能+时代,且仍在融合迭代的路上。以5G、物联网、人工智能等技术为代表的智能技术群落迅速成熟,从万物互联到万物智能、从连接到赋能的智能+浪潮即将开启。

在智能的世界,"数据+算力+算法"模式是本质,以庞大的智能技术群为驱动,通过数据赋能消费者和企业,推动工具革命和决策革命,优化资源配置效率。其中,数据是智能的"饲料",算力是基础设施,算法是背后推手,三者共同作用,推动数字经济长足发展。且三者都有相应的智能技术群,典型的如处理数据的大数据技术、机器数据、传感器,体现处理能力强弱的云计算,运用算法的人工智能、数字孪生等。有它们作为基础,数字经济环境得以升级转型,具体表现在生产、交换、消费等经济环节。借着智能技术发展的契机,社交媒体逐渐成长起来,同时也遵循着"数据+算力+算法"的智能模式。

社交媒体技术环境的运行原理是以编码技术为中介的自动通信:平台将局部的随意语言通过编码技术转化为正式文字进入公共领域并产生价值。平台通过算法和格式化协议处理原数据,然后以用户友好界面的形式呈现其解释逻辑。被平台编码的算法被用来设计与操纵联系,人与人之间的联系成为社交媒体的商品(José van Dijck,2013)。其间运用的技术复杂多样,比如大数据采集与运算能力、人工智能对用户价值的精准估值等。以互联网技术为基础,将社会交流进行技术改造,产生价值,社交媒体才能实现稳定运行和长足发展。

1. 网络技术

主流社交媒体的技术目前基于Web2.0技术,即综合应用AJAX技术,提供双向消息协议服务。这种技术可以将用户信息传输到服务器,并接收服务器返回的响应信息和数据,以此满足用户的特定需求并实现交互过程,这是之后延伸应用的基础。随着互联网的高速发展,Web3.0正在改变社交媒体功能、在线内容等方面的格局。

由于3G移动网络发展的契机,手机移动端成为新的社交网络载体,人们使用手机、平板等移动设备即时交流、分享音视频以及照片等情景随处可见。到现在,5G以大容量、快速度等显著优势,成为社交媒体传播的"硬抓手",各大社交媒体软件由此迎来发展的春天。

在网络时代,信息不再有边界,网络技术把互联网上分散的资源融为有机整体。同样,社交媒体也能基于此构建自身的资源信息库,实现资源的全面共享和有机协作,构建人人参与、自由开放的创作环境。

2. 云技术

社交媒体在呈现友好的使用界面的同时,后台也在技术的轨道上有条不紊地计算、处理。这种在后台系统进行逻辑处理计算的技术就是云技术,它是智能经济的基础设施。海量的信息资源还不足以维持有序高效的运行环境,我们看到的各类图片、文字、视频的背后是云计算大量的识别、分类,比如根据程度级别的不同对数据进行分开处理。云计算将计算机资源,如服务器、网络、内存等予以抽象、转换后呈现,用户可以更好地应用这些资源,而且不受现有资源的物理形态和地域等条件的限制,成为支撑社交媒体等行业数据的强大系统后盾。

3. 大数据与人工智能技术

大数据和人工智能技术的发展为分发模式创新奠定基础,它们能根据特定的算法将数据信息的价值充分发挥出来。在大数据时代,关系就是数据,关系就是资源。用户的社交关系、分享内容,经过大数据的有效信息挖掘、专业化加工处理,可以为用户画像的细化提供数据,形成社交媒体服务的精准投放,进而满足用户需求,实现价值。典型的呈现有社交媒体根据用户兴趣精准地投放广告、视频等。

内容风控审核也是社交媒体运行中必不可少的环节,而利用人工智能算法能做到事半功倍。2020年,澎湃新闻以AI算法为核心,以自然语言处理、机器学习、知识图谱等技术为基础,打造了基于"智能+人工+制度"的"清穹"内容风控智能平台,为内容生产、审核监管等提供一大利器。

强大的技术基础将用户信息可视化,一方面,人们的社会性通过平台可视化体现:算法将为你决定你喜欢谁、对什么东西产生兴趣;另一方面,平台利用编码技术从人们的社交活动中获得利益。达到如此便捷、智能的应用效果,坚实技术地基上的任何技术缺一不可。

另外,高清显示技术和 VR、AR 技术的不断发展,为社交媒体用户沉浸感和互动感的提高提供可能,让用户的玩法更加多样。

(二)经济环境——智能技术催生智能经济

智能技术推动数字经济发展,在数字经济中,消费、生产、分配等经济环节有了新的方式。通过智能技术转化,数据产生了有着精准结果导向的经济新形态。内在机制为:大数据等技术搜集处理网络上全方位的用户信息,通过云计算等算力设施进行诊断,再根据算法作出精准预测,实现智能决策。智能技术为智能经济提供了高经济性、高可用性、高可靠性的技术底座,推动人类社会进入一个全面感知、可靠传输、智能处理、精准决策的万物智能时代。

1. 消费升级

(1)消费方式升级

在越来越肥沃的个性化需求土壤上,智能经济真正能够实现以消费者为中心的商业模式——消费者驱动。工业时代的商业模式是 B2C——以厂商为中心,智能经济时代的商业模式则是 C2B——以消费者为中心。

当今的消费行为路线完全是以用户为中心的,是根据消费者个人日常行为数据的智能分析和精准推介形成的。具体路线如图 6-3 所示:广告精

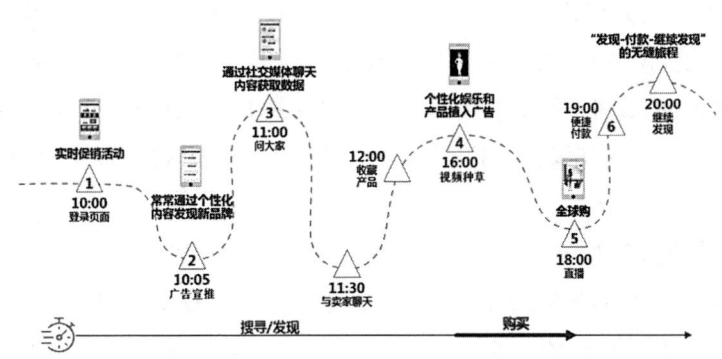

图 6-3 数字经济下的消费行为路线

准投放或活动宣推信息等个性化内容展示新商品,令移动端用户产生购买欲;用户通过社交媒体音视频聊天等咨询亲友意见或从电商平台直接与商家交流;用户收藏该商品说明有潜在购买可能,之后娱乐视频平台开始推荐植入产品广告的各类个性化娱乐音视频;稍后用户"刷到"兜售该商品的直播间,经过主播演示、网友评论等助推,最终用户使用移动支付完成商品购买。整套流程不超过一个工作日,就实现了个性化消费。

在智能商业服务消费环境下,产、销、购、支付、物流等环节实现了无缝衔接,消费的时空界限日渐消弭,甚至被彻底打破。新型的智能化消费日渐成形。

(2)营销手段丰富

作为消费路线中必不可少的参与者,社交媒体的功能也在不断适应经济环境而演变。娱乐视频内容中的广告渗透,电商合作使小红书迅速蹿红,平台类社交媒体如外卖、购票等具有越来越完备的第三方消费支付程序,这些都丰富了社交媒体时代的营销手段。其中最显著的还是直播电商的爆发。

直播电商的基本模式是"实时讲解+陪伴+购买",以互动性强、体验感较强、价格优势、转化率高等特征著称。多元化的主播、商品、场地、渠道改造和重塑着消费面貌。

虽然社交媒体已经身处营销市场核心位置很长一段时间了,但在飞速发展的数字经济环境下,社交媒体营销也在不断发展和升级。无论是寻求IP价值提升,还是赞助商扩大粉丝参与、评估投资效果,社交媒体依然有着无可替代的价值,丰富着愈加有效的数字营销渠道。随着社交网络用户数量持续飙升,消费者的购买行为越来越多地受到 Instagram 和 Tik Tok 等营销产品的影响。以社交媒体为核心的营销手段正在变得越发多样化,并且富有灵活性。

(3)消费行为改变

另外,在消费行为路线中,用户通过社交媒体分享交流,用电商平台晒单答疑并收到他人点赞评论等行为,体现了智能经济社交互动化的特点。用户通过这种方式收获了消费的快感与意义。在智能经济环境下,消费的快感与意义在于社交,即与人分享某种消费行为,引发好友的互动,进行沟通。社交互动已成为人们日常消费行为的一部分。

2. 生产系统创新

有需求就有商机,消费需求升级倒逼供给端生产革新,使我国在消费端领先的数字化能力向供给端迁移,具体表现在生产供给的工具革命和决策革命上。

在工具革命方面,针对用户的个性化生产、多元化营销、精准宣推等打破供给低效滞后困境。供给方有效利用数据算法,精准锁定品牌目标人群;大力宣推,线上统一广告投放平台,线下基于LBS向消费者推送门店及优惠信息;塑造品牌形象,通过社交媒体内容平台持续运营,与粉丝积极互动。

在决策革命方面,数字经济环境下商家在各环节实现智能决策已成为智能商业的未来趋势。要利用智能决策机制,除智能技术外,还需要管理学中客户关系管理(CRM)系统的数据加持。客户关系管理是通过协调企业与客户在销售、营销和服务上的交互来提升管理效率的一种手段。由于能维系客户交互,企业CRM系统中收录了大量消费者信息。依此,企业与微博、天猫等外部大数据平台合作,将CRM系统内消费者数据进行放大衍生,全方位了解消费者、丰富标签。CRM数据精准标签化进而为企业各级职能部门决策提供关键输入,再通过营销不断验证与完善。通过丰富后的精准标签进行生产研发,能大大提高企业研发效率和成功概率。数据驱动下产品研发周期大幅缩短,市场洞察加速新品研发。

智能决策的关键在于打通企业和外部生态数据,构建数据闭环。技术赋能下的社交平台打破了企业相关部门与外部信息的界限,使消费者大数据得以沉淀完善。正是有社交平台这个中间桥梁,智能商业决策才成功实现升级蜕变。

3. 资源效率提高

(1)新要素——数据

"数据+算力+算法"模式的首位就是数据,在数字经济时代,数据成为生产三要素(土地、资本、劳动)之外的新要素。数据是数字化、网络化、智能化的基础,已快速融入生产、分配、流通、消费和社会服务管理等各个环节,深刻改变着生产方式、生活方式和社会治理方式。社交媒体就是以数据为基础并拥有庞大用户数据的应用平台。用户关系、喜好等都是社交媒体发展成长的资源,推动市场智能分析,成为关键生产要素。

(2)其他要素的使用效率倍增

在互联网推动下,信息技术与传统产业在诸多领域加速融合,衍生出了工业互联网、电子商务、云平台等新业态,数据要素的基础支撑作用日益凸显。大数据成为推动经济高质量发展的新动能,使实体经济土地、资本、劳动等要素使用效率倍增。

(3)互联网资源整合

资源整合是有效利用和配置资源的重要途径,互联网对资源的整合主要体现在信息资源、资本资源和人力资源三方面。聚合各类资源的互联网推动着智能经济形态的产生。[①] 社交媒体利用互联网技术,整合信息并个性化地呈现给用户。尤其是在功能信息高度聚合的网络社交媒体上,用户可以看到各类想了解的互联网信息资讯,不分国界、时间和领域。

系统经济学认为,经济学的核心就是研究资源的优化配置和合理利用。社交媒体实现了资源的整合,优化了以稀缺资源形式存在的硬资源的配置,节约成本并提高了资源的利用效率。而软资源的整合更具有形成舆论和社会偏好以及形成新的价值观的作用,这必然会影响社会生活的方方面面。

在资源分配方面,智能经济有助于互联网和实体经济深度融合发展,以信息流带动技术流、资金流、人才流、物资流,促进资源配置优化,促进全要素生产率提升。智能经济环境下的社交媒体推动经济高质量发展,从消费、生产、分配三方面驱动经济产业创新与发展。

二、社交媒体的产业链

(一)社交媒体传播模型

梳理社交媒体的产业链也能帮助我们更清晰地认识社交媒体的生态系统。社交媒体因强社交属性导致其间流通的商品具有特殊性。社交媒体是信息生产、交换、传播的平台,核心商品是大众生产的内容信息。其产业链

---

① 姚林青.互联网在资源整合中的作用[J].北方经贸,2010(12):136-137.

及商业价值是建立在网络信息内容的传播上的,所以应首先了解社交媒体的信息传播模型。

1. 信息输出

根据信息传播路线,可将社交媒体中的信息传播分为两个环节,分别是信息输出和信息接收(图6-4)。输出的信息在形式上有一般用户社交产生的信息和自媒体用户生产的内容两种。用户社交产生的信息一般指沟通过程中的音视频、观点评论等,主要靠人际交流传播,信息私密性较高。内容生产者是在平台上有着持续内容输出的用户,或人们常说的自媒体用户。根据生产方式的不同,这部分内容可以分为 UGC、PGC、UGC+PGC 的 PUGC 三种。这类内容输出面较广,基本面向平台所有用户,个人编辑主页、朋友圈动态等也属于 UGC 形式的内容生产。社交内容与生产内容两者通过社交媒体输出传播并共同构成丰富多元的信息内容生态。

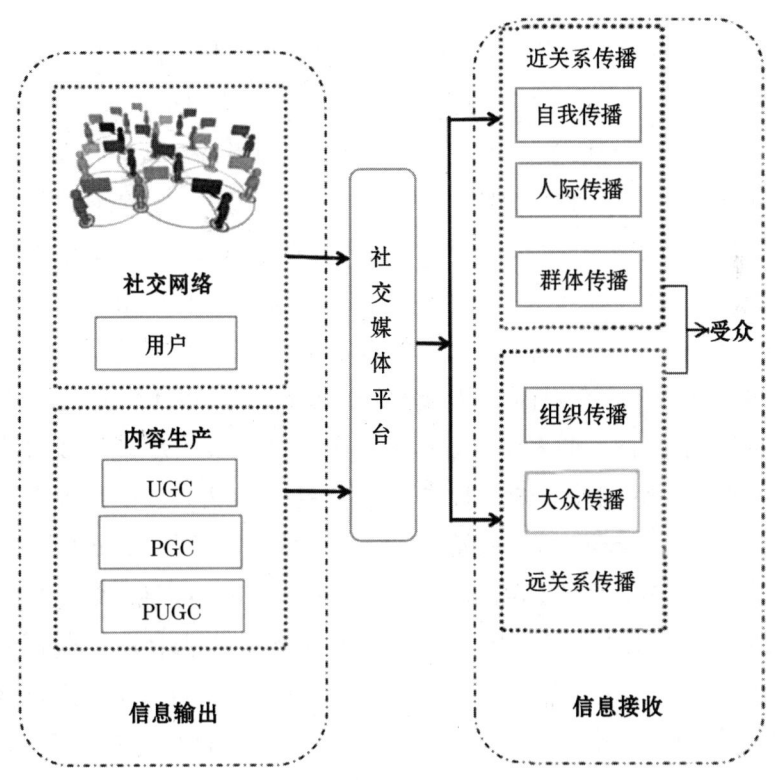

图 6-4　社交媒体传播模型

2. 信息接收

社交媒体上的信息首先由各类用户生产输出,再经过社交媒体平台传播扩散出去,扩散过程中又存在着多种传播途径。这里划分传播途径的依据是远近关系。与传播学中"强弱关系"概念不同,远近关系更强调社交距离,与信息影响力强弱无关。比如身边的亲友老师,就属于近关系;高层领导、外国公民等与普通大众几乎零交流且很难产生社交关联的就是远关系。但需要注意的是,远关系也能产生强影响、强连接,这取决于对方传递的信息带来的主观影响力,而不受社交距离影响。比如远关系的偶像行为却可以产生很强的榜样力量、情感支撑,公司领导人发言信息也能形成公司企业文化、凝聚员工信念,这些都是远关系传播下的强连接作用。同理,近关系也存在着强弱连接两种情况。尤其是在社交媒体社会网络中,根据特定社交关系自建网络连接列表进行交流的情况下,利用远近关系划分传播途径显得清晰简单。

近关系传播有自我传播、人际传播、群体传播三种传播渠道。自我传播是指社交用户自我接收社交媒体上的各类信息内容,包括他人意见、科普知识等,在本质上是与他人社会互动的内在化,从而丰富自我认知。因只涉及用户自身接收各类信息,故划分至近关系传播范畴。人际传播更能直接体现人与人的社会关系,有特定关系的两者进行信息交流分享,比如朋友聊天、师生交流等。它的核心媒介是语言,采取最典型的口口相传的方式沿近关系进行传播。人际传播是最典型、最直观、最大量、最丰富的社会传播活动,该渠道也成为社交媒体中应用较多的传播渠道。群体传播是指信息在拥有共同连接点的一群人间传播,且往往该群体成员关系亲近、交往密切,符合近关系传播。群体传播在社交媒体中一般表现为兴趣社群、同好论坛,成员有着特定目标和共同的归属感,且在非正式条件下自发组建加入。

远关系传播分为组织传播和大众传播两种。组织传播主要服务于各类组织,是正式组织所从事的内部和外部信息交换方式,通过信息传递将组织的各部分、各岗位联结为整体,保障目标的实现和组织的生存发展。组织传播强调由正规单位组织,如公司企业、政府单位发起创建的工作通知群,这点区别于非正式组织的群体传播。大众传播渠道主要对应公开信息内容的传播,比如专业内容生产者生产音视频作品。创作和接收内容信息的用户彼此并不认识或不知道对方的真实信息,但围绕同一条信息形成生产消费关系,故属于远关系传播。大众传播能通过向大众公开开放的信息内容实现提供信息、引导舆论、教育大众、提供娱乐等功能。

按传播学中"六大基本传播类型"理论,传播渠道还有国际传播类型,但在当今社交媒体语境下,可以不纳入考虑。一方面,在高速发展的信息时代,社交媒体已实现"信息全球化",很多社交平台都推出海外版本,比如红遍全球的Tik Tok就是抖音的海外版,人们可以同时看到国内外各类内容生产用户输出的信息。在这个角度上,同一社交媒体用户获取信息也可称为大众传播的一种。另一方面,由于交通便利,一部分亲友旅居异国,与他们通过社交媒体交流传播信息在一定限度上已经与近关系传播中的人际传播、群体传播融为一体。因此,从信息输出到接收路径角度看,国际传播可以说已经融入以上五种远近关系传播之中了。

信息由用户生产输出并通过社交媒体平台远近关系传播,最后被大众接收,这就是完整的社交媒体信息传播模型,构成产业价值的逻辑基础。

(二)社交媒体的产业链

近年来,社交媒体行业经过快速发展,已经形成比较稳定和成熟的产业链,不同环节的分工与协作为整个社交媒体市场的运作奠定良好的发展基础。

首先需要认识到,和其他互联网行业一样,依托网络的社交媒体行业是一个巨大的双边市场。双边市场指企业连接需求指向具有异质性的双边(多边)客户,且不同边的用户之间具有交叉的网络外部性(一边用户的数量会影响另一边用户的数量及他们的交易量)。与单边市场不同,双边市场中的平台企业连接着双边(多边)群体,汇集产品、信息和服务并进行有效的信息匹配,而社交媒体平台就是这样的桥梁。

从社交媒体产业链构成来看,无论是平台类还是视频娱乐类社交媒体,其产业链均主要由内容生产者、用户及下游合作商家这三方构成,社交平台在中间连接各个环节(图6-5)。

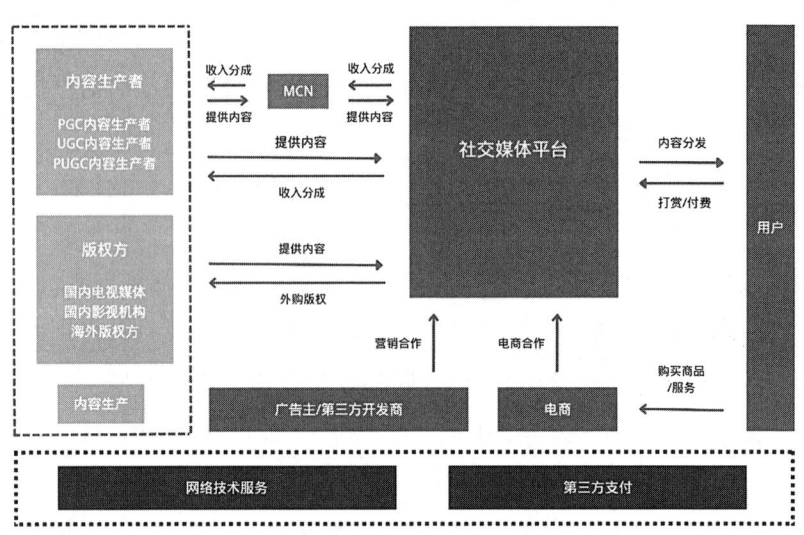

图6-5 社交媒体产业链

1. 内容生产

生产是产业链延伸的第一步。社交媒体行业生产的商品不同于一般实体经济产物,它是网络内容服务,且由平台用户或平台自身生产输出。内容生产来源主要有内容生产者和版权方两种。内容生产者就是社交媒体传播模型信息输出部分介绍的 UGC、PGC、UGC+PGC 的 PUGC 三类,为平台提供持续的内容输出。除此之外,社交媒体内容生产方还涉及一些影视内容版权方,比如国内电视媒体、国内影视机构和海外版权方等。社交媒体平台通过购买版权资源为用户提供各类综艺、电影、电视剧内容,B 站购买许多日韩番剧等海外影视版权吸引用户付费观看就是典型的例子。

不同于版权方直接与平台交易,内容生产者采用两种交易方式。最早是内容生产者与社交媒体平台直接合作,具体机制通常为:内容生产者将自身生产并制作好的内容上传至内容服务/分发平台,完成对平台内容的持续提供,平台则根据内容流量表现及收入状况,与内容生产者进行收入分成,二者以此为基础保持长久且良好的内容合作,不断增加平台内容储备。

但面对海量且质量良莠不齐的内容生产者,平台管理逐渐变得吃力。这时,以 MCN 为主要内容生产合作依托方,内容生产者、MCN、内容分发平台三者相互配合的合作模式优势日渐凸显。MCN(Multi-Channel Network)①会对优质内容生产者进行统一运营和管理,并参与内容服务/分发平台的内容分成。一方面为内容生产者提供内容创作、商业合作等方面的支持;另一方面帮助维系平台管理运营。MCN合作模式受到广泛欢迎,截至2020年,快手MCN机构就超过1000家。

2. 消费者用户

并非所有用户都能成为持续的内容生产者,大部分社交媒体用户只是偶尔创作,反而花更多的时间进行内容消费,接收平台上他人创作的颇具规模的产品。社交平台向该类用户分发他们感兴趣的内容,收获用户打赏或提供付费服务实现价值增值。对这类用户,平台往往提供如动态设置、信息分享等免费基础服务,只在特定增值服务上获得收益。最典型的是几乎覆盖所有社交媒体的会员服务:在传统的网络类社交媒体上,会员往往有页面装扮、头像装饰、精品礼物、专属徽章等特权;在娱乐视频类社交媒体上,会员可以畅享海量UCG视频,有时还享有增加曝光度等服务;工具型社交游戏会员还能购买游戏装备、皮肤等。

除了消费内容,通过社交媒体,用户之间还可以依据特定网络关系进行社会交流。这也是社交媒体信息传播模型的体现,是与消费远关系用户内容不一样形式的社交。内容消费通过大众传播渠道形成,社交信息传播则通过人际传播等近关系传播达成。用户间基于远近关系的社交共同构成社交媒体完整的社交价值。

3. 下游合作商家

内容即价值、数据有市场,优质的用户内容不仅能营造良好的网络社区环境,还有助于提升用户黏性、扩大规模,为下游流通环节提供前提条件。

下游流通环节是通过社交媒体与第三方开发商、广告主、电商等商家构成的交易环节,形成社交媒体行业主要的价值增值。

---

① MCN,也就是一种多频道网络的产品形态,将PGC内容联合起来,在资本的有力支持下,保障内容的持续输出,从而最终实现商业的稳定变现。比如papitube就是由短视频创作者papi酱与泰洋川禾创始人杨铭于2016年4月成立的短视频MCN机构,截止到2018年6月,papitube签约的PGC人数已经达60人之多。

社交媒体以企业文化、用户规模和用户影响力来赢取广告主的青睐。对广告主而言，除了直接在页面植入广告，还专门注册广告用户来实现营销推广目的，比如微信朋友圈里混入的品牌广告以及各类企业微信。在服务流向方面，社交媒体向广告主提供各类形式的营销服务，如 banner 广告、植入广告、品牌专区或粉丝团、企业用户、企业合作等。社交媒体通过向广告主收取营销费用获利，且这类服务往往有着明确的价位标准。

为了在激烈的市场竞争中站稳脚跟，各类社交媒体必须发展自身。尤其是有资源整合功能的网络类社交媒体，在保持自身特长的同时需要与第三方开发商合作扩充服务，让用户各取所需。类似的还有软件服务提供商等。在服务流向方面，第三方开发商向已开放 API 平台①的社交网站提供应用插件，第三方开发应用借助社交媒体用户规模实现共赢。比如小红书与第三方合作，提供商品直销功能；微信甚至能直接订飞机、高铁票。在收益流向方面，合作共赢模式下，根据应用插件的用户收入、用户数量及流量质量等方面的表现，社交网站运营商与第三方开发商进行收入分成。

如果说社交媒体是通过各类用户构建网络社区的话，第三方应用就是社区的商店、餐厅、医院等，向居民提供各类社区服务。它们互相依存，依靠产业链建立起牢固的价值体系，从而获取可观的商业利益。

比如 Facebook "用户+数据 = 金钱"的模式就是它向第三方公司分享用户信息、算法挖掘投放广告等的结果。这种模式在一定限度上有着巨大商机，利润可观，但是否成功取决于客户是否愿意提供数据并允许最大限度的数据挖掘。社交媒体对用户信息的利用一定要把握尺度，否则很容易适得其反，丧失用户信任，毕竟网络信息安全是时代话题，如 Facebook 在用户隐私上也常受人诟病。

除此之外，社交媒体还能通过与电商合作，产生价值增值，创造利润。尤其是娱乐视频社交媒体，视频直观娱乐的特点对商品宣传有很强的吸引力。社交媒体通过直播、带货视频等功能的发放为电商商品捕获数量可观的消费者，实现共赢。

---

① API 平台允许用户搭建后端服务的沙箱和生产环境，为第三方应用开发提供技术前提，微信、QQ、B 站等头部社交媒体均有开放 API。

在社交媒体产业链中,技术服务是个特殊的存在,它贯穿始终,在各大环节都展现出不可或缺的作用,成为产业运行赖以支撑的技术基础。倘若没有第三方支付技术加持,电商合作、用户付费等几大盈利渠道也都无法实现;也正是互联网万物互联的技术环境,使社交媒体如连接通信、内容创作等基本服务得以顺利运行和创新。

第七章 新信息技术条件下的新型新媒体

第一节 新信息技术推动媒体转型升级

《中华人民共和国国民经济和社会发展第十四个五年规划和2035年远景目标纲要》第十五章"打造数字经济新优势"中提到,要"充分发挥海量数据和丰富应用场景优势,促进数字技术与实体经济深度融合,赋能传统产业转型升级,催生新产业新业态新模式,壮大经济发展新引擎"。云计算、大数据、物联网、工业互联网、区块链、人工智能、虚拟现实和增强现实,都被列入"数字经济重点产业"。这也为新媒体的发展创造了良好机遇。

在云计算、边缘计算、大数据、人工智能、5G/6G、IPv6、虚拟现实、增强现实、混合现实、超高清显示、脑机接口、数据孪生和无介质全息技术等新信息技术大量涌现,物联网、工业互联网和区块链等新媒体平台形态也得到了国家政策大力支持的背景下,无论是传统媒体还是新媒体,只有及时把握机遇,进行转型和迭代升级,才能在提升用户体验的同时,为促进科技进步、经济增长和社会发展发挥更大作用。

一、新信息技术赋能传统媒体转型

首先,新信息技术的发展已经对传统媒体产生深刻影响。随着智能手机、平板电脑和其他智能移动终端的普及,人们更习惯于通过新媒体获取信息,这导致传统媒体的受众逐渐减少;同时,新信息技术也为传统媒体转型提供了新的机会。很多传统媒体已经建立了门户网站并加强了其他社交媒体的运用,以创造更多与受众接触、互动的机会,并通过提供个性化内容来提高用户黏性。在新信息技术迅速发展的背景下,传统媒体只有积极转型升级,才得以保持与提升竞争力和传播影响力。

国家广播电视总局在《广播电视和网络视听"十四五"科技发展规划》中提到,近年来,已经组织开展了云计算、大数据、5G、4K/8K超高清和人工智能等技术的集成和应用创新。我国已经构建起"基于大数据技术的新型数据调查体系"等,未来还将运用虚拟现实、增强现实、混合现实和超高清等技术,推出全息化、可视化及沉浸式、交互式内容产品和实现跨屏、跨域、跨网、跨终端传播。要通过云基础设施建设,为行业用户提供节目的采编、录制、分发、审核和版权交易等方面的服务。目前,中国广电网络股份有限公司的中国广电云平台建设项目已经启动。

可以看到,新信息技术的出现,让传统媒体和新媒体又站在了同一"起跑线"上,通过与新信息技术结合,广播、电视、报刊等传统媒体不仅正在迅速转型为新媒体,而且在充分发挥自身丰富的资源优势和强大的信息处理能力基础上,还将有望成为新媒体"赛道"上的佼佼者。

二、新信息技术助推新媒体的升级

基于数字技术,通过计算机网络并利用数字终端、智能终端进行传播的新媒体,在新信息技术迅猛发展的背景下,也需要不断升级迭代。

从早期的门户网站开始,到目前网络直播、短视频和云游戏等新媒体形式的兴起,云计算、人工智能、5G和虚拟现实等新信息技术的成果,已经成为新媒体发展的"助推器",使新媒体的应用场景和交互方式不断丰富,并在提高人们的生活质量、生活水平,以及实现经济的高质量发展中,发挥着越来越重要的作用。如在扩大商品流通、促进消费方面,短视频和网络直播等电商新媒体的表现和沟通方式,相较于早期电商平台单一的商品陈列方式,在综合运用各种传播手段以充分展现商品特点、吸引用户和提升销售效果方面具有明显优势。

新信息技术推动下的新媒体升级主要表现在以下几个方面：

第一，形式多元化与平台多样化。

形式多元化方面，新媒体历经了从以文字交流为主的社交媒体和数字出版物等，到数字音乐、网络广播、直播和互动媒体等，再到虚拟现实、增强现实和混合现实的过程；平台多样化方面，则表现为在各种新媒体形式中，通过对新技术的创新应用所形成的各种媒体平台。如社交媒体中的微博、微信和Twitter等，网络视频中的爱奇艺和腾讯视频等，短视频中的快手、抖音和B站等，虚拟现实中的VR游戏、VR电影和VR教育等。

新信息技术的应用，不仅使从文字、音频、视频到虚拟现实等越来越丰富的信息表现形态在各类新媒体平台上得以实现，而且使信息传输速度和传播范围也不断得到提升和扩大。

第二，平台定位差异化。

差异化是媒体提升影响力、保持竞争力的关键。同为面向年轻人的短视频平台，快手的诉求是"让数亿普通人记录和分享生活，帮助人们发现所需、发挥所长"，而抖音的诉求则是"记录美好生活"；同为社交平台，微博定位于"实时自我表达的手段与强大的社交互动、内容聚合和内容分发"，而微信作为即时通信工具，则更注重私密性，多用于好友之间的互动。差异化定位，使各类新媒体在内容生成及面向的目标人群方面也有所不同，如，抖音主要向年轻群体提供音乐、美食、二次元等娱乐方面的内容，小红书则主要向女性用户提供美妆护肤和生活方式方面的建议等。

平台可以从媒体内容、表现形式、传播形态和与用户互动的方式等方面进行探索和确立差异化，而云计算、边缘计算、大数据、人工智能等各种新信息技术的应用一方面给新媒体在制作、传播等方面提供更丰富的技术手段，另一方面也可以对用户的需求特征进行精准分析和快速反馈，在不断提升用户体验的同时，也为平台的差异化定位和个性化发展提供有力保障。

第三，互动形式丰富化。

新信息技术的发展使新媒体平台在与用户互动、用户之间的互动等方面有越来越多的形式。从早期的在网站评论区发布评论到网站在线问答，再到网络直播和VR游戏等媒体平台上的实时互动等，随着各种沉浸式、交互式产品出现和媒体跨屏、跨终端传播能力的提高，互动形式也更为丰富并带来互动效果的不断提高,这在更好地满足用户需求、提升用户体验的同时,也有助于增强用户黏性,进而实现平台价值的不断提升。

新信息技术的发展,使人们在生活中所接触的各类新媒体越来越呈现出表现形态多样、覆盖范围广、实时交互和个性突出等特点,新媒体在为人们的工作、娱乐和休闲等活动提供了多样化选择的同时,与人们日常生活的关系也日益密切。

第二节　新信息技术催生新型新媒体

无论是传统媒体转型,还是新媒体升级,要充分实现自身价值,必然要寻求与实体经济和人们的日常需求紧密结合的有效方式,并成为推动经济发展和人民生活水平提高的"加速器"。以智能化、数字化为主要特征的新型新媒体,因具有收集海量、实时数据的能力,可以为媒体生成提供全面、客观和及时的信息,有助于提高媒体质量;因具有智能化数据分析、处理和加工能力,有助于降低媒体运作成本和提高媒体运作效率;智能数字终端的采用,又有助于提升媒体的可访问性和可交互性;人工智能的发展和应用也有助于进一步实现媒体融合的自动化和智能化,不仅提高了媒体融合的效率和质量,也可使用户更好地理解媒体所传递的信息,从而提高媒体的传播影响力。

随着云计算、边缘计算、大数据、人工智能、5G/6G、IPv6、虚拟现实、增强现实和混合现实等新信息技术的不断发展与成熟,新媒体的智能化特征日益明显,加上物联网、区块链和元宇宙等新型新媒体平台逐渐出现,又给新媒体作用的发挥进一步打开了空间。以往活跃于人们日常生活、工作中的新媒体,已经在城市管理、道路交通、医疗健康和工农业生产等方面发挥日益重要的作用。如《贵州省2022年第一批5G应用场景示范项目名单》中,就出现了多个智慧医疗、智慧农业、智慧乡村、智慧交通和智慧城市等有关物联网的项目,反映出地方政府通过推广新信息技术的运用,促进实体经济和社会发展的预期。2022年以来,国内不少城市也陆续推出了元宇宙项目,如北京通州的大稿元宇宙数字艺术区是在原有文化创意产业园区基础上升级为元宇宙数字艺术产业园的;湾区元宇宙数字艺术研究创新基地在粤港澳大湾区(广东)创新创业孵化基地挂牌落户;作为当地元宇宙产业发展重要载体的广州南沙元宇宙产业集聚区正式揭牌;成都推出青白江区元宇宙数字文旅产业园;武汉元宇宙数字产业基地在汉阳正式揭牌。另外,河南、浙江、福建、山东、江苏和海南等地也有元宇宙相关项目的建设。

与此同时,我国也非常重视数字信息基础设施建设。国务院《"十四五"数字经济发展规划》提到,要"建设高速泛在、天地一体、云网融合、智能敏捷、绿色低碳、安全可控的智能化综合性数字信息基础设施",要"协同推进千兆光纤网络和 5G 网络基础设施建设,推动 5G 商用部署和规模应用,前瞻布局第六代移动通信(6G)网络技术储备,加大 6G 技术研发支持力度,积极参与推动 6G 国际标准化工作"等。《数字中国建设整体布局规划》指出,要"夯实数字中国建设基础",要"打通数字基础设施大动脉,加快 5G 网络与千兆光网协同建设,深入推进 IPv6 规模部署和应用,推进移动物联网全面发展,大力推进北斗规模应用"等。覆盖广泛的数字基础设施建设,将为物联网、区块链和元宇宙等新型新媒体不断完善和持续发展创造有利条件。

一、与物联网相结合

《物联网新型基础设施建设三年行动计划(2021—2023 年)》指出,要在社会治理、行业应用、民生消费三大领域重点推进物联网部署,包括积极拓展公共领域应用场景、与产业深度融合以促进提质增效和丰富人们的数字生活体验等。

目前,无锡、杭州、重庆、福州、鹰潭等 5 个物联网示范基地,已经陆续开始形成一定的社会、经济效益。2020 年,无锡市物联网企业已达 3657 家,涵盖关联芯片、感知设备、网络通信、智能硬件、应用服务等全产业链条。同时,部署了电力、食品溯源、水利、车联网等重大应用示范工程 22 个,涵盖工业、交通、环保、医疗健康、公共安全、城市管理等重点领域。杭州市《关于促进智能物联产业高质量发展的若干意见》提出,要推动物联、数联、智联,打造智能物联卓越城市。《重庆市物联网产业蓝皮书(2019 年)》显示,重庆市物联网核心企业数量达 628 家,物联网终端用户规模达 1644.95 万户。福州市《关于加快物联网产业发展的三条措施》提到,支持公共服务平台建设、支持拓展应用领域和加大市场推广力度。鹰潭市"依托物联网产业的总规划面积约 11 平方千米的智联小镇在成长","智联小镇已聚集数字经济相关企业 86 家,产业规模达 81 亿元"。《广播电视和网络视听"十四五"科技发展规划》也提到,要深化物联网等新信息技术的研发和使用,扩大服务版图和强化智慧广电的"新供给、新模式、新业态"等。

作为互联网延伸的物联网,主要特征是通过在物与物之间建立通信,同时与用户进行信息交换,实现"物与物""物与人"的协同运作。相较于运用传统互联网平台收集、分析人的网上活动信息,物联网的终端是带有传感器的各种物体,可以将物体的运行、使用状态和它所处环境等情况准确、客观、及时地上传平台。可以看出,通过物联网实时采集物体的有关信息,大大拓展了我们对客观世界的感知能力,而新媒体也因此获得了将人与物的信息相结合,进行综合分析,并向用户传播更及时、更精准的指导与建议的条件。例如在商业环境中,运用物联网技术,平台通过对相关产品的流向、使用场景和使用频次等情况的更全面了解,能够为生产者、商家提出更精准的经营建议,帮助其进行营销策略优化。媒体提供的不再仅仅是个广告平台、展示平台或互动平台,而是能从产品、价格、渠道和整合营销传播策略等方面,为商家提供更具价值的解决方案。再者,基于对物品的实时信息采集,也可以更准确地掌握消费者对商品的购后态度和使用行为,从而更深入地探索和理解消费者的真实需求,并进行更精准的广告推送和建立更具黏性的品牌社区等,进一步凸显新媒体的价值。

随着各种人工智能终端的发展,物联网的应用范围也不断扩大,无论是能进行升级迭代的新媒体,还是能积极抓住机遇、实现"弯道超车"的传统媒体,都能在推动经济高质量发展和人民生活水平提高的同时,实现媒体自身价值的进一步提升。在传统互联网的基础上,整合了物联网平台功能的新型新媒体的优势主要包括以下几方面。

(一)发展空间大

物联网信息实时传输、实时分析、安全便利和多渠道交互的特点,不仅有助于扩大媒体的应用范围,也使媒体的服务形式更加多样化,从而与人们生活和社会生产等方面建立更紧密的联系并发挥出更大作用。如，商务部在"2021年中国网络零售市场有关情况"中也提到，智能家居、智能穿戴、智能家电消费呈现高速增长态势。家居智能设备销售额同比增长90.5%，智能腕表、智能眼镜等智能穿戴用品销售额同比分别增长36.3%、26.8%。这可以反映出人们对新信息技术应用场景不断拓展的需求也在提升。

从政府目前出台的一系列政策支持和对物联网运用的实践探索情况看，物联网类新媒体正在逐渐进入家居安防、仓储物流、商业零售、环境监测、医疗保健、交通环保和工农业生产等领域，与人们生产生活的关系日益密切。如《贵州省2022年第一批5G应用场景示范项目名单》中，围绕智慧医疗项目，在"贵州省智慧医院三年提升计划实施方案"中提出，要加强智能化技术应用。充分发挥大数据、人工智能、物联网、5G、区块链等新信息技术的作用，积极发展可穿戴设备、智能健康电子产品和健康医疗移动应用服务，推动手术机器人等智能医疗设备和智能辅助诊疗系统的研发应用，丰富新兴技术在医院的应用场景，创新医疗服务模式；在医院管理中，运用射频识别、物联网等技术，实现药品、试剂、耗材、物品等物流的全流程追溯，提升医疗运营和服务效率。在智慧交通方面，要依托数字化智能交通指挥平台，强化平台运用和系统调度力度，运用大数据算法，在不同的时段配套相应的方案，从而确保道路交通流量的总体可控和路网流量的均衡。依托大数据、云计算、人工智能等技术，贵阳市主城区公交已全部实现了智能化调度、智慧化出行和高效化运营。

随着新信息技术的发展，物联网技术的使用场景将逐渐得以丰富。物联网类新媒体于社会经济发展和人们生活水平提升方面的作用也将不断扩大。物联网类新媒体的信息生成方式和信息传播对象等，与基于互联网的新媒体平台相比具有明显不同，在大量依靠传感器从环境中获取和发送信息的物联网平台上，物联网类新媒体的信息内容也表现出"非人性化"的特点。目前，将传统互联网与物联网技术相结合，探索传播更全面、准确和及时的人—机互动信息的新型新媒体形式也在大量出现，如在旅游景点，游客可以刷卡买票、刷脸进门，与此同时，传统互联网提供的周边商家的信息，包括服务内容、价格水平、用户点评和排行榜等，会出现在游客的信息设备上，停车场、路灯、信息屏和指示牌的感应器也会及时对游客的行为作出反应。

在游客体验得到提升的同时,"云端"也会收集到海量数据,通过进一步的大数据分析,媒体机构又可为旅游景点提供更好的营销方案建议,进一步提升游客体验。我国移动物联网目前正迎来重要发展期,根据《2022年通信业统计公报》(解读),截至2022年底,我国移动网络的终端连接总数已达35.28亿户,其中代表"物"连接数的蜂窝物联网终端用户达18.45亿户。目前,"物"连接数超越"人"连接数,占比已升至52.3%,蜂窝物联网终端应用于公共服务、车联网、智慧零售、智慧家居等领域的规模分别达4.96亿、3.75亿、2.5亿和1.92亿户。

随着物联网与传统互联网融合的不断完善,未来物联网将在城市管理、道路交通、工业制造、农牧业生产、灾害防治和人们的日常生活等方面发挥越来越重要的作用,而与之相关的新型新媒体也会获得更大的发展空间。

(二)定位更准确

信息时代,新媒体层出不穷,但同质化现象严重。新媒体要想获得持续的价值成长,首先要明确自身的定位。物联网技术的运用,给新媒体提供了进一步明确自身定位,以及为用户提供"差异化价值"的条件。目前,物联网已经逐渐应用于家居、安防、医疗、旅游、交通、物流、环保、城市管理等领域。物联网技术的应用,大大提高了信息利用的效率:一方面,通过平台,人们可以实时监测环境中的有关因素及其变化情况,及时作出相应的反应。另一方面,通过平台对有关信息进行收集、整理和系统分析,人们可以更好地认识、理解、掌握相关领域的特点和规律,并将它们转化为更有价值的信息。这样,既可使远程控制等活动更为有效、合理,又可为目标用户提供生产、生活场景的优化建议等更加专业化的服务信息,物联网媒体在提升人们生活质量和服务于实体经济发展的各个领域方面发挥越来越重要的作用。

如阿里云的"物联网—数字农业"模块,就可以通过对农田、作物、环境等信息进行全面的感知和互联,结合大数据分析为农业生产提供科学指导,使其逐步从"靠经验"到"靠科学"过渡,进而推动农业生产的规模化、数字化和标准化。

从无锡市部署的物联网示范工程来看,物联网涵盖了工业、交通、环保、医疗健康、公共安全、城市管理等领域。其中已经上线运行的"智慧城管"项目,就构建了城市管理的物联感知网,主要对城管业务智能应用场景进行智能识别和分析,不仅减少了大量的人力投入,而且明显提高了城市管理的效率,城市安全水平、市容市貌等都得到大幅提升。再如,气象情况与人们工作、生活和工农业生产密切相关,目前,由中国气象局和无锡市政府合作进行的"智慧气象"项目已经通过验收,建成后将形成"以综合气象传感网为基础的物联网感知层、以信息网络为支撑的物联网网络层、以气象预报预警和服务为平台的物联网应用层的气象物联网"示范工程。定位明确、聚焦于人民生活和经济发展领域被普遍关注的问题,并结合科技进步提出解决方案的物联网类新型新媒体,在提高人们生活质量和促进经济发展方面的作用日益明显。

不同领域有不同的特点和运行规律,信息内容和各种要素的互动方式也不同,因此,对媒体信息存在不同的需求,而布局特定领域的物联网媒体可以提供专业性更强、对实际工作也更具价值的解决方案。

(三)反应更及时

相较于传统互联网媒体,物联网平台的信息交互具有实时性、自动处理的特点,广泛应用于智慧安防、智慧交通、智慧物流、智慧建筑、智慧医疗和智慧农业等领域。如百度的"智慧农业"项目,就是主要运用物联网技术解决农业生产中的一些"痛点",包括基于农业作物长势,实现浇灌管控、水肥一体化管控;通过实时监测植物的叶片状态,及时了解植物生长情况和处理作物病虫害等。运用物联网技术,人们不仅可以对有关环境进行实时监测、即时处理,而且可以根据收到的信息,准确判断"现场"情况,并迅速作出反应。如阿里云的"智慧消防"模块,可以通过火情异常事件智能识别,快速定位火场,做到及时感知、及时上报,并通过对道路状况的智能识别,引导消防人员快速进入现场。

物联网平台带来了信息生成方式、交互方式的改变,同时也拓展了媒体获取信息和传播的渠道。随着物联网实际应用范围的不断扩大,这种智能化程度更高、信息利用效率更高的新媒体将与人们生产、生活的方方面面形成更紧密的联系。

二、与区块链相结合

《"十四五"数字经济发展规划》指出,要"构建基于区块链的可信服务网络和应用支撑平台,为广泛开展数字经济合作提供基础保障"。发展目标提及,"利用数据资源推动研发、生产、流通、服务、消费全价值链协同。数据要素市场化建设成效显现,数据确权、定价、交易有序开展,探索建立与数据要素价值和贡献相适应的收入分配机制,激发市场主体创新活力"。工信部和中央网信办在《关于加快推动区块链技术应用和产业发展的指导意见》中提出,"到 2025 年,区块链产业综合实力达到世界先进水平,产业初具规模。区块链应用渗透到经济社会多个领域,在产品溯源、数据流通、供应链管理等领域培育一批知名产品,形成场景化示范应用"。重点任务是"赋能实体经济""提升公共服务""夯实产业基础""打造现代产业链""促进融通发展"。文化和旅游部《关于推动数字文化产业高质量发展的意见》中也提到,要"支持5G、大数据、云计算、人工智能、物联网、区块链等在文化产业领域的集成应用和创新,建设一批文化产业数字化应用场景"等。《广播电视和网络视听"十四五"科技发展规划》提到,我国正在逐步推进区块链技术的应用,目前,已经在广播电视和网络视听版权管理、内容运营、安全审核、传播分析等方面推广应用。并且,还要研究以区块链技术为支撑的省级融媒体平台,实现各地不同媒体资源方面的融通等。

在腾讯云区块链中可以看到,区块链已经应用于金融、医疗、教育、版权保护、商品溯源和互联网社区用户的数字身份建立等方面;阿里云区块链在商品溯源、供应链金融、数字资产共享和数字内容版权等方面都已有所应用。

从政策导向和腾讯、阿里公司在区块链应用方面的实践来看,区块链对于新媒体发展的作用主要包括以下几方面。

(一)促进媒体资源共享

《广播电视和网络视听"十四五"科技发展规划》提出,要运用区块链技术,打通广播电视网与互联网,打通视听节目制作各环节之间的"信息孤岛"。通过整合各类媒体资源,实现媒体融合发展。

传统媒体的优势在于专业性更强、权威性更高和更加严谨,以及拥有庞大的人才队伍和丰富的内容资源积累等。将传统媒体与新媒体的资源加以整合,不仅可以将二者本身的优势综合发挥出来,而且有助于扩大媒体受众群体,提高传播影响力和媒体价值。

在整合各类资源的过程中,必然会涉及对有关资源的使用,通过区块链的智能合约,可以更高效地进行有关媒体资源的流动和分享,进而产生更好的经济与社会效益。同时,不同媒体资源的"拥有者"也可以在资源分享、交流和反馈中发现新的资源优化方案,从而使融媒体及相关媒体资源双向互动、共同发展。

新媒体普遍应用于人们日常生活、学习、娱乐、购物、交友和商业广告等方面,随着对区块链技术的运用,新媒体的应用场景和支持社会、经济发展的作用还将得以扩大和提升。如在腾讯云和阿里云的区块链中,已经有对金融、医疗、教育和数字资产共享等方面的技术支持。运用区块链技术,具有某种医疗、教育或其他专业能力的个体或团队可以自主、公开和明确地发布可以提供的有关服务信息,而需求方也同样可以自主发起明确的需求信息,这些具有"合约"性质的信息不仅充分体现了信息发出者的真实意愿,而且执行效率和安全性更高。另外,在某些领域具有丰富资源积累的媒体借助区块链技术发布"合约"信息,不仅可以将有关资源开发和充分利用起来,推动社会文化和经济发展,而且可以更好地进行资源转化,并通过转型实现自身价值的不断增长。

(二)助力媒体健康发展

在使用新媒体时,用户的隐私权保护一直都是被关注的问题。在这方面,区块链的分布式账本、非对称加密和多中心化等技术特点,可以使用户从根本上加强自我身份保护、防止隐私泄露。如腾讯云区块链的分布式ID注册,就有"分布式ID注册基于区块链的分布式多中心化的ID注册机制,摆脱对传统模式下单一中心ID注册的依赖。赋予实体(人、机构、物等)自主掌控身份控制权的能力,提供实体身份标识创建、更新和验证等基础功能"的说明。在数据隐私保护方面,也提示"实体的现实身份和数字凭证在区块链下存储,可由实体自主选择存储位置并自主管理或托管。支持实体将信息最小化或者选择性披露给其他实体"。

区块链型新媒体,在数字版权保护和商品溯源等方面也具有独特优势,腾讯云和阿里云的区块链中都有相关应用的解决方案。基于区块链分布式账本、共识机制和智能合约等特点,相关信息和"事务"等都公开透明且可以追溯,既可以为保护数字版权起到直接作用,也有助于进行信息溯源和知晓其传播过程。若将区块链与物联网相结合,还可以对商品产地及流转过程进行明确记录,既方便用户进行鉴定,也可从根本上避免媒体被误导而发出不实信息。如阿里云区块链就有用于商品溯源方面的解释:"区块链平台结合阿里云物联网、防伪标签等技术,进行商品全流程溯源与追踪。避免利用生产、物流、经销、消费等各个环节中的漏洞和信息不透明,制造假冒伪劣商品,给企业和消费者带来损害。支持消费者、监管部门进行查询验真和审计等。"

虚假信息和网络谣言等不仅损害媒体的公信力,还可能带来严重的不良后果。这方面,区块链的"时间戳"可以为信息加上时间标记,便于对不良信息进行溯源;非对称加密则有利于保证信息不被窃取和篡改;通过共识机制和分布式账本对信息及其传播过程、时间顺序等进行一致性记录。因此,区块链型新媒体在精准防治网络有害信息、促进媒体健康发展方面也具有重要作用。

(三)激励创新,增进互信

区块链的"奖励机制"作为一种有偿使用参与者成果并鼓励参与创作的措施,可以鼓励参与者遵守平台规则并积极创新创作。在分布式记账的平台上,有关成果归属明确,并且可获得相应奖励。这种措施有助于不断提升区块链类媒体平台的活跃度和影响力。

除平台参与者外,平台与广告主的互信程度也会大幅提升。广告投放一直是媒体被诟病的问题,一方面,大量广告严重影响用户的体验;另一方面,平台也难以拿出有说服力的数据,向广告主来证明广告的投放效果。一些平台出于单方面的利益考虑,通过"刷流量",用虚假的"点击率""阅读量"进行推广,既误导了用户,也误导了广告主,从而导致平台参与各方"满意度"都难以提高,最终造成媒体平台的可信度下降、形象受损。运用区块链则可以创建商家与目标用户的直接联系,既使广告投放更精准,也可及时获得用户反馈,而其他愿意接收广告的用户也可获得相应的"奖励"。这样既提高了广告的实际效果,又可使平台获得广告主的信任,还能提升用户的体验,从而形成三方共赢的局面。

总之,在传统互联网基础上发展起来的区块链的既促进沟通又保护隐私、既公开透明又强调共识、信息可溯源、贡献有奖励、信息传播速度快、整合资源能力强等特点,与媒体发展的要求具有天然的一致性。区块链应用范围的不断扩大,也将进一步促进新型新媒体的发展。

三、与元宇宙相结合

尼尔·斯蒂芬森 1992 年出版的科幻小说《雪崩》,向人们描述了一个光怪陆离的虚拟世界——"超元域"。这是一个比地球还大的黑色星球,主角只要带上一种特殊的视觉设备,就可以用新的身份,进入他的"赛博"空间。这就是"元宇宙"概念的由来。

但目前人们讨论元宇宙,主要是指充分运用新信息技术成果来满足人们不断增长的精神和文化需求,并不断促进新信息技术在各行业、领域的综合运用,来推动经济高质量发展。随着人工智能、云计算、大数据、5G/6G、数字孪生、虚拟现实和脑机接口等信息技术的出现和日益成熟,以及我国正在推进的数字基础设施建设和对数字经济的大力支持,元宇宙的发展已经引起各级政府和有关部门的重视。

目前,各地纷纷出台了有关元宇宙发展的规划和行动计划,主要面向工业生产、文化旅游、医疗教育、城市建筑、历史古迹、演艺娱乐、公共服务、商务办公和商贸消费等领域。《虚拟现实与行业应用融合发展行动计划(2022—2026 年)》提出,要从虚拟现实+工业生产、文化旅游、融合媒体、教育培训、体育健康、商贸创意、演艺娱乐、安全应急、残障辅助和智慧城市等多个行业加速多场景应用落地;《北京城市副中心元宇宙创新发展行动计划(2022—2024 年)》提到,力争通过三年的努力,有效形成元宇宙与文化、旅游、商业、城市服务等各领域虚实融合发展模式;《上海市培育"元宇宙"新赛道行动方案（2022—2025 年）》提到,要形成虚实交互新商业、新教育、新文旅和新娱乐;《厦门市元宇宙产业发展三年行动计划（2022—2024 年）》提到,要打造"元宇宙生态样板城市和数字化发展新体系";《昆明市数字经济发展三年行动计划（2022—2024 年）》指出,要超前布局元宇宙产业,深入推进 VR、AR、5G、数字孪生等关键技术布局,要结合昆明丰富的文旅文博、体育健身、历史文化等资源,开展元宇宙融合应用试点建设,到 2024 年,建成一个元宇宙发展试验区,形成五个以上元宇宙创新应用试点等。通过积极推动元宇宙建设,一些城市已经在公共服务、商贸消费、历史景区和演艺娱乐等方面打造出一批元宇宙应用场景。

媒体和一些大型科技公司也开始在元宇宙方面发力。《广播电视和网络视听"十四五"科技发展规划》提出,要打造高新视频新业态,培育 5G+4K/8K+AI、互动视频、沉浸式视频,创造更好的应用场景和视听体验等。根据《中国联通元宇宙科技创新及产业应用白皮书》,目前,全球主流沉浸式业务平台有 Meta 的 Horizon World、百度的希壤、网易的瑶台、Microsoft 的 mesh、华为云的河图、Google 的 Project Starline 等。各平台的定位也有所不同,其中 Horizon World 和希壤是社交娱乐和多人互动的虚拟世界,瑶台是沉浸式数字活动平台,mesh 是一个跨空间混合现实协作平台,河图主要从事数字与现实融合的解决方案,而 Project Starline 则主要开发全息视频聊天技术。近年来,广电视听媒体也在积极探索元宇宙平台的建设,如湖南广电提出,要以国家广播电视总局 5G 重点实验室为基座,探索搭建芒果元宇宙平台,全面参与未来传播形态竞争,为可持续发展提供动力保障;上海文化广播影视集团有限公司（SMG）的国内首档元宇宙资讯节目《早安元宇宙》于 2022 年 1 月 8 日起在东方卫视开播,主播申雅就是公司运用人工智能技术打造的一位虚拟人;2022 年 1 月 16 日,中国广告协会数字元宇宙工作委员会成立。

从上述国内外的实践来看,虚拟现实、增强现实、混合现实、数据孪生、超高清显示和无介质全息技术等新信息技术已经率先在元宇宙概念下得到运用。元宇宙整合运用多种媒体内容生成技术和传播媒介形成的跨模态和跨媒介交互,乃至全息化的全新媒体生态将逐渐突破目前新媒体的格局。尽管对元宇宙的相关研究和实践运用还处于探索阶段,或许距真正的元宇宙出现还比较遥远,但一方面,人工智能等信息技术的发展日新月异,有些甚至已经超越了当年科幻小说作家的想象，比如，现在人们已经不需要"一根网线"就能进入"赛博"空间了，混合现实和数字孪生等技术的应用也在推广，尤其是我国正大力建设的数字基础设施将为打造综合应用新信息技术的数字空间创造有利条件。另一方面，目前已经出台的一系列相关政策也显示，要及时运用新信息技术发展的成果，以赋能经济高质量发展和提高人们生活水平。

预计，随着我国数字基础设施的建设和不断完善，在云计算、边缘计算、大数据、人工智能、5G/6G、IPv6 等日益发展的基础上，工商业元宇宙、生活元宇宙、娱乐元宇宙等的开发和搭建条件也会越来越成熟。整合了新一代信息技术的元宇宙平台将会有越来越强的系统运用不同媒介进行全息化信息传播的能力。科技发展为新媒体的升级创造了技术条件，而媒体深度融合化发展所形成的元宇宙平台媒体，也将为人们带来更丰富的交互式场景和沉浸式体验，并将在满足人们不断提高的精神文化需求和促进经济发展方面发挥更大作用。

四、与 AIGC 相结合

随着人工智能生成内容（AIGC）技术的发展，目前 OpenAI 研发的大型预训练模型 ChatGPT 已经引起广泛关注。ChatGPT 作为一种由人工智能技术驱动的自然语言处理工具，通过大量的训练和不断优化，不仅可以理解人类的语言并进行对话交流，还能进行邮件和各种文案的撰写。经过改进、升级的 GPT-4 更具备了图像理解和处理等能力。

目前，GPT 已经可以自动生成各类图文并茂的文章、新闻、评论、诗歌和故事等，不仅提高了媒体生成的效率，也给受众提供了更多的选择，通过多元化的形式和内容，给受众带来更好的体验。与此同时，运用根据数据进行训练并不断自我学习和提升的人工智能技术，GPT 不仅可以持续提高所生成的媒体内容的质量，而且可以减少人力投入和降低制作成本。再有，GPT 通过自我学习并根据用户特定需要生成个性化建议的能力，包括结合特定场景给出引导、推荐，如进行精准广告投放等，也有助于满足用户的个性化需求和提升媒体的传播效果，进而促进媒体的商业价值和社会价值的不断提升。

北京商报记者对 GPT-4 进行了一个测试,要求是"帮我出一个北京一日游的攻略",以下是 GPT-4 给出的答案:

> 这里是一个建议的北京一日游攻略。请注意,这个行程比较紧凑,如果您想更加深入了解某个景点,请相应地调整时间。天安门广场(06:30-07:30)早上 6:30 左右,您可以在天安门广场观看升国旗仪式。天安门广场是世界上最大的城市广场,是中国政治和文化的象征。故宫博物院(07:45-11:00)从天安门广场步行到故宫博物院,游览中国古代皇家宫殿。
>
> 建议提前在线购票,以避免排队等候,游览时间可能较长,因为故宫博物院规模庞大且景点众多。王府井大街(11:30-13:00)乘坐地铁前往王府井大街,这里有许多购物商场和特色小吃。
>
> 您可以在此品尝北京烤鸭、炸酱面等北京美食。天坛公园(13:30-15:30)参观天坛公园,游览祈年殿、皇穹宇和回音壁等历史建筑。天坛是古代皇帝祭祀祈福的地方,也是中国最重要的皇家祭祀建筑群之一。南锣鼓巷(16:00-17:30)漫步南锣鼓巷,欣赏北京传统胡同的风貌。您可以在此品尝各种特色小吃、购买工艺品或参观胡同文化展览馆。鸟巢与水立方(18:00-19:00)参观 2008 年北京奥运会的标志性建筑:鸟巢(国家体育场)和水立方(国家游泳中心)。在这里您可以拍照留念。
>
> 什刹海地区(19:30-21:30)
>
> 晚上,您可以去什刹海地区品尝美食、逛酒吧或听听现场音乐表演。这里是北京著名的夜生活区域,也是感受传统与现代交融的好地方。

GPT 的发展日新月异,AIGC 正在成为各方关注的焦点。随着未来在文本、图像、音频、视频生成和跨模态生成方面能力的不断完善,GPT 将带来媒体内容生成和传播形式的巨大变化,AIGC 类新媒体的优势也将进一步凸显。无论是 AIGC 类新媒体,还是新媒体 AIGC 化,都是人工智能迅猛发展带来的必然结果。这种变革对新媒体来说是机遇,也是挑战。

机遇方面,第一,GPT有助于媒体更好地理解信息内容、提高信息分析的效率,以及获取其中有价值的信息;第二,GPT有助于媒体更快地生成所需要的稿件,包括新闻稿件、公关稿件、媒体文章和研究报告等;第三,GPT有助于分析人们对某一特定的人或事件的情绪和反应等,使媒体能够更好地了解人们的态度和诉求。

挑战方面,第一,媒体需要及时了解GPT的原理、技术和应用场景;第二,要善于运用GPT的相关工具,并与媒体所处的行业、领域等相结合,积极进行有关应用开发,充分发挥GPT的功能,使它助力媒体更好发展;第三,为保证对GPT快速生成的大量结果的安全使用,媒体还需要有过滤、纠错等环节。

总之,AIGC的时代已经到来,媒体的生存和发展形态也将发生巨大变化。在大量重复性和程序化性质的工作被更高效率的GPT承担之后,媒体人的策划、创意和创新能力有望被更充分"释放"出来,同时GPT也将推动新媒体应用场景的不断拓展,并在经济社会发展中发挥越来越重要的作用。

第三节　新型新媒体发展中的有关问题

新信息技术的发展,使新媒体的智能化程度越来越高,从"人人皆媒"到"万物皆媒",媒体信息空前丰富。无处不在的新媒体信息,不仅可以及时满足人们各方面的需要,给人们出行、娱乐、休闲、购物和医疗等方面提供诸多便利,促进大众生活质量的提高,而且,随着智能化新媒体在安全防控、城市交通、仓储物流、建筑环保、医疗保健、工业制造和农业生产中作用的发挥,它们促进经济高质量发展的作用也将越来越明显。但不可否认的是,任何技术都是"双刃剑",在推动人类发展、社会进步和经济增长的同时,也会产生各种各样的问题。因此,在充分利用科技发展的红利,扩大新媒体运用空间,为提高人民生活质量和促进实体经济发展赋能的同时,也需要对可能出现的问题加以关注,以更好地避免其中的误区,并及时化解由此而产生的一些负面影响。

一、安全问题

目前,物联网、区块链和元宇宙等基础上的智能化新媒体平台正在逐步得到实际运用,传统互联网原有的信息安全问题也被放大。当这些新型新媒体平台与人们日常生活、工作的关联日益密切,并逐渐在城市管理、交通运输、水利能源和工农业生产等行业发挥重要作用时,如果媒体设备和数据信息的安全性没有得到有力保障,将会产生各种安全隐患,甚至导致重大风险和损失。

导致物联网出现安全问题的主要原因是平台操作系统和终端设备存在安全漏洞,如,"2014年西班牙三大主要供电服务商超过30%的智能电表被检测发现存在严重的安全漏洞,入侵者可以利用该漏洞进行电费欺诈,甚至直接关闭电路系统,对社会造成很大影响"。再如,"2020年6月,德国一家安全公司研究员发现,全球最大信号灯控制器制造巨头SWARCO存在严重漏洞,黑客可以利用这个漏洞破坏交通信号灯,甚至随意切换红绿灯,造成交通瘫痪,乃至引发交通事故,并给人们的生命安全埋下隐患"。

区块链的非对称加密和分布式账本等提高了互联网使用的安全性,但同样也存在安全隐患。《2020年我国互联网网络安全态势综述》显示,2020年我国发生区块链相关安全事故555起,且下半年较上半年呈现明显增长的态势,占安全事故比例较大的分别是DeFi、数字钱包和资产交易平台;在有关区块链安全风险类型方面,根据《2022年区块链安全白皮书》,区块链安全事故处于高发状态且造成的损失巨大,2022年以来,区块链主要面临"七大安全风险:代码漏洞风险、预言机风险、合约风险、中心化风险、应用风险、协议风险、算法风险"。

二、隐私保护

网络隐私保护一直以来都是备受关注的问题,而"万物互联"的时代已经形成"人—机—物"广泛互联,更增大了隐私保护的难度。

《当心!物联网设备正在"出卖"你的隐私》一文,就列举了一些在家居和办公环境中,物联网终端设备侵犯用户隐私的典型事例。如,许多用户在家里和公司不同位置安装了摄像头,通过手机端 App 可实时监控。原本是安全防控措施,结果因密码被破解,实际上变成"实时公开播放"。另外,智能摄像头、智能门锁和智能家用电器等也存在泄露隐私的可能性,而无人驾驶车辆一旦被黑客操纵,还极易引发交通事故。

用户隐私泄露不仅来自网络入侵,媒体平台为追求商业利益,也可能在未经用户同意的情况下收集用户数据,并通过数据分析,对用户进行"画像""贴标签"等,用于精准广告投放等。用户画像将用户的个人信息和行为习惯相结合进行分析,有利于满足用户的个性化需求,但如果采集信息的用途和目的不明确,或信息保管不当等,就会存在隐私泄露的风险。再如,智能手表可以通过采集用户健康状况方面的信息,向用户提供改善健康状况的建议,但如果超范围使用用户隐私信息,就可能出现侵犯用户隐私的情况。用于提供儿童安全保护的儿童智能手表也存在一些安全问题,如通过植入恶意程序,其他人便可轻易不间断地获取儿童的一些个人隐私信息。"32.89%的消费者表示希望可以针对儿童智能手表采取措施,进一步提高手表的信息安全性,保障孩子的隐私安全。"由国家计算机网络应急技术处理协调中心发布的《2020 年我国互联网网络安全态势综述》提到,"P2P 传播方式是恶意程序的传统传播手段之一,具有传播速度快、感染规模大、追溯源头难的特点",且"随着更多物联网设备不断投入使用,采用 P2P 传播的恶意程序可能对网络空间产生更大威胁"。因此,随着物联网的发展,传统互联网原本存在的隐私泄露问题被进一步放大。

区块链媒体的"多中心化"虽然可以较好地避免在与"中心"进行数据交换时泄露个人隐私,但仍然存在被攻击的风险。网络入侵者攻击路由器、交换机或"脆弱"的终端设备,甚至破解私钥,都会导致隐私泄露。

《2020 年中国智能家居生态发展白皮书》显示,中国在 2019 年底,就已经成为全球最大的物联网市场,全球 15 亿台蜂窝网络连接设备中 9.6 亿台来自中国,占比 64%。中国将成为全球最大的智能家居市场消费国,这一方面反映了物联网在我国的蓬勃发展,另一方面也反映出保护用户隐私,以实现智能新媒体平台健康发展的重要性。

最后,ChatGPT 也存在一定风险,用户在使用 ChatGPT 时,会与其交互各种信息,若用户的某些敏感信息不能被妥善保存,就容易造成隐私泄露。再有，随着ChatGPT的发展，其应用范围也在扩大，与人们生活、工作和商业活动等各方面的关系也会更密切。为了更好地为用户提供服务，ChatGPT会收集某些用户信息，以便于分析其需求偏好等，从而给出更好的解决方案，而这些用户信息一旦泄露，可能会造成比较严重的后果。

三、信息污染

在信息爆炸的互联网时代，人们早已对日常生活中的大量信息应接不暇，而垃圾信息更会给人们的生活和社会造成危害。各种各样的无用信息、虚假信息和错误信息等造成的信息污染，增加了人们甄别有价值信息的难度和被误导的可能性。

随着人工智能被大量运用，新型新媒体平台上信息生成的效率更高，而且非人性化的特征也越来越明显。从最初的"人—机"互联，到目前"人—机—物"互联，生成内容的主体从"人"发展到"物"，进而又发展到AIGC等，在"万物皆媒"的背景下，防治信息污染的难度也大幅增加。

物联网的运用提高了信息的生成、传输和利用效率，但其中也包含大量无用信息，如安防系统的监视屏上，可能长年累月都在显示无用信息，既耗费成本又容易"麻痹"管理者，有用信息反而容易被忽视。同时，物联网终端设备的运行状况，如质量是否合格、检修是否及时和有无环境因素干扰等，也都会影响信息质量。在"机—机"互动环节，错误信息又极易带来错误操作，甚至导致事故；在"人—机"互动环节，当"人"被平台的错误信息误导向终端设备发送指令信息，也可能造成损失或破坏性结果。物联网"病毒"也是造成信息污染的重要原因，如，据美国《连线》杂志报道，两名黑客对一辆切诺基多功能越野车成功进行远程控制，并对车辆的方向盘、油门、刹车以及空调、收音机、雨刷等加以操控。

物联网媒体平台通过将传感器、机器人、车辆等联网传递信息，提升了实时监测和控制能力，也可以使用户及时了解环境变化情况，为人们的生产生活带来诸多便利，而一旦出现信息污染，则又会造成很大的损失。一项对美国小型企业使用物联网的研究发现，在19个行业中，大约48%的公司至少经历过一次物联网黑客攻击。研究同时表明，在收入低于500万美元的公司中,物联网黑客造成的损失占全年总收入的 13.4%;对于较大规模的公司来说,损失或可高达数千万美元。

区块链虽然从技术和设计机制上可以完整记录信息的传播过程,但"共识机制"中的"共识"也带有主观性,并受到人们对信息认知的影响,知识背景、思考方式、经验、情感和价值取向等各种因素都可能影响人们对客观事实的准确判断,进而造成错误信息、虚假新闻和其他有害信息扩散、传播。这与很大限度上依靠个人判断所进行的人际传播并没有本质区别。

以 ChatGPT 为典型代表的 AIGC 的快速发展,不仅将深刻改变各种新媒体的内容生成方式和加工方式,而且使新媒体在赋能经济发展和提升人民生活质量方面发挥越来越重要的作用。但 GPT 本身在不断发展中,它所生成内容的质量将通过训练不断优化升级,在这个过程中,也会产生一些错误信息或不适当的内容。这可能产生误导作用,并影响用户对正确信息的接收。

第四节 新型新媒体健康发展的相关保障

一、政策保障方面

我国一直高度重视网络安全问题,相继颁布了《中华人民共和国网络安全法》(2016 年 11 月 7 日第十二届全国人民代表大会常务委员会第二十四次会议通过)、《国家网络安全事件应急预案》(中网办发文〔2017〕4 号)、《中华人民共和国密码法》(2019 年 10 月 26 日第十三届全国人民代表大会常务委员会第十四次会议通过)、《关键信息基础设施安全保护条例》(2021 年 4 月 27 日国务院第 133 次常务会议通过)、《中华人民共和国数据安全法》(2021 年 6 月 10 日第十三届全国人民代表大会常务委员会第二十九次会议通过)和《中华人民共和国个人信息保护法》(2021 年 8 月 20 日第十三届全国人民代表大会常务委员会第三十次会议通过)等一系列法律法规,有关我国国家网络安全的制度体系不断健全。

二、人才培养方面

随着人工智能、5G/6G、IPv6 和虚拟现实等新信息技术的发展,以及物联网、区块链、元宇宙和 AIGC 新型新媒体应用领域的不断拓展,未来新媒体信息平台将在人们日常工作、生活和经济发展中发挥越来越重要的作用。新信息技术发展和智能化新媒体的广泛应用,使得对有关人才的需求大幅提高。同时,相关网络安全人才不足的问题也有所凸显,根据《网络信息安全产业人才发展报告》,我国网络安全人才缺口超过 140 万,在较长时期处于短缺状态,且缺口还在加大。

《关于加强网络安全学科建设和人才培养的意见》就指出,信息化的快速发展对网络安全人才建设不断提出新的要求,目前,我国网络安全人才还存在数量缺口较大、能力素质不高、结构不尽合理等问题,以及迫切需要加大投入力度和加强网络安全人才培养等,并提出要"加快网络安全学科专业和院系建设","创新网络安全人才培养机制","加强网络安全教材建设","强化网络安全师资队伍建设","推动高等院校与行业企业合作育人、协同创新","加强网络安全从业人员在职培训","加强全民网络安全意识与技能培养","完善网络安全人才培养配套措施"。

目前,网络安全人才培养问题已经引起各地重视,国内一些高校纷纷开始设立相关学科专业,加强网络安全人才的培养。如清华大学的"数据安全管理人才培养项目"已经启动,主要是通过培训,在数据规范、数据应用和数据安全等方面提高学员的相关能力,并培养和壮大综合性数据安全人才队伍;2022 年 7 月 14 日,致力于培养网络空间安全领域实战型应用型人才的广州大学网络空间安全学院挂牌成立,由中国工程院院士及团队进行指导和教学,并已将特色教学模式"方班研讨厅"推广到国内 16 所高校,为解决国内网络空间安全人才缺口和维护网络空间安全等提供了强有力的支持。

三、网络安全保护

网络安全是新媒体健康发展的重要基础。新型新媒体的技术平台较传统互联网而言更为复杂,涉及的网络设施、终端产品众多,而且其功能和用途已经远远超过满足人们日常交流、学习、娱乐和一般商业推广等方面的需要,已经深入工农业生产、城市管理、安全防控、仓储物流、道路交通和健康医疗等诸多领域,因此,媒体平台的安全性尤为重要,也需要得到重点保障。

网络设备安全、运行安全和网络信息安全构成网络安全的主要内容。在网络设备和运行安全方面,首先《中华人民共和国网络安全法》有关于网络产品、服务应当符合相关国家标准的强制性要求,网络产品、服务提供者不得设置恶意程序并应为其产品、服务持续提供安全维护。网络关键设备和网络安全专用产品应当按照相关国家标准的强制性要求,由具备资格的机构安全认证合格或者安全检测符合要求后,方可销售或者提供。同时,网络运营者应制定网络安全事件应急预案,以便能及时处置各种安全风险。一旦发生危害网络安全的事件,应立即启动应急预案、采取相应的补救措施,并按照规定向有关主管部门报告等。

目前,国内也已经出现一批实力较强的网络通信设备生产企业,预计随着安全产品认证体系的逐渐完善、网络安全产业规模不断扩大,网络设备方面的安全性也有望得到更加有力的保障。

网络信息安全方面,我国目前已出台的有关法律在网络用户信息保护方面做了一系列规定。如,"网络运营者应当对其收集的用户信息严格保密,并建立健全用户信息保护制度";"网络运营者收集、使用个人信息,应当遵循合法、正当、必要的原则,公开收集、使用规则,明示收集、使用信息的目的、方式和范围,并经被收集者同意";"网络运营者应当采取技术措施和其他必要措施,确保其收集的个人信息安全,防止信息泄露、毁损、丢失"等。

一方面,随着相关法律法规的日趋完善、对信息侵权治理力度的加大、网络信息安全保护技术的进步以及全社会信息保护意识的整体提高,网络信息安全的整体环境有望不断改善;另一方面,随着新信息技术的快速发展,物联网、元宇宙和AIGC等技术的日趋成熟,新型新媒体也正在不断扩大应用场景。虽然网络安全保护技术日益提高,但在数字世界里,各种要素的存在状态和活动方式等留下的"痕迹"都在不断增加,相应的风险也在不断增加。所以,在数字世界将物理世界与虚拟世界越来越融为一体,"人—机—物"信息交流和互动的鸿沟已经逐渐消弭的背景下,网络信息安全保护所面临的任务十分艰巨。只有通过加强监管、加强网络防护和提高人们的网络安全意识,才能减少安全隐患。

参考文献

[1] 尹章池. 新媒体概论[M]. 北京:北京大学出版社,2017.

[2] 程栋. 智能时代新媒体概论[M]. 北京:清华大学出版社,2019.

[3] 从连接到赋能,"智能+"助力中国经济高质量发展[R]. 阿里研究院,2019.

[4] 2022年互联网创作者经济白皮书[R]. 艾瑞咨询,2022.

[5] 直播电商再思考:借古窥今,直播电商将往何方?[R]. 海通国际,2022.

[6] 营销的进化[R]. 微吼,2023.

[7] 2022中国省级移动政务服务报告[R]. 国信数云 & 复旦大学,2022.

[8] 复苏与机遇:2023消费趋势洞察报告[R]. 洞见研报,2023.

[9] 黄荣欣. 经典文化与速食文化视域中的审美趣味[J]. 安徽文学(下半月),2016,391(02).

[10] 王节祥,王雅敏,贺锦江. 平台战略内核:网络效应概念演进、测度方式与研究前沿[J]. 科技进步与对策,2020,37(07).

[11] 2022年中国供应链数字化升级行业研究报告[R]. 艾瑞咨询,2022.

[12] 胡志兵. 网络效应判定准则及相关概念辨析[C]. 中国通信学会. 通信发展战略与管理创新学术研讨会论文集. 2006.

[13] 朱彤. 网络效应经济理论:文献回顾与评论[J]. 教学与研究,2003(12).

[14] 傅瑜. 网络规模、多元化与双边市场战略——网络效应下平台竞争策略研究综述[J]. 科技管理研究,2013,33(06).

[15] 上海市互联网经济咨询中心. 互联网经济[M]. 上海:上海远东出版社,2014.

[16] 李怀,高良谋. 新经济的冲击与竞争性垄断市场结构的出现——观察微软案例的一个理论框架[J]. 经济研究,2001(10).

[17] 张小强. 网络经济的反垄断法规则[M]. 北京:法律出版社,2007.

[18]江凌,傅晓敏.试论我国数字音乐产业的高质量发展——基于产业价值链结构的视角[J].南京艺术学院学报(音乐与表演),2020(02).

[19]黄国群,庞媛.中国数字音乐产业发展的理论分析与趋势判断[J].社科纵横,2021,36(01).

[20]李雪松.数字电视标准概述[J].西部广播电视,2005(4).

[21]吴根良.网络视频产业发展趋势与市场走向展望[J].中国新通信,2008(10).

[22]王乐鹏,李春丽,王颖.视频网站的成本与赢利模式探讨[J].中国市场,2010(45).

[23]孙宝国,刘然.全媒体时代中国视频节目跨屏传播的变革与发展[J].北方传媒研究,2019(05).

[24]刘煜.论当下政论纪录片对集体记忆的建构路径[J].当代传播,2018(02).

[25]2023中国网络视听发展研究报告[R].第十届中国网络视听大会,2023.

[26]何白.中国网络视频产业发展研究[D].厦门:厦门大学,2017.

[27]OBAR. Social media definition and the governance challenge: An introduction to the special issue[J]. Telecommunications Policy,2015,39(9).

[28]谭天,张子俊.我国社交媒体的现状、发展与趋势[J].编辑之友,2017(01).

[29]卿志军.社交媒体时代主流传媒对我国社会的认同性整合[J].今传媒,2017,25(04).

[30]郭庆光.传播学教程[M].北京:中国人民大学出版社,2011.

[31]谢文君.从整合营销传播角度的社交媒体分类概述[J].营销界,2019(38).

[32]张敏,孟蝶,张艳.强关系社交媒体用户消极使用行为形成机理的概念模型——基于使能和抑能的双重视角的扎根分析[J].现代情报,2019,39(04).

[33]2020年中国社交娱乐视频研究报告[C].艾瑞咨询.2020.

[34]姚林青.互联网在资源整合中的作用[J].北方经贸,2010,313(12).

图书在版编目(CIP)数据

新媒体的嬗变与产业发展 / 姚林青,王颖聪著. --北京：中国传媒大学出版社, 2024.3

ISBN 978-7-5657-3495-3

Ⅰ.①新… Ⅱ.①姚… ②王… Ⅲ.①传播媒介—产业发展—研究 Ⅳ.①G206.2

中国版本图书馆 CIP 数据核字(2023)第 205656 号

新媒体的嬗变与产业发展
XINMEITI DE SHANBIAN YU CHANYE FAZHAN

著　　者	姚林青　王颖聪
策划编辑	高卓毓
责任编辑	高卓毓
封面设计	拓美设计
责任印制	李志鹏
出版发行	中国传媒大学出版社
社　　址	北京市朝阳区定福庄东街1号　　邮　编　100024
电　　话	86-10-65450528　65450532　　传　真　65779405
网　　址	http://cucp.cuc.edu.cn
经　　销	全国新华书店
印　　刷	唐山玺诚印务有限公司
开　　本	710mm×1000mm　1/16
印　　张	14.5
字　　数	230千字
版　　次	2024年4月第1版
印　　次	2024年4月第1次印刷
书　　号	ISBN 978-7-5657-3495-3/G·3495　　定　价　69.00元

本社法律顾问：北京嘉润律师事务所　　郭建平